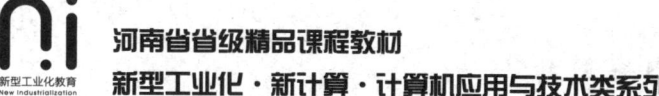

河南省省级精品课程教材

新型工业化·新计算·计算机应用与技术类系列

COMPUTER APPLICATION

C语言
程序设计

（第3版）

薛冰冰　张倩茜／主　编

聂世群　田伟莉／副主编

新形态·立体化
精品系列

扫一扫书中二维码
观看配套视频资源

电子工业出版社

Publishing House of Electronics Industry

北京·BEIJING

内 容 简 介

本书是一本针对零基础学习者编写的 C 语言程序设计入门教材，全书分为程序设计基础篇和程序设计进阶篇。程序设计基础篇主要内容包括 C 语言的核心语法、程序设计思想和实践应用。程序设计进阶篇主要内容包括指针、结构体与共用体、位运算和文件，旨在使读者体会 C 语言的模块化编程思想及对指针与结构体类型的实际应用，学会用构造数据类型和指针来处理生活中的问题。全书通过丰富的代码示例、流程图解和生活案例，循序渐进地讲解 C 语言的各方面知识。

本书可作为高等学校本科及专科学生程序设计课程的入门教材，还可供广大程序设计初学者自学使用。通过阅读本书，读者能够打下坚实的编程基础，并为学习其他高级语言（如 C++、Java）铺平道路。

图书在版编目（CIP）数据

C 语言程序设计 / 薛冰冰，张倩茜主编. -- 3 版.

北京 ： 电子工业出版社，2025. 9. -- ISBN 978-7-121

-50334-4

Ⅰ. TP312.8

中国国家版本馆 CIP 数据核字第 2025ZV2571 号

责任编辑：戴晨辰
印　　刷：河北鑫兆源印刷有限公司
装　　订：河北鑫兆源印刷有限公司
出版发行：电子工业出版社
　　　　　北京市海淀区万寿路 173 信箱　　邮编：100036
开　　本：787×1092　1/16　印张：15.75　字数：403 千字
版　　次：2013 年 1 月第 1 版
　　　　　2025 年 9 月第 3 版
印　　次：2025 年 9 月第 1 次印刷
定　　价：59.00 元

凡所购买电子工业出版社图书有缺损问题，请向购买书店调换。若书店售缺，请与本社发行部联系，联系及邮购电话：（010）88254888，88258888。

质量投诉请发邮件至 zlts@phei.com.cn，盗版侵权举报请发邮件至 dbqq@phei.com.cn。

本书咨询联系方式：dcc@phei.com.cn。

C 语言作为一门经典的编程语言，自 20 世纪 70 年代诞生以来，始终在计算机科学领域占据重要地位。它是操作系统、嵌入式系统、高性能计算等领域的基石，同时是理解计算机底层逻辑的桥梁。学习 C 语言不仅能帮助开发者掌握高效的编程思维，还能为后续学习数据结构、操作系统等课程奠定基础。本次改版，旨在满足新时代 C 语言编程的教学需求。

【本学科发展动向】

C 语言程序设计领域不断融入新的技术和理念，如网络编程、嵌入式系统开发等，这些新技术成为当前和未来发展的重点。作为大学基础教育，本次改版更加注重与实际结合的实践环节的设计，旨在培养学生的动手能力和解决实际问题的能力。同时，随着时代的发展，信息技术已经融入学生的生活及学习中，本书也顺应这一趋势，通过增加线上案例分析、小组讨论等互动环节，激发学生的学习兴趣和主动性。这也进一步实现了以学生为中心，着重培养学生的自主学习能力和创新精神的教学目标。

内容层面：

（1）本书改正了上一版中存在的错误，结合教学实践，更新了书中的教学案例，剔除了过时的部分内容，增强了教材的科学性；同时尽量通过案例的连续性，帮助学生理解知识的衔接使用。

（2）本书优化了知识结构。本书整体介绍了 C 语言的基础运算符，以便学生对知识归类。另外，相比之前的章节安排（程序结构、数组、函数），本书的章节顺序调整为程序结构—函数—数组。同时删除了预处理章节，把相关知识融入到了其他章节，如顺序结构和函数等。

教学层面：

（1）本书突出了对学生设计思维培养的理念。通过教学案例的设计分析过程，借助问题的难度升级，逐步培养和提升学生对问题算法的分析设计能力。特别是设置了一些与实际问题相结合的案例，可以提高学生的编程能力和解决实际问题的能力。

（2）本书适合分层教学，适应混合教学模式。本书对应课程荣获"河南省一流本科课程"称号，线上教学资源丰富，提供了易错点视频和拔高的综合项目案例分析等，可以丰富学生的学习手段，满足不同层次学生的学习需求。

【本书的特点】

（1）权威性：新版教材由具有丰富教学经验和深厚学科素养的一线教师团队编写，确保了教材内容的权威性和准确性。

（2）实用性：本书通过层层递进的案例分析和在线资源，帮助学生更好地理解和掌握 C 语言编程的核心技能，提高学生的实践能力和创新能力。

（3）全面性：本书不仅涵盖 C 语言程序设计的基础知识，还融入思政教育元素，紧跟时代发展要求。

（4）配套资源：本书配套丰富的教学资源，方便学生自学与教师授课，读者可登录华信教育资源网获取。

综上所述，修订后的 C 语言程序设计教材在紧跟学科前沿、优化知识结构、强化实践能力培养、促进教学创新等方面呈现出显著特色，通过案例重构、工具升级和课程思政融合，打造符合新时代工程教育需求的 C 语言程序设计教材，帮助大一新生和广大 C 语言编程入门学习者会读、会写代码，为后续的专业发展和职业提升奠定坚实的基础。

【致谢】

本书的编写借鉴了国内外优秀教材的经验，并得到多位高校教师和工程师的建议，在此深表感谢。特别感谢我们的学生，他们的反馈让本书的内容更加贴近初学者的需求。

由于编者水平有限，书中难免存在疏漏之处，恳请读者批评指正，在此表示由衷的感谢。

编　者

程序设计进阶篇

程序设计基础篇

第 1 章　C 语言程序设计引论

本章思维导图

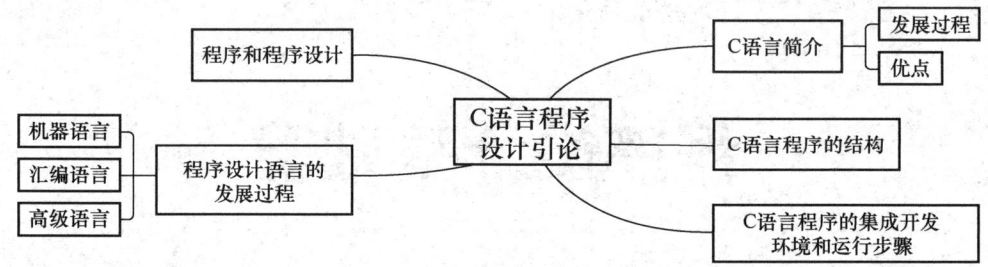

计算机发展到今天，其应用已经深入到许多领域。程序设计所用的计算机语言也从最早面向计算机的低级语言，发展到今天的面向对象的高级语言。

1.1　程序和程序设计

1.1.1　程序

程序，广义而言，是事物发展的有序步骤。做任何事情，从开始到结束，都有其逻辑顺序。比如参观博物馆的程序：提前了解和预约（查看展览信息和预约门票）；前往博物馆（选择乘车方式到达）；入馆准备（身份验证和安全核验）；参观展览；参与活动；购物与休息。

计算机程序是指在计算机中要实现某种任务而执行指令先后次序的集合。这些指令用于告诉计算机如何执行特定的任务或实现指定的功能。计算机程序通常用某种程序设计语言编写，这样才能直接或间接地被计算机识别和运行。

1.1.2　程序设计

在现实生活中做事情时，一般要规划或设计一下工作步骤，使得工作能顺利完成。对计算机而言，其工作步骤也要遵循计算机内在的逻辑进行规划，这就是通俗意义上的程序设计。

程序设计是分析、设计、编制和调试程序的方法和过程。设计旨在找出解决问题的方法，编制则是把该方法用计算机语言描述出来，而调试则是呈现并改正错误的过程。

程序设计必须借助具体的程序设计语言来进行，无论采用何种语言，其最终目的都是控制计算机更有效地完成人们所要求的工作。程序设计语言只是计算机实现相关功能的手段。

1.2　程序设计语言的发展过程

程序设计语言的种类有很多，根据其发展的过程，可分为三大类：机器语言、汇编语言、高级语言。

1．机器语言（第一代语言）

机器语言是由二进制代码 0 和 1 构成的指令序列，是面向计算机 CPU 系统的，是计算机可以直接识别并执行的计算机语言。不同的计算机 CPU 系统能够识别的机器语言是不同的。

例如：在某种计算机 CPU 系统中，加法指令用 00100101 表示，减法指令用 10010101 表示。

优点：机器语言能被计算机 CPU 直接理解和执行，不需要另外的翻译软件，占用空间少，执行速度快。

缺点：机器语言的缺点主要表现在难理解、难编写、难修改、难移植等几个方面。

2．汇编语言（第二代语言）

为了弥补机器语言的不足，人们开始引入助记符和符号地址来代替复杂难记的机器指令，由此形成的计算机语言，称为汇编语言。

例如：用 ADD 代表加法，用 SUB 代表减法。

用汇编语言编写的程序，计算机硬件不能直接理解和执行，需要通过另外的翻译软件（汇编程序）将其翻译成机器语言目标程序后，计算机才可以执行。

优点：执行效率高，与机器语言相比，其学习和记忆难度有所下降。

缺点：仍然是面向计算机硬件系统的语言，通用性较差，用户较难掌握，仍然属于计算机的低级语言。

3．高级语言

高级语言是由具有特定含义的英文单词和数学符号按照一定的逻辑关系及严格的语法规则构成的程序设计语言。

例如："+"代表加法，"−"代表减法。

高级语言接近于自然语言，便于用户学习和记忆，且通用性较强。

高级语言分为面向过程的高级语言和面向对象的高级语言。

1）面向过程的高级语言（第三代语言）

面向过程的高级语言在程序中既要告诉计算机"做什么"，还要告诉计算机"怎么做"。常见的面向过程的高级语言有 BASIC、FORTRAN、Pascal、C、COBOL 等。

2）面向对象的高级语言（第四代语言）

面向对象的高级语言是非过程化的语言，是面向应用层的。编写程序时，在程序中只需告诉计算机"做什么"。

常见的面向对象的高级语言有 Visual Basic、C++、Java、C#、Python 等。

高级语言编写的程序并不能直接执行，必须转换成机器语言后，计算机才能执行。转换有两种方式：编译和解释。

编译型语言的转换过程是由专门的编译器完成的，编译器首先把源代码编译生成目标代码。然后，连接程序将该目标代码和可执行模块组装起来，生成可执行程序代码。编译型语言的典型代表是 C、C++。

解释型语言的转换过程是由专门的解释器完成的，解释器在每个语句执行的时候解释程序代码。也就是说，解释器并不把源程序整体翻译成目标代码，而是解释一句执行一句。解释型语言的典型代表有 Python、JavaScript、Shell。

1.3 C 语言简介

1.3.1 C 语言的发展

C 语言的起源可以追溯到 20 世纪 70 年代初。直到 1978 年，美国电话电报公司（AT&T）贝尔实验室正式发布了 C 语言。同时，由 B. W. Kernighan 和 D. M. Ritchit 合著了著名的 *The C Programming Language* 一书，该书通常简称为 *K&R*，也有人称之为 *K&R* 标准。但是，在 *K&R* 中并未定义一个完整的 C 语言标准。1983 年，美国国家标准学会（American National Standards Institute，ANSI）在此基础上制定了一个 C 语言标准，并于 1989 年再次修订并发布，该标准通常简称为 ANSI C 标准。1990 年，国际标准化组织（International Organization for Standardization，ISO）接受了 ANSI 提出的标准，即被大家称为 C89 的标准。当前主流的 C 语言编译器绝大多数都遵守这个标准，本书内容也参照 C89 标准展开。随后，C 语言标准委员会又不断对 C 语言进行改进。

1999 年，ISO 正式发布了 ISO/IEC 9899：1999，简称 C99 标准。C99 标准新增了许多特性，比如对长整型和布尔类型的支持，新的复合字面量，以及对标准库的增强。

2011 年 12 月 8 日，ISO 发布了新的标准 ISO/IEC 9899：2011，简称 C11 标准。此后，还诞生了 C17、C20 标准。C 语言标准的持续迭代使其能够适应新兴编程需求，巩固其在编程领域的核心地位，拓展应用前景。

1.3.2 C 语言的优点

C 语言是一种广泛使用的编程语言，自其于 1972 年被 Dennis Ritchie 发明以来，一直在软件开发领域占据重要地位。C 语言的优点众多，主要包括以下几个方面：

高效性：C 语言提供了对硬件的直接访问能力，如内存地址的直接操作。这种能力使得用 C 语言编写的程序通常比用高级语言（如 Python、Java）编写的程序执行效率更高，特别适用于需要高性能的场合，如操作系统、嵌入式系统、游戏开发等。

可移植性：C 语言的标准由 ANSI/ISO 制定，因此，只要遵守这些标准，用 C 语言编写的程序可以在不同的操作系统和硬件平台上编译和运行，具有很好的可移植性。

广泛应用：由于 C 语言的高效性和可移植性，它被广泛应用于各种领域，如操作系统（如 Linux 内核、部分 Windows 操作系统、Android 操作系统）开发、嵌入式系统开发、驱动程序编写、游戏开发、网络安全等。

灵活性和控制力：C 语言提供了丰富的数据类型和运算符，支持指针和复杂的数据结构，允许程序员对程序的行为进行精细控制。这种灵活性使得 C 语言非常适合开发需要高度定制和优化的系统级软件。

强大的库支持：C 语言不仅拥有庞大的标准库，例如 stdio.h、stdlib.h、string.h、math.h、time.h 等，这些库提供了基本输入输出、内存管理、字符串处理、数学运算和时间操作等功能，而且有丰富的第三方库，如 SQLite、cJSON、Qt 等，这些库为开发者提供了大量的功能和工具，使得开发者可以更加高效地完成各种编程任务。

学习曲线适中：虽然 C 语言相对于一些现代的高级语言来说，语法稍显复杂，但 C 语言的语法和概念是许多其他编程语言的基础，掌握 C 语言能够为理解和学习其他编程语言，比如 Java、C++等语言，打下坚实的基础。

目前许多主流的程序设计语言都是在 C 语言的基础上发展形成的，并且 C 语言因其高效性、可移植性、灵活性、强大的库支持等优点，在编程语言领域有着不可替代的地位。因此，学习 C 语言不仅可以为以后学习其他语言打下坚实的基础，同时可以为以后专业领域内工具软件的使用做好前期准备。

1.4　C 语言程序的结构

1.4.1　简单的 C 语言程序

阅读以下程序并从中了解一个 C 语言源程序的基本组成和书写格式。

【例 1-1】　输出一个字符串。

```
/* exp1-1 */
#include <stdio.h>
int main( )
{
    printf("C 语言是优秀的程序设计语言\n");
    return 0;
}
```

程序运行结果：

C语言是优秀的程序设计语言

程序分析：

（1）预处理命令——#include。

预处理命令是指在 C 语言源代码编译之前，由预处理器先执行的命令。预处理命令通常以#开头，后面是预处理关键字。其中#include 是文件包含命令，也是所有预处理命令中使用最频繁的一条。

比如，当在源程序中需调用事先已经设计好的库函数时，要将该函数所在的头文件包含到该程序中，常用格式：#include <头文件>。本例中 stdio.h 文件为输入和输出头文件。除此之外，常用的库函数头文件还有数学函数头文件 math.h、字符串函数头文件 string.h 等。

（2）函数——int main( )。

int：定义函数返回值类型为整型；main：C 语言程序的主函数名，特定名称。

C 语言规定程序有且只有一个 main( )函数，函数是用于完成特定功能的程序段，是 C 语言程序的基本单位。

（3）语句——return 0;。

return 0;为返回函数值语句，也称为函数的结束语句。当程序运行到该语句时，程序控制从该函数返回调用它的函数。若函数正常执行，返回值为 0。

（4）花括号——{ }。

例题中花括号{ }内的语句是函数体。

【例 1-2】 求三个数的平均数。

```
/* exp1-2 */
#include <stdio.h>
int main( )                              /* 函数名为 main 的主函数 */
{
    int x, y, z;                         /* 定义 x,y,z 为整型变量 */
    float average;                       /* 定义 average 为实型变量 */
    x = 5;                               /* 给变量 x 赋初值 */
    y = 12;                              /* 给变量 y 赋初值 */
    z = 35;                              /* 给变量 z 赋初值 */
    average = (x + y + z) / 3.0;         /* 计算平均数 */
    printf("average = %f\n", average);   /* 输出平均数 */
    return 0;
}
```

程序运行结果：

```
average = 17.333334
```

程序分析：

（1）变量定义——int x,y,z。

在 C 语言程序中，变量好比容器，对应若干个内存单元；变量名代表内存单元的名称。本例题中，int x,y,z 声明了 3 个变量，分别是 x、y、z，且数据类型是整型（int）。

（2）数据的加工、处理——average = (x + y + z) / 3.0。

计算 x、y、z 的平均值。

（3）输出——printf("average = %f \n", average)。

printf 为格式输出函数，在屏幕上输出平均数。其中%f 是格式控制符，控制变量 average 的值以实型数据格式输出（将在本书第 3 章学习）。

（4）注释——/* 定义 x,y,z 为整型变量 */。

注释是对程序或其中关键行的说明，以便于阅读。运行程序时，计算机并不执行注释。

C 语言的注释符一般分为两种：

一种是以"/*"开头，并以"*/"结尾的文本块，可以有多行，一般形式为：/* 注释文本 */。

另一种以"//"开头，没有结束标识，用于单行注释，一般形式为：//注释文本。

注释虽然不对程序的运行产生任何影响，但必要的注释是程序的重要组成部分。注释分为功能性注释和说明性注释。功能性注释用以注释程序、函数及语句块的功能，说明性注释用以注释变量或单个语句。

【例 1-3】 求两个数中的大数。

```
/* exp1-3 */
#include <stdio.h>
int main( )
{
    int max(int x, int y);         /* 声明要调用的 max 子函数 */
    int a, b, c;                   /* 定义 3 个整型变量 a,b,c */
    scanf("%d%d", &a, &b);         /* 由键盘输入两个数分别赋给 a,b */
```

```
    c = max(a, b);                      /* 调用 max 函数求两个数中的大数 */
    printf("最大数是:%d\n", c);          /* 输出两个数中的大数 */
    return 0;
}

int max(int x, int y)                   /* 定义名为 max 的子函数 */
{
    int z;                              /* max 函数中的声明部分 */
    if(x > y)                           /* 比较两个数的大小 */
        z = x;                          /* x,y 中的大数 x 赋给变量 z */
    else
        z = y;                          /* x,y 中的大数 y 赋给变量 z */
    return z;                           /* 返回两个数中的大数 */
}
```

程序运行结果：

```
-8 12
最大数是:12
```

程序分析：本程序中一些语句的功能与前两个程序完全一样，这里不再阐述。下面只对程序中的部分语句进行分析。

（1）函数声明——int max(int x, int y);。

对被调用函数 max 的声明，告知编译系统主函数的执行中将会调用 max 函数。该函数的类型为整型（返回值为整型），并有两个整型参数。

（2）输入——scanf("%d%d", &a, &b);。

scanf( )为格式输入函数，通过键盘为变量 a 和 b 输入数值。

（3）函数调用——c = max(a, b);。

调用函数 max 的语句，调用时会将实参 a 和 b 的值传递给 max 函数中的形式参数 x 和 y，并将 max 函数中的返回值赋给变量 c。

本程序将要实现的功能分给两个函数来完成，主函数（main 函数）负责数据的输入和输出；子函数（max 函数）负责在两个数中找出最大数。在主函数中给 a 和 b 两个变量赋值，并通过函数调用语句将变量 a 和 b 的值传递给子函数中对应的变量 x 和 y；在子函数中，对变量 x 和 y 进行比较判断，将较大的那个值赋给变量 z，并将变量 z 的值返回给主函数，最终由主函数负责输出，实现了两个函数共同合作完成任务。

1.4.2　C 语言程序的结构

以上几个程序，虽然不能包含 C 语言程序的全部，但从中可以了解一个 C 语言程序的基本结构和书写格式。

1．C 语言程序由一个或若干个函数组成

（1）C 语言程序由一个或若干个函数组成，其中有且仅有一个函数名为 main 的主函数。

（2）无论主函数写在什么位置，C 语言程序总是从主函数开始执行，结束于主函数。

（3）被调用的函数可以是系统提供的库函数，如 printf( )、scanf( )等，也可以是用户自定义的子函数，如 max( )。若调用系统提供的库函数，在调用之前必须将相应的头文件包含到本程序中；若调用用户定义的子函数，在调用之前必须声明。例如，上面程序中的语句 #include <stdio.h>和 int max(int x, int y);就起声明的作用，其详细内容将在后续的章节中介绍。

（4）C 语言程序的函数相当于其他语言中的子程序，它们用来实现特定功能，因此编写

C 语言程序实际上就是编写一个个函数。

2．C 语言程序中的每一个函数由两部分组成

在 C 语言程序中，每一个函数均由函数首部和函数体两部分组成。

（1）函数首部，即函数的第一行，包括函数类型、函数名、函数参数类型、函数参数名。

（2）函数体，即函数首部下面花括号内的部分，由说明和执行两部分组成。若一个函数内有多个花括号，则最外层的一对花括号为函数体的范围。下面以子函数 max 为例来看一下函数的构成。

```
函数类型   函数名   参数类型   参数名   参数类型   参数名
  ↓        ↓        ↓         ↓        ↓        ↓
 int      max     (int       x,      int       y )          //函数首部
{                                                            //函数体开始标志
    int z;                                                   //函数的声明部分
    if(x > y) z = x;                                              //函数的执行部分
    else z = y;
    return z;
}                                                            //函数体结束标志
```

3．函数体由若干 C 语句组成

（1）函数体由若干 C 语句组成，C 语句有多种类型。例如：/* …… */为注释语句；z = x;为赋值语句；return z;为返回语句等。

（2）C 语句必须以分号（;）作为语句结束符。

（3）C 语句书写比较自由。例如，可在一行书写多条语句，也可将一条语句写在多行，但习惯一行只写一条语句。

4．C 语句由一些基本字符组成

C 语言程序的每条语句代表了一个完整的指令或者命令。语句中含有各种符号、名称、数值等。例如，int 表示整型；average=(x+y+z)/3.0;类似于数学表达式；x>y 类似于不等式；return z;代表的功能也与英文原意相同等。

5．C 语言程序区分大小写字母

在 C 语言程序中区分大小写字母，因此命名时应特别注意。

6．C 语言对输入/输出实行"函数化"

C 语言系统本身没有设置输入/输出语句，输入/输出的操作是通过调用函数库中的 scanf( )、printf( )等函数来完成的。

1.5 C 语言程序的集成开发环境和运行步骤

1.5.1 C 语言的集成开发环境

C 语言是高级语言，它需要借助开发工具编写源代码，然后经过编译、连接生成可执行文件后，才能被运行。从 C 语言诞生至今，众多 C 语言编译器和集成开发环境应运而生，比如 Visual C++、Visual Studio、DEV C++和 Code::Blocks 等。

目前使用的编译系统都是集成开发环境，它把程序的编译、连接、运行操作全部集成在一个界面上来进行，功能齐全、使用方便直观。本书下面介绍 Visual C++ 2010 编译工具。

Visual C++ 2010（简称 VC2010）是微软公司推出的 Windows 下的集成开发环境，主要用于开发 C 和 C++语言的应用程序。作为一款功能强大的可视化应用程序开发工具，它提供了资源编辑器、表单设计器等工具，极大地方便了开发者进行图形用户界面的设计。初学者通过它提供的文本编辑器、检查程序错误的集成调试器，可实现对 C 语言源代码的录入、编辑、编译、连接、运行和调试。本书中的所有例题均是基于 Visual C++ 2010 平台调试和运行 C 语言程序的。Visual C++ 2010 集成开发环境的使用过程将在本书实验部分详细介绍。

1.5.2　C 语言程序的运行步骤

通常，一个 C 语言程序的运行步骤如下。

1．输入和编辑源程序

启动 C 语言集成开发环境之后，在源代码编辑窗口中输入、编辑、修改源程序，并形成扩展名为 ".c" 的源代码文件。例如，编辑后得到一个源程序文件 "first.c"。

2．编译程序

计算机系统无法识别用 C 语言编写的源程序，必须将 C 语言程序的源代码文件转换为机器语言表示的目标代码文件，扩展名为 ".obj"。例如，编译后得到一个目标代码文件 "first.obj"。

3．连接程序

C 语言程序中引用了一些库函数，如 printf( ) 和 scanf( ) 等，系统还必须引用库函数的代码，加入到本程序中，使得各程序模块结合为一个有机的整体，最终生成计算机可理解的并能直接运行的可执行文件，其扩展名为 ".exe"。例如，连接后得到一个可执行文件 "first.exe"。

4．运行程序

得到可执行文件后，将该文件调入内存并使之执行，即可按照程序的要求得到结果。

以上 C 语言程序的运行步骤可形象地表示为图 1-1。

程序运行过程中，若在编辑和编译阶段发现错误（bug），需要对程序代码的语法进行修改，若在运行程序时发现结果错误，需要对程序代码的逻辑进行修改。上述过程可能需要反复很多次才能使程序得到正确的运行结果，这就是程序的调试（debug），调试就是发现并修正错误。

调试是每个程序员在编程工作中不可缺少的重要一环。

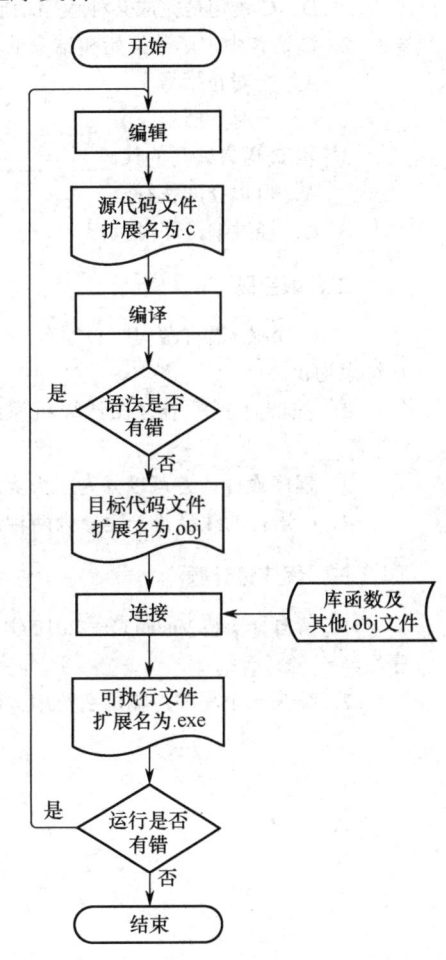

图 1-1　C 语言程序运行步骤

接下来，就让我们揭开 C 语言的"面纱"，认识它吧！

本 章 小 结

本章介绍了程序、程序设计、程序设计语言的概念，以方便读者区分和了解它们之间的关系；重点介绍了 C 语言的发展历史、优点；通过简单的 C 语言程序分析了其基本结构；另外，简单介绍了 C 语言程序的集成开发环境和运行过程。

习 题 1

一、选择题

1．以下叙述正确的是_____。

    A．在 C 语言程序中，主函数必须位于程序的最前面

    B．在 C 语言程序中，一行只能写一条语句

    C．C 语言程序的基本结构是程序行

    D．C 语句是完成某种程序功能的最小单位

2．C 语言中，函数开始和结束的标记是_____。

    A．一对花括号   B．一对圆括号

    C．一对方括号   D．一对尖括号

3．用 C 语言编写的代码_____。

    A．可以立即执行   B．是一个源程序

    C．经过编译即可执行   D．经过解释才能执行

二、填空题

1．一个 C 语言源程序必须有一个且只能有一个_____，程序执行时将从它的第一条语句开始，到它结束为止。

2．按照计算机语言在计算机系统中的实现技术，高级语言大致可以分为两种类型：_____和_____。

3．程序设计语言可以分为三大类：_____、_____和_____。

4．C 语言的注释符一般分为两种：_____和_____。

三、程序设计题

1．请自行安装 Visual C++ 2010 学习版，创建第一个 C 语言程序，在计算机屏幕输出"第一个 C 语言程序"。

2．编写一个程序，输出字符串"C 语言为世界上应用最广泛的几种计算机语言之一"。

第2章 数据类型、运算符与表达式

本章思维导图

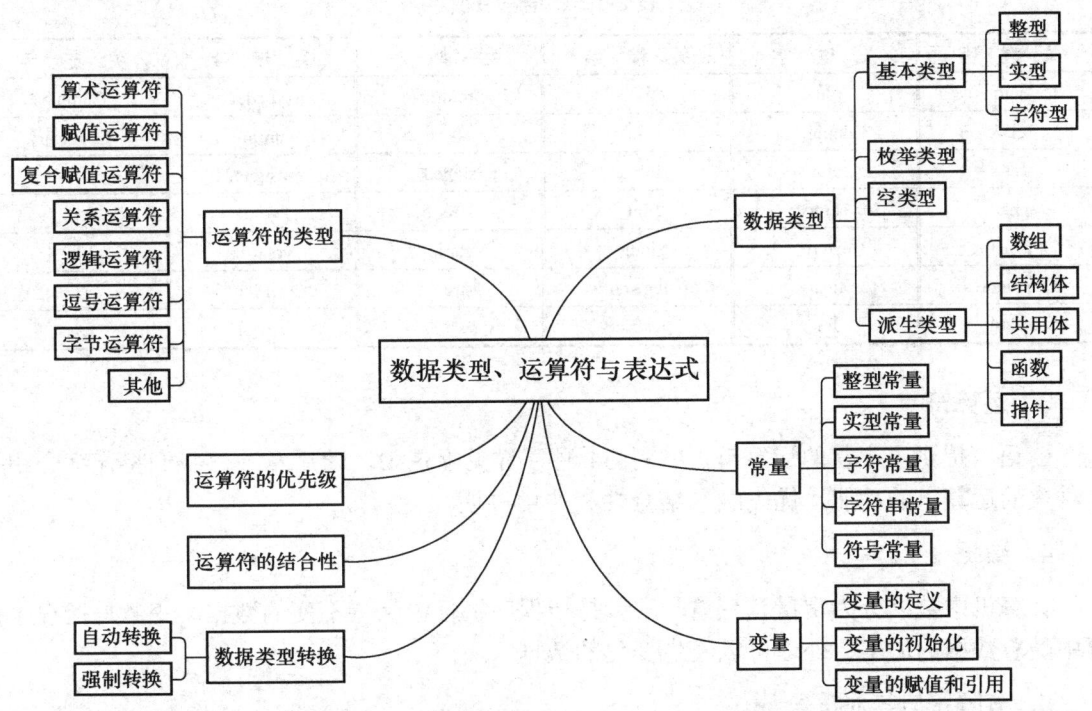

计算机程序的主要任务是对数据进行存放、加工处理并呈现结果。因此数据及其处理在计算机中占有重要地位。

2.1 C语言中常用的符号

为了更好地表示和组织数据,我们需要了解C语言程序中使用的符号。
C语言中常用符号有:标识符、关键字、运算符、数据、分隔符和其他符号。

1. 标识符

在C语言中,用来标识变量名、符号常量名、函数名、数组名、类型名、文件名的有效字符序列称为标识符。其中,库函数的函数名是系统预定义的标识符,其他都属于用户自定义标识符。

能够作为标识符的有效字符有:英文字母、数字0~9、下画线,且第一个字符必须为字母或下画线。例如,下面列出的都为合法的标识符:

max，sum，_total，day，teacher_name，book_1_2_3，PASCAL，li_ling

下面是不合法的标识符：

N*John，￥123，3D64，a>b，china.li

通常标识符的命名应遵循"见名知意"的原则，如 length（长度）、sum（求和）、PI（圆周率）。

2．关键字

关键字是 C 语言规定的具有特殊含义的字符串，也被称为保留字。用户自定义标识符不能与关键字相同。C 语言的关键字见表 2-1（ANSI C99 标准）。

表 2-1　C 语言关键字

关　键　字	关　键　字	关　键　字	关　键　字	关　键　字	关　键　字
auto	do	goto	return	typedef	_Complex
break	double	if	short	union	_Imaginary
case	else	inline	signed	unsigned	
char	enum	int	sizeof	void	
const	extern	long	static	volatile	
continue	float	register	struct	while	
default	for	restrict	switch	_Bool	

3．运算符

C 语言提供了丰富的运算符，共有 34 种，详见附录 B。随后章节，我们将详细介绍不同种类的运算符的功能、优先级、结合性和注意事项。

4．数据

计算机中数据分为常量和变量。常量是指程序执行中保持不变的数据，变量是指程序执行中随着数据的加工、处理可以发生变化的数据。

5．分隔符与其他符号

在 C 语言程序中，空格、回车、逗号、分号都是有效的分隔符。比如关键字和普通标识符之间用空格分隔；数据之间常使用逗号分隔；语句之间使用分号分隔。

2.2　C 语言数据类型概述

数据是对外界事物的描述。计算机需要把数据存放到内存中，才能进行读取、运算和加工。那么如何利用有限的内存空间来高效地存取数据呢？我们先来看一个例子：要在一个固定大小的衣柜中存放一年四季的衣服和床上用品。首先为方便存放和取出柜子里的物品，通常会把衣服和床上用品按照季节分类，同一个季节的尽可能放一起；其次，每个季节的衣服也会按照材质和大小再分别放到不同的格子分区里，这样能提高查找物品的速度和空间的利用率。同样，在有限的计算机内存空间里，要高效存放和读取大小不同、特征各异的数据，就需要划分出不同的数据类型，并进一步将同种数据类型又划分成不同的类别，进而规定了不同特征的数据在计算机内存空间中所占字节的数量不同、表示（编码）形式的不同、取值范围的不同、所参与的运算不同等。

具体来讲，C 语言中的数据类型可分为：基本类型、枚举类型、空类型及派生（构造）类型，其中基本类型又可分为整型、字符型、实型，派生类型又可分为数组类型、结构体类型、共用体类型、指针类型及函数类型，如图 2-1 所示。

C 语言没有规定各种整数类型的表示范围，只对它们的相对关系有如下规定：long 类型的表示范围大于或等于 int，int 类型的表示范围大于 short。具体的编译系统会明确定义。

在 Windows 64 位操作系统平台的 Visual C++环境下，整型变量占用的字节数和取值范围如表 2-2 所示。

在 Windows 64 位操作系统平台的 Visual C++环境下，实型变量包括单精度（float 型）和双精度（double 型）两类。这两种类型在计算机中所占的字节数和取值范围如表 2-3 所示。

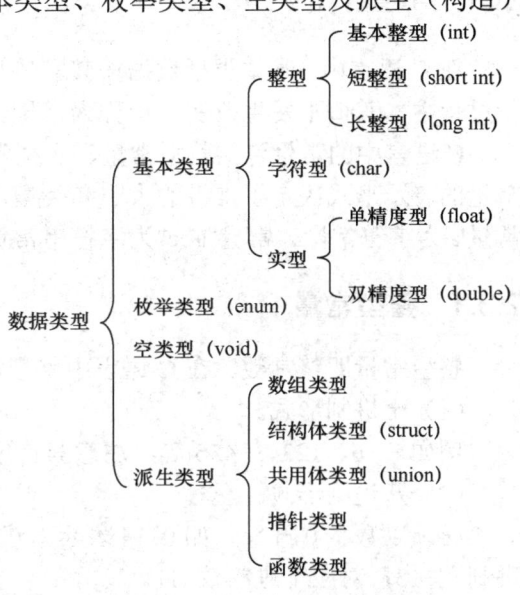

图 2-1　C 语言的数据类型

表 2-2　Visual C++下整型变量占用的字节数和取值范围

类　　型	取　值　范　围	字　节　数
short int	$-32\ 768 \sim 32\ 767$（$-2^{15} \sim 2^{15}-1$）	2
int	$-2\ 147\ 483\ 648 \sim 2\ 147\ 483\ 647$（$-2^{31} \sim 2^{31}-1$）	4
long int	$-2\ 147\ 483\ 648 \sim 2\ 147\ 483\ 647$（$-2^{31} \sim 2^{31}-1$）	4
unsigned short int	$0 \sim 65\ 535$（$0 \sim 2^{16}-1$）	2
unsigned int	$0 \sim 4\ 294\ 967\ 295$（$0 \sim 2^{32}-1$）	4
unsigned long int	$0 \sim 4\ 294\ 967\ 295$（$0 \sim 2^{32}-1$）	4

表 2-3　Visual C++下实型变量所占的字节数和取值范围

类　　型	取值范围（绝对值）	字　节　数	有　效　数　字
float	$\pm$（$1.2\times10^{-38} \sim 3.4\times10^{38}$）	4	$6 \sim 7$
double	$\pm$（$2.22\times10^{-308} \sim 1.79\times10^{308}$）	8	$15 \sim 16$

在 C 语言中，几乎所有的编译系统都规定一个字符型数据在内存中占 1 字节，存储的是其对应的 ASCII 码，而不是该字符本身。字符型变量在计算机中所占的字节数和取值范围如表 2-4 所示。

表 2-4　Visual C++下字符型变量所占的字节数和取值范围

类　　型	取值范围（绝对值）	字　节　数
char	$0 \sim 255$	1

综上所述，在编程过程中要根据不同的数据特征、大小，选用不同的数据类型来分析和处理数据。

2.3 常量

在 C 语言中，基本类型数据按其取值是否可以改变分为常量和变量两种形式。在程序执行过程中，其值不发生改变的量称为常量。

C 语言中的常量包括整型常量、实型常量、字符常量、字符串常量、符号常量等。由于常量的表示形式决定了常量的大小和类型，如常量-26 为整型常量、常量 29.45 为实型常量、常量'a'为字符常量、常量"abc"为字符串常量，因此常量可以不经定义而直接引用。

2.3.1 整型常量

整型常量即整常数。在 C 语言中整型常量有以下 3 种表示形式。

（1）十进制形式。

例如，-6、123、-456 等，注意其首位不能为 0。

（2）八进制形式。

必须以数字 0 开头，如 0114 表示八进制数 114，转换成十进制数就是 76；-013 表示八进制数-13，对应十进制数-11。

（3）十六进制形式。

必须以数字 0 加上字母 x 或 X 开头，例如，0x114 表示十六进制数 114，转换成十进制数就是 276；-0X13 表示十六进制数-13，对应十进制数-19。

整型常量的十进制、八进制、十六进制表示形式只是外部表示形式，在计算机系统内部，都要转换成二进制编码来存放。例如，以 2 字节存放一个整数为例，十进制整数 18、八进制整数 022、十六进制整数 0x12 在计算机内部都是以二进制编码 00000000 00010010 来存放的。

2.3.2 实型常量

实型常量即实数，也称为浮点数，指带有小数点的数据。它有两种表示形式。

（1）十进制小数形式。

十进制小数形式由数的符号、小数点和数字三部分组成，且必须含有小数点，如 26.38、0.55、-6.78、23.、.55 等都是正确的十进制小数的表示形式。

（2）指数形式。

指数形式由尾数、字母 E 或 e、指数三部分组成，如 25.6e-5。其中 25.6 是尾数部分，-5 是指数部分。书写时要注意，字母 E（e）之前必须有数字，字母 E（e）之后必须为整数，如 2e6、2.8e-5、-23E-6、-.5e-3 都是合法的指数形式，又如 E8、.23e3.6、.E-8、E 等都是不合法的指数形式。数学上的指数形式与 C 语言中的指数形式对应如下。

数学上的指数形式：

尾数$\times 10^{\pm n}$

C 语言中的指数形式：

尾数 E（e）±指数（n）

一个实数对应的指数形式有多种，如-23.678 可表示为-0.023678e3、-2.3678e1、

−23.678e0、−2367.8e−2 等，其中只有一种表示形式称为"规范化的指数形式"，即字母 e 或 E 前面的小数部分中，小数点左边有且只有一位非零数字。由此，实数−23.678 对应的指数形式中，只有−2.3678e1 是规范化的指数形式，其余的都不是规范化的指数形式。

2.3.3　字符常量

1．字符常量的表示方法

用单引号括起来的一个字符称为字符常量。

例如，'a'、'A'、'b'、'B'、'='、'*'、'!'等，都是合法的字符常量。但要注意，'a'和'A'、'b' 和'B'是不同的字符常量。

对字符常量的说明如下。

（1）字符常量只能是一个字符，不能是多个字符。

（2）字符常量只能用单引号括起来，而不能是双引号或其他任何符号。

（3）字符常量中的字符可以是字符集中的任意字符。注意：'6'与 6 是不同的数据类型，参与数值运算时，'6'的大小是其 ASCII 码（54）而不是数字 6。

2．转义字符

用单引号括起来一个字符即构成一个字符常量，这仅适用于 ASCII 码中的可印刷字符；而那些不可印刷的字符如回车符、换行符等，是无法通过键盘输入至单引号中的，为此 C 语言引入了一种特殊意义的字符常量——转义字符，转义字符以反斜线"\"开头，后跟字母。转义字符具有特定的含义，不同于字符原有的意义，故称"转义"字符。例如，在前面各例题 printf( )函数的格式串中，用到的"\n"就是一个转义字符，其意义是"换行"。转义字符主要用来表示那些用一般字符不便于表示的控制代码。常用的转义字符及其作用如表 2-5 所示。

表 2-5　常用的转义字符及其作用

转 义 字 符	转义字符的作用
\n	换行，光标移到下一行的开头
\r	回车，光标移到本行的开头
\0	空操作符，ASCII 码为 0 的字符
\t	水平制表，光标跳到下一个制表位上
\b	退格，光标向左退一格
\'	一个单引号字符
\"	一个双引号字符
\\	一个反斜杠字符
\ddd	1~3 位八进制 ASCII 码所对应的字符
\xhh	1~2 位十六进制 ASCII 码所对应的字符

表中的 ddd 和 hh 分别为八进制和十六进制的 ASCII 码。而\ddd 和\xhh 分别表示八进制和十六进制的 ASCII 码所对应的字符，如\101 表示字符'A'，\x41 也表示字符'A'，\0 或\000 均表示 ASCII 码为 0 的控制字符，即空操作符。详细内容可以参考 ASCII 码表来理解。

3．字符常量在内存中的存放

在计算机内存中，用一字节的内存空间来存放一个字符。

例如，'A'的十进制 ASCII 码是 65，'B'的十进制 ASCII 码是 66，所以字符型数据与整型数据之间可以通用。

2.3.4　字符串常量

在 C 语言中，用一对双引号括起来的字符序列，称为字符串。例如，"student"、"a"、"C program"、"$12.5"、"CHINA"等都是合法的字符串常量。

对字符串常量的几点说明如下。

（1）字符常量由单引号括起来，字符串常量由双引号括起来。例如，'M'是一个字符常量，而"M"是一个字符串常量。

（2）字符常量由单个字符构成，而字符串常量则由一个或多个字符构成。

（3）在内存中，字符常量占 1 字节的内存空间。字符串常量占用的内存字节数等于字符串中的字符个数加 1。增加的 1 字节中存放字符 '\0'，该字符是 ASCII 码为 0 的空操作符，仅仅作为字符串的结束标志。读到该字符时，C 语言程序判断字符串结束。

2.3.5　符号常量

符号常量是指在程序中可以用指定的标识符代表的常量。在 C 语言中，使用宏命令 #define 定义符号常量，其一般形式为：

```
#define 标识符 常量
```

其功能是把该标识符定义为其后的常量值。宏命令一次只能定义一个符号常量，且标识符左右最少要有一个空格间隔。

define 是宏定义编译预处理命令，可以在程序进行编译预处理时把标识符替换为常量。经过定义后，在程序运行中所有出现该标识符的地方均以该常量参与运算。

【例 2-1】　求半径为 r 的圆面积及半径为 r 的球体积。

```
/* exp2-1 */
#include <stdio.h>
#define PI 3.14159        //定义符号常量 PI 的值为 3.14159
int main( )
{
    float r, area, volume;
    r = 2.5;
    area = PI * r * r;
    volume = 4.0 / 3 * PI * r * r * r;
    printf("area = %f, volume = %f\n", area, volume);
    return 0;
}
```

程序运行结果：

```
area = 19.634937, volume = 65.449791
```

程序分析：在程序中定义了一个符号常量 PI，值为 3.14159，后续代码中凡出现 PI 的地方，都代表常量 3.14159，PI 可以像常量一样参与运算。

注意：

（1）宏定义中的标识符，为了和其他标识符区分，通常使用大写形式。

（2）在预处理阶段，宏名会被直接替换为等价的常量，不做语法检查。

2.4　变量

在程序执行过程中其值可以改变的量，称为变量。由于变量的值是可变的，因此变量必须要有一个名称，以便在程序中被引用。

在 C 语言中，变量名用标识符来表示，如变量名 sum、average、area 等；由于变量名本身并不能表示变量的数据类型，因此在使用变量之前，必须先定义变量的数据类型，即变量必须"先定义，后使用"。一般对变量的定义放在函数体的开头部分。

2.4.1　变量的定义

定义变量的一般格式为：

```
类型关键字　变量名表；
```

例如：

```
int x;                    /* 定义 x 为整型变量 */
float sum, math;          /* 定义 sum、math 为实型变量 */
```

2.4.2　变量的初始化

在 C 语言中，定义变量的同时为变量赋值就是变量的初始化。

例如：

```
int x = 4, y = 8, z = 8;
float sum = 0.0, math = 85.5;
```

2.4.3　变量的赋值和引用

在 C 语言中，在变量定义后在变量存储空间存放指定数据，即变量的赋值，如图 2-2 所示。一般用赋值运算实现变量的赋值，格式为：

```
变量 = 表达式；
```

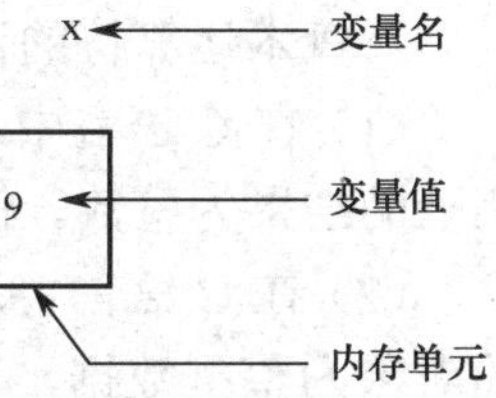

例如：

图 2-2　变量的赋值与访问

```
int   x,y,z,m;
x = 9;              /*简单赋值，直接将变量 x 赋值为 9*/
y = z = 4;          /*多重赋值，将相同类型的变量 y 和 z 都赋值为 4*/
m = x + 6;          /*简单赋值，通过运算，将 m 赋值为 9+6 的和 15*/
```

2.5　运算符和表达式

2.5.1　运算符和表达式

C 语言提供了丰富的运算符，为程序设计人员处理各种问题提供了多种手段。C 语言的常用运算符可以归类如下。

算术运算符：+、−、*、/、%、++、− −。

赋值运算符：=、+=、−=、*=、/=、%=等。

关系运算符：<、>、==、>=、<=、!=。

逻辑运算符：&&、!、‖。

条件运算符：?:。

逗号运算符：,。

强制类型转换运算符：( )。

指针运算符：*、&。

下标运算符：[ ]。

字节运算符：sizeof。

位运算符：<<、>>、～、|、^、&。

成员运算符：.、−>。

运算符和运算对象按照 C 语言规则连接在一起就构成了运算表达式。在运算表达式中，各种运算符的优先级和结合性决定了运算顺序。

2.5.2 算术运算符和算术表达式

1. 算术运算符介绍

基本的算术运算符有以下 5 种：

+：加法运算符，如 2.3+4.6。

−：减法运算符或取相反数运算符，如 2.3−4.6 或−20。

*：乘法运算符，如 2.3*4.6。

/：除法运算符，如 2.3/4.6。

%：求余运算符或模运算符，如 5%3。

对算术运算符的说明如下。

（1）在 C 语言中，两个数相除的结果与参与运算对象的数据类型相关。例如：两个整数相除的结果为整数。例如，1/3 的结果是 0，5/3 的结果是 1。

（2）在 C 语言中，求余运算符或模运算符的结果是两数相除后的余数。它要求参与运算的对象为整型数据，运算结果的符号与被除数相同。例如，9%(−2)的结果是 1，−9%2 和 (−9)%(−2)的结果均是−1。

求余运算的常见应用有：提取整型数据的最后一位（如 123%10 的值是 3）；判断一个数是否能被另一个数整除（如 m%n 结果是 0，则表明 m 能被 n 整除）；判断一个数的奇偶性（如 m%2 结果为 0，表明 m 是偶数，否则是奇数）。

（3）+、−、*、/运算中，只要有一个运算对象是实型数据，结果也为实型数据。

2. 算术表达式和运算符的优先级与结合性

（1）算术表达式。

用算术运算符将各种运算对象连接起来的、符合一定的语法规则的表达式，即算术表达式。如 x+2.5*y−z/5 就是一个算术表达式；数学表达式 $x = \dfrac{ab+(x+y)^2}{2a}$ ，在 C 语言中应表示为(a*b +(x+y)*(x+y))/(2*a)。

（2）算术运算符的优先级。

表达式的计算是按照运算符的优先级顺序进行的。算术运算符的优先级参考书后的附录 B。

（3）算术运算符的结合性。

当运算对象两侧是同一级运算符时，计算有方向，即结合性。算术运算符的结合性为"自左向右"，即左结合性。例如，在表达式 x+y−z 中，y 的左侧是加法运算，右侧是减法运算，由于加法运算和减法运算是同一级运算，根据算术运算符的结合性，y 先和 x 相加，将结果再减去 z。

运算符的结合性参考书后的附录 B。

【例 2-2】　求解表达式 3 / 5 * 6 + 3.0 +3.0 / 5.0 − (−7) % 3。

解：3 / 5 * 6 + 3.0 + 3 / 5.0 − (−7) % 3

=0 * 6 + 3.0 + 3 / 5.0 − (−7) % 3

=0 + 3.0 + 3 / 5.0 − (−7) % 3

=0 + 3.0 + 0.6 − (−7) % 3

=0 + 3.0 + 0.6 − (− 1)

=3.0 + 0.6 − (− 1)

=3.6− (− 1)

=4.6

3. 自增(++)、自减(−−)运算符

自增（++）运算符的功能是让变量的值增 1；自减（−−）运算符的功能是让变量的值减 1。

自增和自减运算符可以放在变量的前面，也可以放在变量的后面。

```
++i, --i      //表示先对变量 i 加 1 或减 1，再参与其他运算
i++, i--      //表示 i 先参与其他运算，再对变量 i 加 1 或减 1
```

例如：

```
i = 5;
printf("%d\n", i++);
```

输出结果为 5。若把 printf 语句改为：

```
printf("%d\n", ++i);
```

输出结果为 6。

再来分析以下两个语句（若 i 的原值是 5）：

```
x = ++i;  //等价于 i = i + 1;x = i;两个语句。执行后 i = 6,x = 6
x = i++;  //等价于 x = i;i = i + 1;两个语句。执行后 i = 6,x = 5
```

【例 2-3】　自增、自减运算符应用举例。

```
/* exp2-3 */
#include <stdio.h>
int main( )
{
    int i, j, k;
    i = 3;
    j = i++;
    k = ++i;
```

```
    printf("i = %d, j = %d, k = %d\n", i, j, k);
    return 0;
}
```

程序运行结果：

```
i = 5, j = 3, k = 5
```

程序分析：语句 j=i++;可分解为 j=i;和 i=i+1;两个语句。语句 k=++i;可分解为 i=i+1; 和 k=i;两个语句。

使用自增（++）、自减（－－）运算符，特别要注意以下几点。

（1）自增（++）、自减（－－）运算符为单目运算符，参与运算的对象只能是一个。

（2）自增（++）、自减（－－）运算符的结合方向为"自右至左"，也就是右结合性。例如，有表达式－i++，其中 i 的原值为 3。由于负号运算符和自增运算符优先级相同，结合方向是"自右至左"，即相当于对表达式－(i++)进行运算。此时运算符++为后缀运算符，故表达式(i++)的值为 3。因此，表达式－(i++)的值为－3，i 自增为 4。

（3）自增（++）、自减（－－）运算符只对变量有效，对常量和表达式无效。例如，8++、(x+y)++等都是错误的。

（4）不要对同一个变量进行多次如 i++或者++i 等运算，例如，写成 i+++++i。这种表达式不仅可读性差，而且对于不同的编译系统，会做出不同的解释，进行不同的处理，因此运行的结果也各不相同。为了形成良好的程序设计风格，应该在一个语句中，一个变量只使用一次自增或自减。

（5）自增（++）、自减（－－）运算符常用于循环中，使循环变量自动增值或自动减值；也用于指针变量中，使指针指向下一个地址。

2.5.3　赋值运算符和赋值表达式

1．赋值运算符

C 语言中，"="被称为赋值运算符，作用是将赋值运算符右边的常量或表达式的值赋给赋值运算符左边的变量。赋值运算符的优先级较低。结合方向为"自右向左"，即右结合性。

2．赋值表达式和值

由赋值运算符将一个变量和一个表达式连接起来的式子称为赋值表达式。赋值表达式的一般形式如下：

```
<变量名><赋值运算符><表达式>
```

例如，x=8、x=y+5.2、x=x+1、x=y=9 等都是赋值表达式。

求值过程：先计算出赋值运算符右边表达式的值，再将此值赋给赋值运算符左边的变量。

```
x=8              //将常量 8 赋给变量 x
x=y+5.2          //先计算 y+5.2 的值，再将此值赋给 x
x=x+1            //先计算 x+1 的值，再将此值赋给 x，即使得 x 的值在原值基础上增 1
```

赋值表达式是 C 语言中表达式的一种形式，既然是表达式，就应该有一个值，赋值表达式的值和赋值运算符左侧变量得到的值是一样的。

赋值表达式"<变量名><赋值运算符><表达式>"中的表达式也可以是赋值表达式。例如：

```
x=(y=9)
```

由于赋值运算符是右结合性，所以，x=(y=9)中的括号可以去掉，即 x=(y=9)和 x=y=9 是等价的，都是先求 y=9 的值，然后赋给 x。

2.5.4　复合赋值运算符和复合赋值运算表达式

1．复合赋值运算符

在赋值运算符 "=" 的前面加上其他运算符就构成了复合赋值运算符，如+=、*=等。

C 语言规定，凡是二目运算符都可以与赋值运算符构成复合赋值运算符，有以下 10 种：

+=、-=、*=、/=、%=、<<=、>>=、&=、^=、|=

本章介绍常用的 5 种复合赋值运算符的含义和等价关系，如表 2-6 所示。

表 2-6　复合赋值运算符

算术复合运算符	应 用 举 例	等价表达式
+=	x+=3	x=x+3
-=	x-=y+2	x=x-(y+2)
*=	x*=y-3	x=x*(y-3)
/=	x/=4*y+2	x=x/(4*y+2)
%=	x%=5+y	x=x%(5+y)

2．复合赋值运算表达式

例如，x+=x*=x-=x+2 是一个复合赋值运算表达式。假设 x=3，求解表达式的值。由于复合赋值运算符是右结合性，所以表达式的求解步骤如下。

（1）求 x-=x+2。等价表达式为 x=x-(x+2)，则求得 x=-2，表达式的值也为-2。

（2）求 x*=-2。等价表达式为 x=x*(-2)，则求得 x=4，表达式的值也为 4。

（3）求 x+=4。等价表达式为 x=x+4，则求得 x=8，表达式的值也为 8。

通过以上步骤求得表达式 x += x *= x -= x + 2 的值为 8，x 的取值也为 8。

使用复合赋值运算符，可以简化程序，使程序更精练，也可以提高程序的编译效率，但同时降低了程序的可读性。建议初学者尽量少用。

2.5.5　逗号运算符和逗号表达式

C 语言中逗号 ","也是一种运算符，称为逗号运算符。用逗号运算符将两个表达式连接起来的式子，称为逗号表达式，也称为顺序求值表达式。

逗号表达式的一般形式为：

表达式 1,表达式 2,…,表达式 n

逗号表达式的求值过程：先求表达式 1 的值，再求表达式 2 的值，……，最右边表达式 n 的值作为整个逗号表达式的值。

【例 2-4】　逗号表达式应用举例。

```
/* exp2-4 */
#include <stdio.h>
int main( )
{
    int m, n, k, x, y;
```

```
m = 3;
n = 2;
k = 6;
x = ((y = m - n) , (m * k));
printf("y = %d, x = %d\n", y, x);
return 0;
}
```

程序运行结果：

```
y = 1, x = 18
```

程序分析：程序中，通过赋值语句x=((y=m-n), (m*k));可以看出，x等于整个逗号表达式的值，也就是表达式m*k的值，y等于表达式m-n的值。

注意：由于逗号是优先级最低的运算符，所以x=((y=m-n), (m*k));中整个逗号表达式的括号是不能省略的。若省略括号，写成x=(y=m-n), (m*k);，那么x的值就不再等于整个逗号表达式的值，而等于表达式(y=m-n)的值，结果就会改变。

逗号表达式一般形式中的表达式1和表达式2也可以是逗号表达式。例如：

```
(x = 3 + 6, x * 5), x % 2
```

求值过程：x的值为9，表达式(x=3+6, x*5)的值为45，整个逗号表达式的值等于表达式x%2的值。所以，整个逗号表达式的值为1。

并不是所有出现逗号的式子都是逗号表达式。如在变量说明中，函数参数表中的逗号只是用作分隔符。例如，int x, y, z;和printf("%d, %d, %d", x, y, z);中的逗号为变量间的分隔符，而不是逗号运算符。

2.5.6 关系运算符和关系表达式

C语言提供了6种关系运算符，都是双目运算符。

关系表达式的一般形式为：

表达式1 关系运算符 表达式2

关系表达式的值是一个逻辑值，只有"真"和"假"两个取值，分别用"1"和"0"表示。关系成立，取值为真；关系不成立，取值为假。关系运算符含义及实例见表2-7。

表2-7 关系运算符

运 算 符	名 称	优 先 级	结 合 性	表达式（假定a=5，b=8，c=9）
>	大于	高	自左到右	c>b 值为真，即1
>=	大于等于			2+a >= b 值为假，即0
<	小于			a < b 值为真，即1
<=	小于等于			a/2 - 3 <= c 值为真，即1
==	等于	低	自左到右	a == b 值为假，即0
!=	不等于			a != b 值为真，即1

2.5.7 逻辑运算符和逻辑表达式

在数学中的逻辑运算，例如p为真命题，q为假命题，那么"p且q"为假，"p或q"为真，"非q"为真。在C语言中，也有类似的逻辑运算。C语言提供了3个逻辑运算符，如表2-8所示。

表 2-8　逻辑运算符

逻辑运算符	名　称	运算对象的数目	优　先　级	结　合　性	举　例
!	逻辑非	单目	高	自右至左	!a、!(2<5)
&&	逻辑与	双目	中	自左至右	1&&0、(9>3)&&(b>a)
||	逻辑或	双目	低	自左至右	1||0、(9>3)||(b>a)

用逻辑运算符将算术、关系、逻辑表达式连接起来的式子，称为逻辑表达式。

逻辑表达式的形式一般分为三种。

（1）逻辑非运算表达式：!表达式。

（2）逻辑与运算表达式：表达式 && 表达式。

（3）逻辑或运算表达式：表达式 \|\| 表达式。

设 a、b 为两个逻辑表达式，它们的逻辑值有 0 和非 0 两种情况，运算规则参见表 2-9。

表 2-9　逻辑运算符真值表

a	b	!a	a && b	a || b
真	真	假（0）	真（1）	真（1）
真	假	假（0）	假（0）	真（1）
假	真	真（1）	假（0）	真（1）
假	假	真（1）	假（0）	假（0）

由表 2-9 可知，逻辑非（!）运算：非真即假，非假即真；逻辑与（&&）运算：真真为真，其余为假（即只有两边的值同为真，结果才为真）；逻辑或（\|\|）运算：假假为假，其余为真（即只有两边的值同为假，结果才为假）。

【例 2-5】计算 5 >= 2 && 3 \|\| 8 < 7−!0 的值。

解：5 >= 2 && 3 \|\| 8 < 7 − !0

$\quad$= (5 >= 2) && 3 \|\| (8 <(7 − !0))

$\quad$=1 && 3 \|\| (8 < 6)

$\quad$=1 && 3 \|\| 0

$\quad$=1 \|\| 0

$\quad$=1

2.5.8　字节运算符和字节运算表达式

1. 字节运算符

字节运算符为 sizeof，也叫长度运算符，是一个单目运算符。结合方向为：自右到左。

2. 字节运算表达式

字节运算表达式的一般形式：

```
sizeof(operator)
```

sizeof 返回一个类型或对象在内存中所占的存储空间字节数。输出的结果与编译器和机器类型有关。

【例 2-6】 输出基本数据类型的存储字节数。

```
/* exp2-6 */
#include <stdio.h>
int main( )
{
  int x=89;
  double a=78.0;
  float b=6.78;
  char c='a';    //以上完成了变量初始化
  printf("%d,%d,%d,%d\n",sizeof(x),sizeof(a),sizeof(b), sizeof(c));
  //输出不同类型变量的存储字节数
  printf("int 类型的字节数为    %d\n",sizeof(int));
  printf("double 类型的字节数为   %d\n",sizeof(double));
  printf("float 类型的字节数为    %d\n",sizeof(float));
  printf("char 类型的字节数为  %d\n",sizeof(char));
  return 0;
}
```

程序运行结果：

```
4,8,4,1
int类型的字节数为       4
double类型的字节数为      8
float类型的字节数为      4
char类型的字节数为       1
```

2.6 数据类型转换

在 C 语言中，允许不同类型数据之间进行混合运算。但在运算之前，编译器先将数据类型进行转换，即自动将占内存少的类型转换为占内存多的类型。这种转换是自动转换，也称隐式转换。

2.6.1 数据类型的自动转换

数据类型的自动转换由编译系统自动完成，可分为两种情况。

1. 表达式中不同类型数据之间的转换

在表达式中进行运算时，若运算对象的数据类型不一致，则转换规则如下。

（1）转换按数据长度增加的方向进行，以保证精度不降低，转换方向为：int—unsigned int—long—double。

（2）实型数据的运算都是按双精度进行的，float 型数据参与运算时，必须先转换成 double 型，然后进行运算。

（3）char 型和 short 型数据参与运算时，必须先转换成 unsigned int 型，然后进行运算。

注意：（1）中的转换说明了不同类型数据之间进行运算时的转换方向，（2）和（3）中的转换是系统隐式进行的。

自动转换的规则如图 2-3 所示。竖直方向是隐式转换，水平方向表示转换的方向。

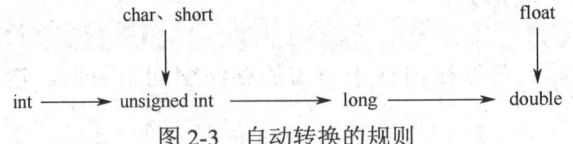

图 2-3 自动转换的规则

【例2-7】　数据类型自动转换应用举例。

```
/* exp2-7 */
#include <stdio.h>
int main( )
{
    int x = 3 , u = 2;
    float y = 2.0;
    double z = 2.9, m;
    long n = 6;
    m = x + '*' - x / y + x / u + z * n;
    printf("m = %f\n", m);
    return 0;
}
```

程序运行结果：

```
m = 61.900000
```

程序分析：程序中，语句 m=x+'*'-x/y+ x/u +z*n;赋值运算符右侧是一个不同类型数据混合运算的表达式，求值步骤如下。

（1）进行 x/y 的运算，将 x 和 y 都转换成 double 型数据，然后相除，结果 1.5 仍是 double 型。

（2）进行 x/u 的运算，x 和 u 是 int 型数据，然后相除，结果仍是 int 型，其值为 1。

（3）进行 z*n 的运算，先将 n 转换成 double 型数据，然后相乘，结果为 double 型。

（4）进行 x+'*'的运算，将'*'按照 ASCII 码表转换成整数 42 后与 x 相加，得整数 45。

（5）将整数 45 与 x/y 的结果相减，先将整数 45 转换成 double 型数据，然后与 x/y 的结果相减，结果 43.5 为 double 型。

（6）将 double 型的 43.5 和 1 相加，结果 44.5 为 double 型。

（7）将 double 型的 44.5 与 z*n 的结果相加，最终结果为 double 型。将这个结果数据赋给变量 m。

2. 赋值表达式中数据类型的转换

在赋值表达式的运算中，当赋值运算符两边的数据类型不同时，赋值运算符右边的数据先转换为与左边的变量一致的数据类型，然后赋值。

特别提醒：若右边的数据类型长度比左边长，则会造成数据溢出或精度损失。

溢出的原因是任何数据类型的数据范围都是有限的。

【例2-8】　赋值表达式中数据类型转换应用举例。

```
/* exp2-8 */
#include <stdio.h>
int main( )
{
    int x,y;
    x = 2147483647;
    y = x + 1;
    printf("x = %d,y = %d\n", x,y);
    return 0;
}
```

程序运行结果：

```
x = 2147483647, y = -2147483648
```

程序分析：程序中，x 和 y 为 int 型变量（表示数的范围为-2 147 483 648～2 147 483 647），x+1 后变为 2 147 483 648，超过了 int 类型所能表示的最大值。在本次数据转换中，赋值运算符右边 y 的数据就产生了溢出。

为了避免数据溢出，在编程一开始就要预估数据的大小，从而选择恰当的数据类型进行定义。

【例 2-9】 赋值表达式中数据类型转换应用举例。

```
/* exp2-9 */
#include <stdio.h>
int main( )
{
    float x;
    double y = 123456789.123;
    x = y;
    printf("x = %f, y = %f\n", x, y);
    return 0;
}
```

程序运行结果：

```
x = 123456792.000000, y = 123456789.123000
```

程序分析：程序中，x 为 float 型变量（接收 7 位有效数字），y 为 double 型变量（接收 16 位有效数字）并被赋值 123456789.123（12 位有效数字）。当把 y 赋给 x 时，x 只能接收 7 位有效数字。所以，在结果 x = 123456792.000000 中，前 7 位数字是准确的，后边的数字都是不准确的。在本次数据转换中，赋值运算符右边量的数据类型长度比左边长，出现了数据丢失，导致精度降低。

2.6.2 数据类型的强制转换

在 C 语言程序设计中，强制转换是指不是系统自动转换数据类型，而是由特定类型转换运算符来实现转换。

其一般形式为：

```
(类型说明符) (表达式)
```

注意：

（1）类型说明符应加括号，例如，(int) x 不能写成 int x 或 int (x)。

（2）要转换类型的表达式由两项或两项以上构成时，必须加括号。例如，(float) (x+3) 和 (float) x+3 的含义是不同的，前者是将 x+3 的值强制转换为单精度型，后者是将 x 的值强制转换为单精度型，再与 3 相加。

（3）强制类型转换并不改变变量原来的类型。

【例 2-10】 数据类型强制转换应用举例。

```
/* exp2-10 */
#include <stdio.h>
int main( )
{
    int x, y = 4;
    float z = 17.8;
```

```
    x = (int)(z +3.4) % y;
    printf("x = %d\n", x);
    printf("z = %f\n", z);
    return 0;
}
```

程序运行结果：

```
x = 1
z = 17.800000
```

程序分析：程序中 z 为 float 型变量，z=17.8，表达式 z+3.4 的值为实型数据，不能直接参与求余（%）运算，求余（%）运算要求运算对象均为整型量，(z+3.4)%y 是不合法的，使用(int)(z+3.4)%y 才是正确的。通过本例题看到，有时可以通过强制转换来得到符合设计人员要求的数据类型，并且不改变原来数据的类型和值。

本 章 小 结

本章主要介绍了初学程序设计所需要了解的部分基本知识：数据的类型、标识符命名规则、不同类型的常量和变量的表示；主要的运算符及其优先级、结合性、使用细则，以及相关表达式使用注意事项。这些知识无须死记硬背，理解其含义即可，后续学习中将不断强化理解和使用。

习 题 2

一、选择题

1. C 语言中的变量名只能由字母、数字和下画线三种字符组成，且第一个字符_____。

　　A．必须为字母　　　　　　　　　　　　B．必须为下画线

　　C．必须为字母或下画线　　　　　　　　D．可以是字母、数字或下画线中的任意一种

2. C 语言程序执行时，_____的值可以发生改变。

　　A．变量　　　　　　B．常量　　　　　　C．地址　　　　　　D．符号常量

3. 下列选项中，不合法的常量是_____。

　　A．"A"　　　　　　B．0x16　　　　　　C．'abc'　　　　　　D．034

4. 在 C 语言中，要求运算量必须是整型或字符型的运算符是_____。

　　A．&&　　　　　　　B．%　　　　　　　C．!　　　　　　　　D．+

5. 设 int a = 12，则执行完语句 a += a -= a * a 后，a 的值是_____。

　　A．552　　　　　　B．264　　　　　　C．144　　　　　　D．−264

二、填空题

1. C 语言中基本整数类型的类型名是_____，短整数类型的类型名是_____，长整数类型的类型名为_____。

2. C 语言中单精度浮点数类型的类型名是_____，双精度浮点数类型的类型名是_____。

3. C 语言中基本字符类型的类型名是_____，每个这种类型的数据占用_____字节。

4. 在 ASCII 码表中，字符'A'的编码是_____，字符'a'的编码是_____，字符'0'的编码是_____，空格字符的编码是_____。

5. 普通字符常量的的基本书写形式是用_____括起的单个字符，字符串是指用_____括起的若干个字符。

6. 在程序中可以用编译预处理命令_____定义符号常量。

7. 在定义变量时也可用 "=" 字符给变量指定初值，这称为_____。

8. 若定义 int i = 3,j = 4;，则赋值表达式 x=i++ 的结果是_____，y=－－j 的结果是_____，变量 i 的结果是_____，变量 j 的结果是_____。

9. 若定义 int a;，则逗号表达式 a = 3 * 5, a * 4, a + 5 的值是_____，变量 a 的结果是_____。

10. 若定义 int x = 10, y = 3;，则 x / y 的结果是_____。

11. 数学表达式 $x > y > z$ 的 C 语言表示形式是_____。

12. C 语言中，表示 x 的取值范围为[0,100]和[−50,−10]的表达式是_____。

13. 若定义整型变量：int a = 6, b = 10, c = 15;，表达式 a < b && b > c 的值是_____，表达式 !(a < b) && !c 的值是_____。

14. 表达式 'a' && 'b' > 0 || 3 > 5 的值为_____。

15. 如下程序是当 x=2.5, a=7, y=4.7 时，计算并输出表达式 x+a%3*(int) (x+y)%2/4 的运算结果 z 的值，程序不完整，请填空。

```
#include <stdio.h>
int main( )
{
    _____a = 7, z;
    float x = 2.5, y = 4.7;
    z = x + a % 3 * (int) (x + y) % 2 / 4;
    printf("z = %d\n", z);
    return 0;
}
```

第3章　顺序结构程序设计

本章思维导图

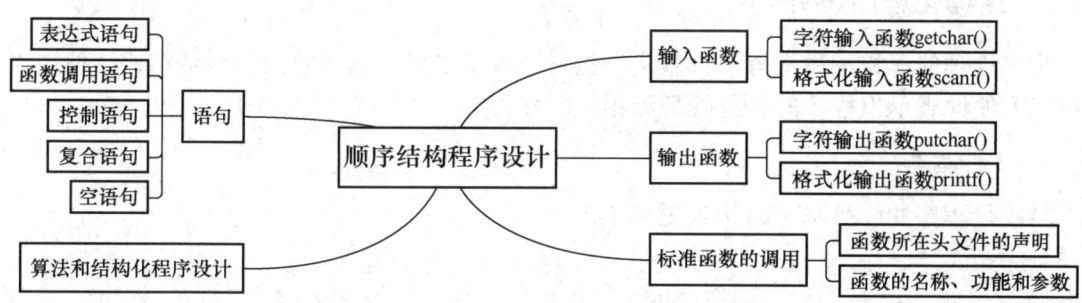

简单地讲，程序设计就是设计"程序"的过程。程序是用计算机语言编写的能够完成一定任务的命令或语句的有序集合，是程序设计的主要成果之一。从程序执行流程的角度来看，程序可以分为3种基本结构，即顺序结构、选择结构、循环结构，这3种基本结构可以组成各种复杂的程序。C语言提供了多种语句来实现这几种程序结构。

3.1　算法和结构化程序设计

设计一个解决问题的程序，总是先分析已知的数据特点，然后对这些数据进行有限的加工和处理，最后得到问题结果。也就是说，一个程序主要包括以下两方面的信息。

（1）对数据的描述。即程序中要用到哪些数据，以及这些数据的类型和数据的组织形式。这就是数据结构（Data Structure）。

（2）对操作的描述。即要求计算机对数据进行操作的步骤，也就是算法（Algorithm）。

著名计算机科学家尼古拉斯·沃斯（Nikiklaus Wirth）曾提出：算法+数据结构=程序，蕴含了数据、算法和程序三者的关系，也说明了算法在程序设计中的重要性。

算法是解决任务"怎么做"的问题。程序中的语句，实际上就是算法的体现。不了解算法就谈不上程序设计。

3.1.1　算法的基本概念

通常，算法是在有限步骤内求解某个问题的基本步骤的描述。计算机解决问题的方法和步骤就是计算机算法。计算机算法可分为两大类：数值运算和非数值运算。比如求数值的平方根和三角函数、求方程的根、求函数的定积分等，就是数值运算，其目的是得到一个数值解。而文字、图形图像的分类、排序、查找等处理，使用的是非数值运算。

算法并不给出问题的精确解，只是说明怎么按照一定顺序、步骤能得到解。

　　算法的描述有多种不同的方法，常用的有自然语言、流程图、N-S图和伪代码等。用流程图表示算法具有直观形象、易于理解等优势，由此在本书采用流程图的方式描述算法。

　　图3-1中列出了美国国家标准协会（ANSI）规定的用于表示算法流程的流程图符号。

起止框　　　输入/输出框　　判断框　　　处理框　　流程线　　连接点

图 3-1　常见流程图符号

3.1.2　结构化程序设计

　　程序处理的流程，通常有3种基本结构——顺序结构、选择结构和循环结构。使用流程图可以方便地表示出程序的各种处理流程。

1．3种基本结构

　　结构化程序的3种基本结构参见图3-2。

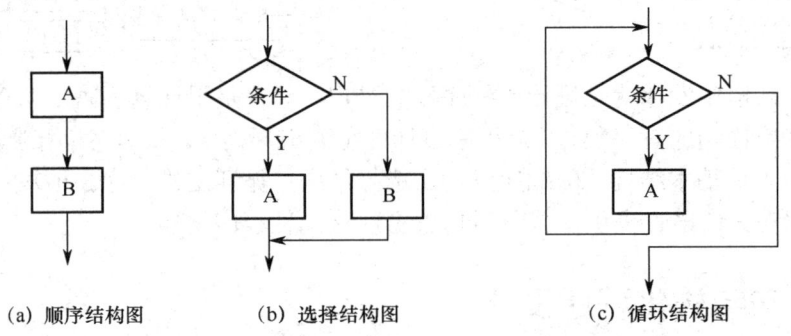

（a）顺序结构图　　　　（b）选择结构图　　　　（c）循环结构图

图 3-2　结构化程序的3种基本结构

　　1）顺序结构

　　在顺序结构中，每一个操作是按照语句的顺序执行的。图3-2（a）所示为顺序结构图。其执行过程为程序段A执行结束后，接着执行程序段B。整个结构只有一个入口和一个出口。顺序结构在程序设计中使用最频繁。

　　2）选择结构

　　在实际问题中，经常会遇到这样的情况，即做完一件事后，要根据某个条件是否成立选择下一步该怎么做。程序设计也是这样，有时，前一条语句执行后，下面该执行哪条语句，要根据某个条件成立与否进行选择，这种结构称为选择结构，又称为分支结构。在选择结构中，必然包括一个条件判断，根据判断框中的条件是否成立来选择执行对应的语句序列。从图3-2（b）可以看出，根据逻辑条件成立与否，分别选择执行程序块A或程序块B，即在两条路径中，选择执行其中的一条，而到底选择哪一条，取决于条件。整个结构只有一个入口和一个出口。

　　3）循环结构

　　在客观现实中，有些事情在某种情况下，需要重复地去做，直至问题被解决。在程序设计中也会遇到这样的情况，有些语句只执行一遍不能解决问题，需要在某种条件满足的情况下重复执行，这种结构称为循环结构，又称为重复结构。如图 3-2（c）所示，在进入循环结构后，首先判断条件是否为真，若为真则执行程序块 A，执行完程序块 A 后再去判断条件，若条件仍然为真，则再次执行程序块 A，循环往复，直到条件为假，退出循环结构。整个结构只有一个入口和一个出口。

2．3 种基本结构的特征

在程序设计中，会遇到许多复杂的问题，用一种控制结构可能无法解决，此时可用 3 种基本结构的组合来实现。一般来说，从宏观的角度理解，任何一个问题，其解决步骤都是顺序的，但其中的某一部分可能需要选择或循环，根据需要，选择或循环还可以相互包含，如选择中包含循环、循环中包含选择，顺序结构渗透在程序的各个环节中。3 种基本结构的特征决定使用计算机语言编写的程序可以模拟复杂逻辑思维过程，从而解决复杂问题。

总之，在程序设计中，每一个完整的控制结构都可以当作一个语句来看待，可以出现在程序中任何允许写语句的地方，因此它们也被称作控制语句。在程序中可以嵌套地使用这些结构，写出各种复杂的程序，实现复杂的算法。这种程序设计方式即为结构化程序设计。

3.2　C 语句概述

语句是 C 语言程序的最小单位。每条语句可以完成一个特定的功能。

C 语句有表达式语句、函数调用语句、控制语句、复合语句、空语句 5 类，如图 3-3 所示。

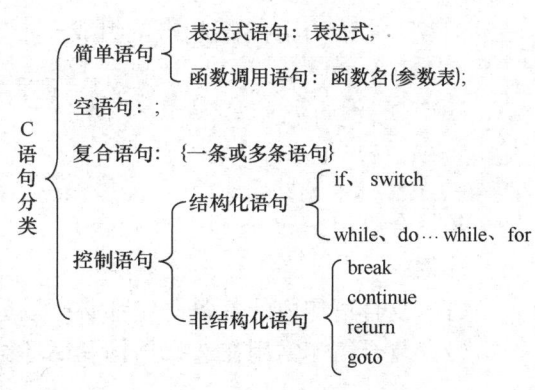

图 3-3　C 语句分类图

3.2.1　表达式语句

1．表达式语句的一般形式

表达式语句由表达式加分号构成，一般形式为：
```
表达式;
```
执行表达式语句就是计算表达式的值。例如：
```
i--;
x = 1, y = 2, z = 3;
```

2．赋值语句

赋值语句由赋值表达式加分号构成。赋值语句的功能和特点都与赋值表达式相同。
赋值语句的一般形式为：
```
赋值表达式;
```
例如：
```
a = 3;              /* 将 3 保存在变量 a 中 */
a = 3 + 5;          /* 将表达式 3+5 的值 8 保存在变量 a 中 */
```
赋值语句给变量提供数据，在程序设计中最常用。但是，注意赋值语句和赋值表达式不同。
例如，下面的表达式合法：
```
(a = 3 ) +(b = 4)    /* 结果为 7 */
```
下面的表达式非法：
```
(a = 3;) + (b = 4)
```

因为 a = 3;是语句，不能出现在表达式中。

3.2.2　函数调用语句

函数调用是执行一段预先设计好的程序，求出结果后返回调用点。
函数调用语句的一般形式为：

```
函数名(实际参数表);
```

例如：

```
y=fabs(x);
printf("Hello!");
```

通常情况下，有返回值的函数可以作为表达式的一部分。

3.2.3　控制语句

控制语句用于控制程序的流程，C 语言有 9 种控制语句，可分为以下 3 类。
（1）选择结构语句：if 语句、switch 语句。
（2）循环结构语句：while 语句、do…while 语句、for 语句。
（3）其他语句：break 语句、continue 语句、return 语句、goto 语句。

3.2.4　复合语句

把若干个语句用 { } 括起来就组成一个复合语句，它在语法上相当于一条语句。例如：

```
{
    r = 3;
    s = 3.14 * r * r;
    printf("%d%d", r, s);
}
```

是一条复合语句。
注意：
（1）复合语句内的各条语句都必须以分号结尾，在"}"外不加分号。
（2）复合语句常用在选择结构和循环结构中。

3.2.5　空语句

仅由分号构成的语句称为空语句,在编译时不产生任何指令,在执行时不产生任何操作。
空语句的一般形式为：

```
;
```

通常为模块化程序中未实现的函数预留位置。

3.3　数据的输入和输出

在利用 C 语言编写程序时，变量可以通过初始化得到确定的数据，对于不确定的数据，用户可以使用键盘输入数据，而对于数据的计算结果是需要输出的，最常见的输出方式是显示在计算机屏幕上。

3.3.1 输入和输出的实现

C 语言自身不提供专门的输入和输出语句，输入和输出操作是由 C 标准库中的函数实现的。C 语言的标准输入和输出库函数见表 3-1。

在使用标准库函数时，要用预编译命令
"#include" 将有关的"头文件"包括到用户
文件中，在头文件中包含了调用函数时所需
的有关信息。例如，在使用标准输入和输出
库函数时，要用到<stdio.h>文件中提供的信
息。预编译命令都是放在程序开头，文件名
后缀中的"h"是"head"的缩写，因此这类
文件也称为头文件。在调用标准输入和输出
库函数时，文件开头应该有以下预编译命令：

表 3-1 C 语言标准输入和输出库函数

函 数 名	功 能
getchar	输入单个字符
putchar	输出单个字符
scanf	格式输入：字符、字符串、数值
printf	格式输出：字符、字符串、数值
gets	接收一个字符串
puts	输出一个字符串

```
#include <stdio.h>
```

stdio 指标准输入和输出设备，是 standard input & output 的缩写，包含了与标准输入和输出有关的变量定义和宏定义，以及函数的声明。

3.3.2 单字符输入和输出

C 语言中专门用于字符数据输入和输出的函数是：getchar( )和 putchar( )。

getchar( )的作用是从键盘输入一个字符，将其放到缓冲区，按回车键表示输入结束，系统自动从缓冲区中读取一个字符作为函数的返回值。

getchar( )函数没有参数。其一般形式为：

```
getchar( )
```

putchar( )的作用是把一个字符输出到屏幕的当前光标处。

putchar( )函数的一般形式为：

```
putchar(参数)
```

参数可以是数值、字符常量、字符变量、算术或字符表达式。

【例 3-1】 使用 getchar( )函数从键盘输入任一大写字母并使用 putchar( )函数输出对应的小写字母。

```
/* exp3-1 */
#include <stdio.h>
int main( )
{
    char ch;
    ch = getchar( );
    ch =ch + 32;
    putchar(ch);
    putchar('\n');
    return 0;
}
```

从键盘输入字母 A，程序运行结果：

```
A
a
```

程序分析：运行结果第 1 行的 A 是用户在 getchar( )函数执行时从键盘输入的，按回车键后，第 2 行的 a 是由 putchar( )函数输出的结果。从程序源代码可以看出，函数 putchar( )的参数就是待输出的字符，这个字符可以是 ASCII 码中的可打印字符，也可以是转义序列。

3.3.3　数据的格式化输出

在前面的章节中，已经使用了很多次 printf( )函数，其功能是按用户指定的格式，把数据显示到屏幕上。由于 printf( )函数可以设置输出格式，因此称为格式输出函数。

1．printf 函数的一般形式

```
printf(格式控制字符串 [,输出表列]);
```

2．参数说明

（1）格式控制字符串：用于指定输出格式，它包括以下两种信息。

① 格式说明：由"%"和格式字符组成，其作用是将数据按指定的格式输出。

② 普通字符：要原样输出的字符。

（2）输出表列：需要输出的数据，可以是任意形式的表达式。

下面是合法的 printf( )函数调用语句：

```
printf("******");          /* 省略输出表列，输出******  */
printf("%d%d", x, x + y);   /* "%d%d"为格式说明，x, x + y 为输出表列 */
```

（3）格式说明的一般形式：

```
%[附加符][输出最小宽度][.精度][长度]格式字符
```

方括号及其中的内容可选。

① 格式字符：也称格式符、类型字符，表示输出数据的类型。printf( )函数的格式字符见表 3-2。

表 3-2　printf( )函数的常用格式字符

格 式 字 符	对应输出项	输 出 结 果
d	int、char	带符号的十进制整数（正数不输出+号）
o	int、char	无符号的八进制整数（不输出前缀 0）
x，X	int、char	无符号的十六进制整数（不输出前缀 0x）
u	int、char	无符号的十进制整数
c	int、char	单个字符
s	字符串常量 字符型数组	字符串
f	单、双精度	小数形式的单、双精度实数
e，E	单、双精度	指数形式的单、双精度实数
g，G	单、双精度	单、双精度实数（取%f 或%e 中较短的宽度）
p	指针	指针地址
%%	%	%

表 3-2 中，d、o、x、X、u 为整型格式符，c 为字符型格式符，s 为字符串格式符，f、e、E、g、G 为实型格式符。

从表 3-2 中可以看出，整型与字符型在输出时，可以相互转换，赋值语句也有这个特点，这种特性称为整型和字符型的互通性。

② 附加符：在格式说明中，%和格式字符之间，可以插入表 3-3 中的附加符，修饰输出结果。与 scanf( ) 函数相比，printf( ) 函数多了精度等内容，宽度的作用也有所不同。

表 3-3 printf( ) 函数中的附加符

标　　志	意　　　义
−	结果左对齐，右边填空格
+	输出符号（正号或负号）
l	加在 d、o、x、u 前用于输出长整型数据
L	加在格式符 f、e、g 前用于输出 long double 型数据
m	输出项输出所占列宽
n	限定数值数据输出的小数位数，或字符串自左至右输出的字符个数

关于附加符的说明：

输出最小宽度用一个十进制整数 m 表示，决定输出项在输出时所占的列数。若实际位数多于指定的列数，则按实际位数输出；若实际位数少于指定的列数，则在输出的左侧填充空格。

精度格式符以小数点开头，后跟十进制整数。其意义是：若输出的是数字，则表示小数的位数；若输出的是字符串，则表示输出字符的个数。

【例 3-2】 有符号十进制数的输出形式。

```
/* exp3-2 */
#include <stdio.h>
int main( )
{
    int a = 98;
    printf("a=%d,%o,%x,%u,%c\n", a, a, a, a, a);
    return 0;
}
```

程序运行结果：

```
a=98,142,62,98,b
```

程序分析：printf 语句中使用 d、o、x、u、c 将十进制整型变量 a 分别转化为十进制整型（原型）、八进制无符号型、十六进制无符号型、十进制无符号型和字符型输出。

【例 3-3】 不同类型数据的输出。

```
/* exp3-3 */
#include <stdio.h>
int main( )
{
    int a = 123456;
    long b = 100;
    char ch = 'c';
    float f = 3.1415926;
```

```
double m = 3.1415926;
printf("a=%4d,a=%8d,ch=%4c\n", a, a, ch);
printf("%d,%ld\n", a, b);
printf("%-4.2s,%c\n", "china",ch);
printf("%f,%5.2f,%lf,%lf\n", f, m, f, m);
printf("This program is over!\n");
return 0;
}
```

程序运行结果：

```
a=123456,a=  123456,ch=   c
123456,100
ch  ,c
3.141593, 3.14,3.141593,3.141593
This program is over!
```

程序分析：

第 1 个 printf 语句的格式说明中，a=和 ch=为普通字符，原样输出。格式字符%4d、%8d、%4c 对应于输出项 a、a 和 ch，类型一致，符合规定。原本 a 和 ch 的值的宽度分别是 6 列和 1 列，但格式字符指定了最小宽度为 4、8、4，当要求数据列宽小于数据本身的位数，按照实际数据输出（此时宽度不起作用）；当要求数据列宽大于数据本身的位数，按照要求数据宽度输出，空余位用空格填充；数据默认右对齐；因此，输出结果为：

```
a=123456,a=  123456,ch=   c      /* 第 2 个 123456 前面有 2 个空格，c 前面有 3 个空格 */
```

第 2 个 printf 语句的格式说明中，%ld 表示长整型，字母 l 是附加符，表示将 b 以长整型格式输出。

第 3 个 printf 语句的格式说明中，%-4.2s 表示字符串格式，长度为 2，只能输出 "china" 的前两个字符，占 4 列，-表示左对齐。输出结果为 "ch "。

第 4 个 printf 语句的格式说明中，%5.2f 表示浮点格式，数据宽度为 5，保留 2 位小数，默认右对齐，宽度不足时前面填充空格。两个%lf 数据结果相同，说明小数都可以用%f 格式符进行输出。

最后一个 printf 语句是原样输出普通字符（请大家结合输出函数的其他格式符逐一验证具体使用含义）。

3.3.4 数据的格式化输入

scanf( )函数称为格式输入函数,即用户按照 scanf( )函数指定的格式从键盘把数据输入到变量。下面详细介绍 scanf( )函数的具体用法。

1. scanf( )函数的一般形式

```
scanf(格式控制字符串,地址表列);
```

例如：

```
scanf("%d%d",&a,&b);
```

2. 参数说明

（1）格式控制字符串：用于指定输入格式，是用双引号括起来的字符串。它包括以下两种信息。

① 格式说明：由 "%" 和格式字符组成，其作用是将数据按指定的格式输入。

② 普通字符：需要原样输入的字符。

（2）地址表列：用于给出各变量的地址。地址是由&后跟变量名组成的，&称为取地址符。例如，scanf("%d%d",&a,&b);中&a 和&b 分别表示变量 a 和变量 b 的地址。

（3）格式说明的一般形式：

%[附加符][输入宽度][长度]格式字符

方括号及其中的内容可选。

① 格式字符：格式字符也称格式符、类型字符，表示输入数据的类型。scanf( )函数常用格式字符见表 3-4。

表 3-4　scanf( )函数常用格式字符

格 式 字 符	对应变量的说明类型	接收输入数据
d	int	有符号十进制整数
o	int	无符号八进制整数
x、X	int	无符号十六进制整数
u	unsigned int	无符号十进制整数
c	char	单个字符
f	float	单精度实型数：小数或指数
E、e、g、G	float	单精度实型数：小数或指数

从表 3-4 中可以看出，在格式输入函数中，整型与字符型不再通用，即整型变量只能以整型格式输入，不能以字符格式输入。

② 附加符：在格式说明中，%和格式字符之间可以插入表 3-5 中的附加符。

例如，%ld 表示长整型，%lf 表示双精度，%3d 表示要接收 3 位数字。

"*"符：用以表示该输入项读入后不赋予相应的变量，即跳过该输入值。如 scanf("%d %*d %d",&a,&b);语句，当输入为 1　2　3 时，把 1 赋予 a，2 被跳过，3 赋予 b。

表 3-5　常用输入附加符及其功能

附 加 说 明	功　　能
m	指定输入数据所占宽度
l	加在 d、o 之前用于输入长整型数据，加在 f、e 之前用于输入 double 型数据（用%lf 或%le）
L	加在 f、e 之前用于输入 long double 型数据
*	读入的数据，不赋给对应的输入项，用于跳过一些数据

【例 3-4】　输入不同类型的数据并输出。

```
/* exp3-4 */
#include <stdio.h>
int main( )
{
    int a,b;
    float c;
    double d;
    scanf("%d%d%f",&a,&b,&c);
    scanf("%lf",&d);  //输入双精度的实型数，格式符 f 前必须加 l
    printf("a=%d,b=%d,c=%f,d=%f\n",a,b,c,d);
```

```
        return 0;
}
```

程序运行结果：

```
3 5 7.8
7.567456754
a=3,b=5,c=7.800000,d=7.567457
```

程序分析：在本例题中，执行第一个 scanf 语句后，等待用户输入。用户输入 3 5 7.8 并按下回车键后，变量 a 获得 3，变量 b 获得 5，变量 c 获得 7.8。

当 scanf 语句的格式串中没有指定输入的分隔符时，数值型数据的输入要用空格、Tab 或回车符作为数据之间的分隔符。

特别要注意：第二个 scanf 语句中的格式符对应的是%lf，此时一定要加 l。若仅使用 f 就会导致接收数据错误。

3. 使用 scanf( )函数应注意的几个问题

（1）scanf( )函数的格式说明中可以插入普通字符，但原则上尽量少用。

例如，scanf("a=%d,%d", &a, &b);输入数据的格式只能是 a=3,4✓。

（2）使用%c 输入一个字符时，空格字符和转义字符都必须作为有效字符输入。例如，scanf("%c%c", &ch1, &ch2);，输入 a b✓，则变量 ch1、ch2 得到的值是字符'a'和空格，空格也作为一个字符输入，b 被忽略。输入 ab✓，则变量 ch1、ch2 得到的是字符'a'和字符'b'。

（3）用 scanf( )函数输入时，格式说明符中格式符要和数据类型匹配。

若格式符和数据类型不匹配，比如 float 类型变量使用了%d，编译时系统会给出警告信息，若忽略警告，可能导致程序无法得到正确的数据；再比如 double 类型变量使用了%f，编译通过，但是程序运行结果错误。

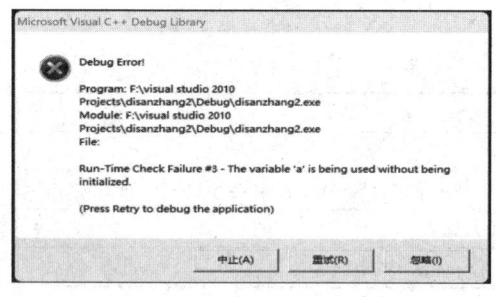

图 3-4 "调试错误"对话框

（4）用 scanf( )函数输入数据时，格式说明符不能使用精度。

例如：scanf("%7.3f", &a);是不合法的，不能企图输入 12345.567 而使 a 的值为 12345.567。

（5）scanf( )中要求给出变量地址，仅给出变量名时编译能够通过，但在程序运行中会出错。如 scanf("%d%d%f",a,&b,&c);语句，若 a 之前不加&，程序编译时系统会给出警告信息（warning C4700:使用了未初始化的局部变量"a"），并在执行时弹出"调试错误"提示对话框，如图 3-4 所示。

【例 3-5】 scanf( )函数特殊的输入方法举例。

```
/* exp3-5 */
#include <stdio.h>
int main( )
{
    int a ;
    char c;
    scanf("%d", &a);
    //getchar( );
```

```
    scanf("%c", &c); //特别要注意数据的输入格式
    printf("a=%d\n", a);
    printf("c=%c\n", c);
    return 0;
}
```

程序运行结果：输入 3a↙　　　　　　　　　　　输入 3↙

程序分析：若输入 3↙ 后，程序运行并输出结果；从输出结果看，字符变量 c 的输出不正确，实际显示是一个回车符。为什么不能继续录入一个字符呢？这是因为 scanf()语句用 %c 读入字符时，空格和转义字符（包括回车符）都会被当作有效字符读入，这样使得前一个%d 对应数值录入之后所按的回车键产生的回车符就被紧邻的%c 当作有效字符接收，程序交互被结束，继续向下运行输出了错误的结果。

为了避免这种错误发生，通常可以采用如下几种方法解决。

（1）在第 2 个 scanf( )语句的前面增加一条语句：getchar();，使得 getchar()函数负责读取缓冲区回车符，从而使得变量 c 可以读取到回车符之后的字符。

（2）将第 2 个 scanf( )语句的控制字符串改为" %c"，加空格使其可以忽略前面数据输入产生的回车符，从而正确输入和输出字符。例如，scanf(" %c", &c);。

（3）出现多字符或数值与字符先后录入时，可以不加分隔符进行数据输入。如输入 3a↙，可以使 a 获得整数 3、c 获得字符'a'。

3.4　顺序结构程序设计举例

程序设计就是使用计算机程序设计语言，把计算机完成某件事情的方法、步骤转换成计算机能够识别的指令的过程。

分析上面的定义，可以发现完成程序设计需要做到如下几点。

（1）要解决的是什么问题，即"做什么"。

"做什么"，是指需要分析具体问题的处理对象，明白其中已知数据、中间数据和结果数据可能是哪些，然后分析它们具有什么特征，再分析如何组织它们。

（2）如何解决这个问题，即"怎么做"。

"怎么做"，就是找到解决问题的方法、步骤，即算法。程序设计者需要事先预知问题解决的每个过程、每个步骤，并把它们描述出来。另外，对于同一个问题，可能有多种解决的方法，每种方法都有它的优劣性。为了有效地完成计算，设计者需要根据程序要求选择最合适的算法（对计算机性能来说，时间最优、空间最优或者两者兼顾）。

（3）选择一种计算机直接或间接能够识别的规则有序地描述前两个过程，即"写程序"。

"写程序"，就是选择一种计算机语言有序地描述前两个过程。通常指选择计算机程序设计的某一种高级语言。本书的程序设计选择的是 C 语言。

所以，程序设计的一般步骤如下：

（1）分析问题：本程序已知、中间、结果分别有哪些数据，需要定义哪些变量，数据类

型应该是什么；需要用什么方法解决问题。

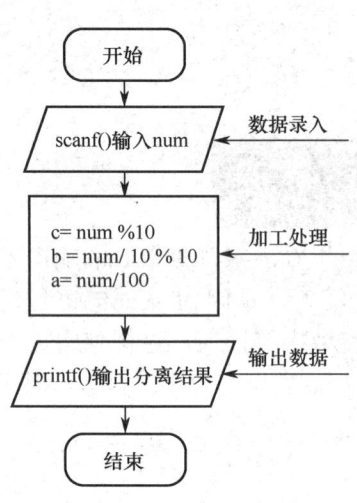

图 3-5　例 3-6 算法流程图

（2）设计算法：根据上面的分析，采用程序流程图或者伪代码写出算法。

（3）编写程序：根据算法，依照 C 语言的描述规则组织问题的解决过程。

对于顺序结构的程序来说，其设计步骤大致描述为：变量赋值—加工处理数据—输出结果。

【例 3-6】　编写程序，任意输入一个 3 位整数，输出其个位、十位和百位数字。

（1）分析问题：根据题意，需要定义 4 个整型变量，分别设为 num、a、b 和 c，num 存放 3 位数，a、b 和 c 分别存放百位、十位、个位数字，类型符为 int。利用如下数学运算分别计算百位、十位和个位数字，依次存放在变量 a、b 和 c 中：c = num % 10；b = num / 10 % 10；a = num / 100。

（2）算法流程图如图 3-5 所示。

（3）编写程序：

```
/* exp3-6 */
#include <stdio.h>
int main( )
{
    int num, a, b, c;                                    /* 定义变量 */
    printf("please input a integer number: ");           /* 提示输入数据 */
    scanf("%d", &num);                                   /* 输入数据 */
    c = num % 10;
    b = num / 10 % 10;
    a = num / 100;                                       /* 计算 */
    printf("num=%d\n", num);                             /* 输出结果 */
    printf("Hundred, ten, individual: %d,%d,%d\n", a, b, c);
    return 0;
}
```

输入 365，程序运行结果：

```
please input a integer number: 365
num=365
Hundred, ten, individual: 3,6,5
```

程序分析：

数学运算/和%相结合，可以分离整数。其中数学运算/，若运算对象都是整数，结果自动取整。例如，235 / 10 = 23。

【例 3-7】　已知圆的半径，求圆的周长、圆面积、圆球的体积（圆周率使用 3.14159）。

（1）分析问题：定义变量 PI、radi、cir、squ 和 vol 存放圆周率 π、半径、圆周长、圆面积和圆球体积，均为实数，类型符为 float。注意 π 不是合法的标识符，不能作为变量名。根据圆周长、圆面积和圆球体积计算公式计算：圆的周长为 $2\pi r$，圆的面积为 πr^2，圆球的体积为 $4\pi r^3 /3$。

（2）算法流程图如图 3-6 所示。

（3）编写程序：

```
/* exp3-7 */
/* 已知半径、求圆周长、圆面积、圆球体积 */
#include <stdio.h>
#include <math.h>                    /* 包含数学头文件 */
#define PI 3.14159                   /* 定义符号常量 */

int main( )
{
    float radi, cir, squ,vol;                       /* 定义变量 */
    printf("\nPlease input the radius:\n");
    scanf("%f", &radi);                             /* 输入数据 */
    cir = 2 * PI * radi;
    squ = PI * radi * radi;
    vol = 4.0 / 3 * PI * pow(radi,3);
    printf("cir=%10.5f\n", cir);
    printf("squ=%10.5f\n", squ);
    printf("vol=%10.5f\n", vol);
    return 0;
}
```

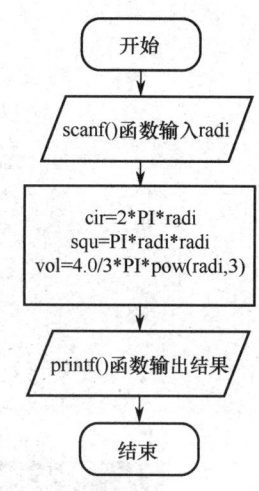

图 3-6　例 3-7 算法流程图

输入半径 10，程序运行结果：

```
Please input the radius:
10
cir=  62.83180
squ= 314.15900
vol=4188.78662
```

程序分析：

（1）变量的定义尽量做到"见名知其意"。

（2）做数学运算时，要注意运算符的表达。例如，半径的平方，可以使用 radi * radi 表示，也可以使用数学函数 pow(radi,2)表示 $radi^2$，使用数学函数需要在程序一开始增加预处理命令#include <math.h>。

（3）使用 pow(x,y)函数需要注意底数和指数数字的正负不要违反数学常识。例如，底数 x 为负数并且指数 y 不是整数，底数 x 和指数 y 都是 0，底数 x 是 0，指数 y 为负数，都会导致定义域错误（Domain Error）。

（4）输出结果是数值数据，选用 printf( )函数输出，并使用普通字符"cir="、"squ="和"vol="使显示更加清晰。输出格式字符均使用"%10.5f"，".5"使计算结果保留 5 位小数，宽度 10 可以支持计算结果有 4 位整数，能够满足实型数据的输出需求。

【例 3-8】 编写程序，用于实现两个数的交换。

（1）分析问题：本例题需要 2 个数，没有说明类型，此时可以定义为基本整型或单精度类型。数据需要通过 scanf()函数，从键盘获得 2 个数。可以增加一个和 a 数据类型相同的临时变量 temp，通过语句 temp = a;a = b;b = temp;实现变量 a、b 值的交换。

（2）算法流程图如图 3-7 所示。

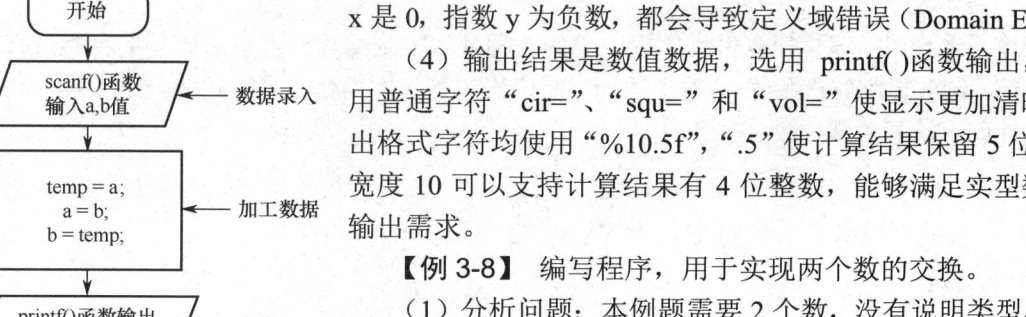

图 3-7　例 3-8 算法流程图

（3）编写程序：

```
/* exp3-8 */
#include <stdio.h>
int main( )
{
    int a,b,temp;
    printf("交换之前: \n" );
    scanf("%d%d", &a,&b);
    temp = a;
    a = b;
    b = temp;  //C语言程序中，两个变量值的交换要借助于临时变量（同类型）
    printf("交换之后: \n");
    printf("a=%d,b=%d\n", a, b);
    return 0;
}
```

输入 12　58，程序运行结果：

程序分析：

若直接将 a 和 b 两值交换，即直接写 a=b; b=a;，此时输入 12　58，程序运行结果：

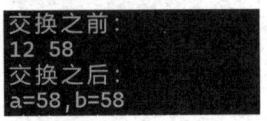

这显然是不正确的。这是因为在 C 语言中，局部变量声明后，每次程序运行期间变量名就对应了一个固定的存储单元，它只能保留最后一次放入的值。我们执行 a=b;后，b 的值就覆盖了原来 a 的值，并且找不到了；再次执行 b=a;时，是把 a 的新值放入 b 的存储地址单元。

本 章 小 结

顺序、选择、循环是计算机程序设计中的 3 种基本控制结构。本章对语句的种类进行了全面介绍，同时详细解析了输入/输出语句、赋值语句等基本操作，最后举例阐述了顺序结构程序设计的方法和步骤。

习　题　3

一、选择题

1. 以下叙述正确的是＿＿＿＿。
   A．C 语句的结束符为分号　　　　　　　　B．C 语句的结束符为逗号
   C．C 语句的结束符为冒号　　　　　　　　D．C 语句的结束符为句号

2. 在 printf("a=%c,b=%c", a, b);中，变量 a, b 的类型应该是＿＿＿＿。
   A．整型或字符型　　　　　　　　　　　　B．实型或字符型
   C．实型或字符串型　　　　　　　　　　　D．整型或实型

3. 设有变量定义 float a = 12.34567, b = 22.3456;，则 printf("a = %8.3f, %-8.2f ", a, b);的输出结果为_____。

    A. 12.34567,22.34567　　　　　　　　　B.　　　12.346,22.35

    C. 12.346 　,22.35　　　　　　　　　　D. 12.345 　,22.34

4. 下面程序段的输出结果是_____。

```
int a = 010, b = 0x10, c = 10;
printf("%d,%d,%d\n", a, b, c);
```

    A. 10,10,10　　　　B. 8,16,10　　　　C. 8,10,10　　　　D. 8,8,10

5. 有定义 int c = 65;，则 printf("%d,%u,%c", a, a, a);的输出结果为_____。

    A. 65,65,A　　　　B. 65,65,65　　　　C. 65,−65,A　　　　D. 65 65 A

6. 对于 scanf("%d %*d %d", &a, &b);，输入 1 2 3，则变量 b 的值是_____。

    A. 1　　　　　　　B. 2　　　　　　　C. 3　　　　　　　D. *

7. 对于 scanf("%3d%2d", &a, &b);，从键盘输入 1234567，变量 a 的值是_____。

    A. 1234567　　　　B. 123　　　　　　C. 1234　　　　　　D. 12345

8. 有定义 int a, b;，要通过 scanf("%d:%d", &a, &b);使 a 得到 5,b 得到 6,则正确的输入形式为_____。

    A. 5 6　　　　　　B. 5,6　　　　　　C. 5:6　　　　　　D. 5;6

二、填空题

1. 程序处理流程的 3 种基本结构是_____、_____和_____。

2. C 语句有_____、函数调用语句、_____、复合语句、空语句 5 类。

3. C 语言中专门用于字符数据输入和输出的函数是_____和_____。

4. 在调用标准输入和输出库函数时，文件开头的预编译命令是_____。

5. C 语言规定，标识符必须由以下 3 种字符_____、_____和_____构成，且首字符不能是数字。

三、程序设计题

1. 从键盘输入一个 4 位的正整数 n（如 4567），编程将其拆分后，组成两个新的 2 位的正整数 x 和 y（如 46 和 57）。

2. 已知华氏温度 f 与摄氏温度 c 的转换公式为 $c = \dfrac{5}{9}(f-32)$，请编写程序从键盘上输入华氏温度，将其转换为摄氏温度（保留 1 位小数，请注意在程序中要避免出现"5 / 9"的整数相除）。

3. 设 a、b、c 分别表示三角形的三边，从键盘输入 a、b、c 的值，根据数学公式 $area = \sqrt{s(s-a)(s-b)(s-c)}$，其中，$s = (a+b+c)/2$，计算三角形的面积（要求输入的三边长度能构成三角形）。

第4章 选择结构程序设计

本章思维导图

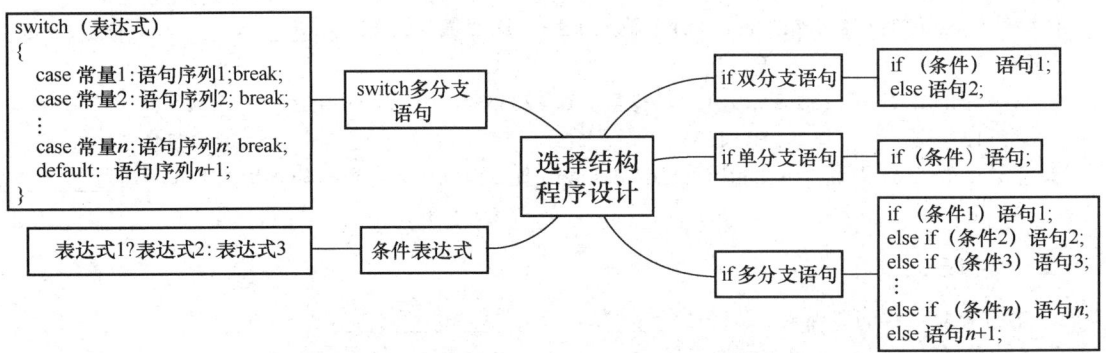

在实际应用中，经常需要根据不同情况作出判断。为了解决这类问题，可以借助选择结构来实现。在 C 语言中，通常使用 if 语句和 switch 语句来实现选择结构。本章主要介绍选择结构的语法结构及其应用。

4.1 if 语句

在 C 语言中，常用 if 语句来判断给定的条件是否满足，根据判定结果的真/假，来决定执行相应的操作语句。常见的 if 语句有 if…else 双分支、if 单分支和 if…else if…多分支 3 种基本形式。

4.1.1 if 双分支语句

if…else 双分支结构的一般形式：

```
if(条件表达式)
{
    语句序列 1;
}
else
{
    语句序列 2;
}
```

其执行流程是：若条件表达式的值为非 0（真），则执行语句序列 1，然后执行 if 语句的后续语句；否则执行语句序列 2，然后执行 if 语句的后续语句。执行过程如图 4-1 所示。

通常，语句序列 1 被称为 if 子句，语句序列 2 被称为 else 子句。

注意事项：

（1）条件表达式括号的后面不加分号，否则可能会出现逻辑错误。

例如：

```
if(a > b);
{
    printf(" max=%d", a);
}
else
{
    printf("max=%d", b);
}
```

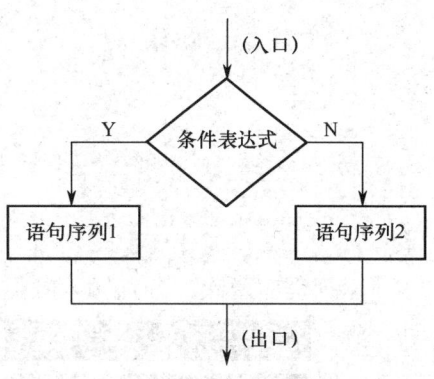

图 4-1 if 双分支语句功能流程图

编译时，会出现提示信息："error C2181: illegal else without matching if"，表示"else 是非法的，没有 if 可以和它匹配"。

（2）括号中的表达式可以是任意表达式，一般是关系表达式或逻辑表达式。

【例 4-1】 编写程序，从两个数中找出最大数。

算法分析：利用 if…else 双分支语句来实现。若 a>b，则将 a 赋给 max，否则将 b 赋给 max。程序代码如下：

```
/* exp4-1 */
#include <stdio.h>
int main( )
{
    int a,b,max;
    printf("Please input two numbers: ");
    scanf("%d,%d", &a, &b);
    if(a > b)
        max = a;
    else
        max = b;        /* max 中存放 a,b 的大值 */
    printf("max=%d\n", max);
    return 0;
}
```

输入数据 10,20，程序运行结果：

```
Please input two numbers: 10,20
max=20
```

【例 4-2】 输入一个学生的成绩，输出"及格"或"不及格"的信息。

算法分析：本例题要求对"及格"和"不及格"两种情况作出判断，输出相应的结论，可采用 if…else 双分支结构。定义整型变量 score 存放成绩，当 score >=60 时输出及格的信息，否则输出不及格的信息。

```
/* exp4-2 */
#include <stdio.h>
int main( )
{
    int score;
    printf("Please input the score: ");
    scanf("%d", &score);
```

```
        if(score >= 60)
        {
            printf("恭喜，及格了！\n");
        }
        else
        {
            printf("很遗憾，成绩不及格！\n");
        }
        return 0;
}
```

运行程序两次，分别输入数据 80、50，程序运行结果：

```
Please input the score: 80
恭喜，及格了！
```
```
Please input the score: 50
很遗憾，成绩不及格！
```

【例 4-3】编写程序，输入一个年份，判断该年是否为闰年。若是，则输出该年是闰年的提示信息；否则输出该年不是闰年的提示信息。

闰年的判断条件是：能被 4 整除，但不能被 100 整除；或者能被 400 整除。

算法分析：输入年份，使用 if…else 双分支语句判断是否为闰年，输出判断结果。判断闰年的条件，用逻辑表达式可表示为：(year % 4 == 0 && year % 100 != 0) || year % 400 == 0。

程序代码如下：

```
/* exp4-3 */
#include <stdio.h>
int main( )
{
    int year;
    printf("Please input year:");
    scanf("%d", &year);
    if( (year % 4 == 0 && year % 100 != 0) || year % 400 == 0 )
        printf("%d 是闰年！\n",year);
    else
        printf("%d 不是闰年！\n",year);
    return 0;
}
```

运行程序两次，分别输入 2000 和 2001，程序运行结果：

```
Please input year:2000
2000是闰年！
```
```
Please input year:2001
2001不是闰年！
```

4.1.2 if 单分支语句

if 单分支语句的一般形式：

```
if(表达式)
{
    语句序列；
}
```

其执行流程是：先判断表达式的值，若值为非 0，即其逻辑值为真，则表达式成立，执行语句序列；若值为 0，即其逻辑值为假，则表达式不成立，跳过 if 语句序列，执行其后续语句。其执行过程如图 4-2 所示。

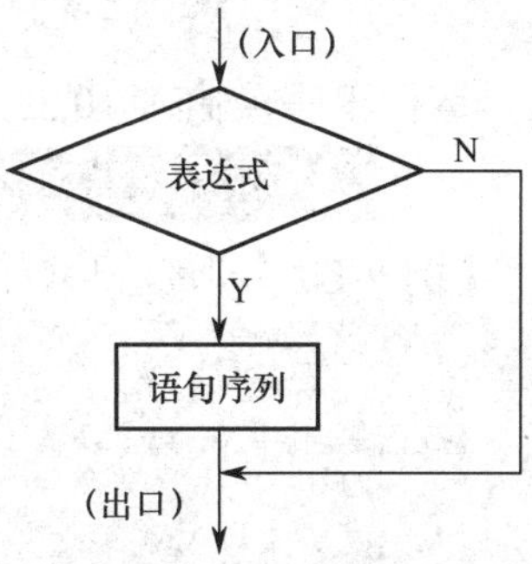

【例 4-4】 输入 3 个整数，输出 3 个数中的最大数。

算法分析：定义 4 个整型变量 a、b、c 和 max，其中 a、b、c 用于表示从键盘输入的任意 3 个整数，max 用于存放其中的最大数。可用 if 单分支语句实现。

```
/* exp4-4 */
#include <stdio.h>
int main( )
{
    int a, b, c, max;
    printf("Please input three numbers:");
    scanf("%d,%d,%d", &a, &b, &c);
    max = a;                    /* 假设 a 是最大数，即把 a 赋值给 max */
    if (max<b) max=b;           /* 若 b 大于 max，把 b 赋值给 max */
    if (max<c) max=c;           /* 若 c 大于 max，把 c 赋值给 max */
    printf("max=%d\n",max);
    return 0;
}
```

图 4-2　if 单分支语句功能流程图

运行程序，从键盘输入 10,30,20，程序运行结果：

```
Please input three numbers:10,30,20
max=30
```

【例 4-5】 编写程序，输入 3 个整数 a、b、c，按从小到大的顺序依次输出。

算法分析：

（1）定义变量 a、b、c，从键盘读入；定义变量 t，为临时存储变量。

（2）判断 a 是否大于 b，若 a 大于 b，则交换 a、b 的值。

（3）判断 a 是否大于 c，若 a 大于 c，则交换 a、c 的值。

（4）判断 b 是否大于 c，若 b 大于 c，则交换 b、c 的值。

```
/* exp4-5 */
#include <stdio.h>
int main( )
{
    int a, b, c, t;
    printf("Please input three numbers:");
    scanf("%d,%d,%d", &a, &b, &c);
    if(a > b)
        {   t = a;              /* 先将 a 的值放入 t 中保存，t 为临时存储变量*/
            a = b;
            b = t;              /* t 中存放的是 a 最初的值，放入 b */
        }                       /* a 和 b 完成交换 */
    if(a > c)
        {   t = a;
            a = c;
            c = t;
        }                       /* a 和 c 完成交换 */
    if(b > c)
        {   t = b;
            b = c;
            c = t;
        }                       /* b 和 c 完成交换 */
    printf("after sorted:%d,%d,%d\n", a, b, c);
```

```
        return 0;
    }
```

运行程序，输入 10,30,20，程序运行结果：

```
Please input three numbers:10,30,20
after sorted:10,20,30
```

【例 4-6】 阅读程序，运行并分析 if 语句的输出结果（注意理解逻辑运算的短路特性）。

```
/* exp4-6 */
#include <stdio.h>
int main( )
{
    int a = 2, b = 10, c = 5,x,y;
    x = !a && ++b;
    printf("x=%d,b=%d\n",x,b);
    if(y = a || ++c)
    printf("y=%d,c=%d\n",y,c);
    return 0;
}
```

程序运行结果：

```
x=0,b=10
y=1,c=5
```

程序分析：

执行 x=!a && ++b;时，!a 为 0（假），已可以确定整个表达式结果为 0（假），所以++b 不再被计算，b 的值不变仍为 10。

执行 y = a || ++c;时，a 为非 0（真），已可以确定整个表达式结果为 1（真），所以++c 不再被计算，c 的值不变仍为 5。

逻辑运算的短路特性：在从左向右计算逻辑表达式的过程中，并不是所有的逻辑运算都会被执行。只有在必须进行下一个逻辑运算才能求出表达式的值时，才执行该运算；一旦整个逻辑表达式的值可以确定，将停止后续表达式的运算操作。

以下两种常见的情况，体现了逻辑运算符的短路特性。

（1）形如 a && b 的表达式：只有 a 为真时才将 a 与 b 的值求与运算；否则，若 a 为假，则可直接得出 a && b 的计算结果为 0（假），表达式 b 将不会被执行。

（2）形如 a || b 的表达式：只有 a 为假时才将 a 与 b 的值求或运算；否则，若 a 为真，则可直接得出 a || b 的结果为 1（真），表达式 b 将不会被执行。

4.1.3 if 多分支语句

C 语言中，if…else if…多分支语句是一种常见的 if 语句，即 else 子句中又包含了 if 语句。

1. if…else if…多分支语句的一般形式

```
if(表达式 1)
{
    语句序列 1;
}
else if(表达式 2)
{
    语句序列 2;
```

```
    }
    ...
    else if(表达式 n)
    {
        语句序列 n;
    }
    else
    {
        语句序列 n+1;
    }
```

执行流程：先计算表达式 1 的值，若表达式 1 的值为非 0（真），则执行语句序列 1；否则计算表达式 2 的值，若表达式 2 的值为非 0，则执行语句序列 2；以此类推，当所有值都为 0（假）时，执行 else 子句的语句序列 n+1。最后，正常结束 if 语句执行。执行过程如图 4-3 所示。

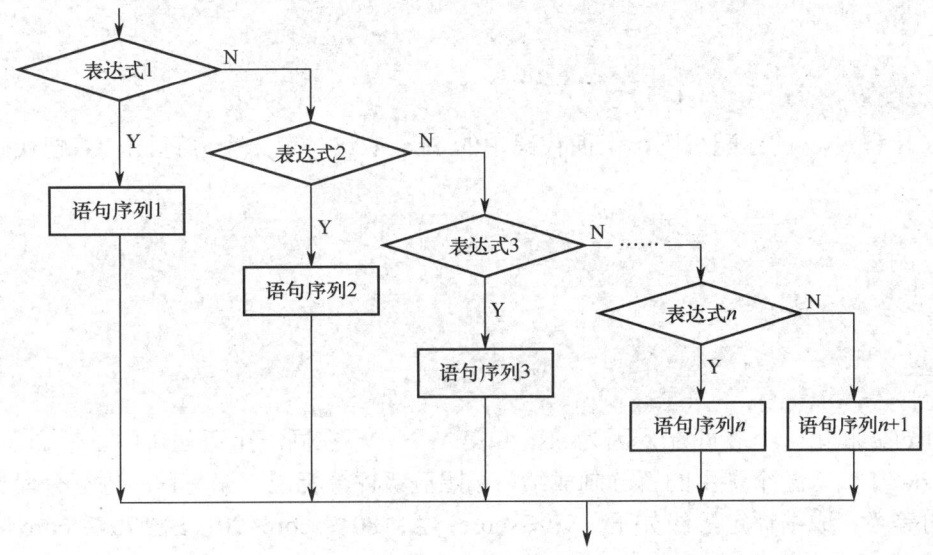

图 4-3　if 多分支语句功能流程图

if 多分支语句要特别注意：

（1）在 n+1 个语句序列中，只有一个会被执行。

（2）else（否则）隐含的前提条件：每个 else 都有一个隐含的前提条件，即前面的条件都不成立。这个隐含的条件不需要再明确地写出来，因为 else（否则）已经包含了这个前提。在分析 if 多分支语句流程的执行时，要充分认识到这一点，避免多余代码的出现。

例如：

```
if(x > 0) y = 1;
else if(x == 0) y = 0;
else y = -1;
```

上面代码中，第一个 else 隐含了(x > 0)不成立这个前提；第二个 else 隐含了(x > 0)和(x == 0)都不成立这个前提。若写成下面的形式，就出现了多余代码 x <= 0，因为这个条件第一个 else 已经隐含了！

```
if(x > 0) y = 1;
else if(x <= 0  && x == 0) y = 0;
else y = -1;
```

2．if 语句的嵌套

当 if 语句中又包含有 if 语句时，就形成了 if 语句的嵌套。

if 语句嵌套结构一般形式如下：

```
if(表达式1)
    if(表达式2) 语句1;          /*内嵌在if语句中*/
    else 语句2;
else
    if(表达式3) 语句3;          /*内嵌在else语句中*/
    else 语句4;
```

根据实际情况，if 语句的嵌套会有多种形式。C 语言规定了 if…else 的匹配原则：else 总是与同一个语句块内、之前的、最近的、尚未与其他 else 匹配过的 if 匹配。例如：

```
if(x <= 0)
    if(y > 1)
        z = 1;
    else
        z = 2;
```

根据 if 和 else 的匹配规则，上面代码中的 else 应该与第二个 if 匹配。若把代码改成下列形式：

```
if(x < =0)
{
    if(y > 1)
        z = 1;
}
    else
        z = 2;
```

此时 else 和第一个 if 匹配，因为 else 和第二个 if 不在同一个语句块中。

【例 4-7】输入一个学生的百分制成绩，按照五级评分标准，编写程序进行分段评定，输出相应的等级。成绩评定等级如下：$90 \leqslant score$：A；$80 \leqslant score < 90$：B；$70 \leqslant score < 80$：C；$60 \leqslant score < 70$：D；$score < 60$：E。

算法分析：这是一个典型的多分支选择结构，可以用 if…else if…多分支语句实现。定义一个实型变量 score 表示学生百分制成绩，定义一个字符型变量 grade 表示相应的等级，用 if 多分支语句判断分数所在的范围，给字符型变量 grade 赋予相应的等级值，最后输出 score 和 grade 的值。

程序代码如下：

```
/* exp4-7 */
#include <stdio.h>
int main( )
{   int score;
    char grade;
    printf("Please input  score: ");
    scanf("%d",&score);          /*从键盘读入十进制成绩*/
    if(score >= 0 && score <= 100)
        {
            if(score >= 90)
                grade = 'A';
            else if(score>=80)
                grade = 'B';
```

```
        else if(score >= 70)
            grade = 'C';
        else if(score >= 60)
            grade = 'D';
        else    grade = 'E';
        printf("%d: %c\n",score,grade);    /*输出十进制成绩和对应的等级*/
    }
    else  printf("data error!\n");
    return 0;
}
```

运行程序，输入 80，程序运行结果：

```
Please input  score: 80
80:B
```

注意：程序需运行多次，输入不同分数段的成绩，查看运行结果，以测试每个分支代码的正确性。

【例 4-8】从键盘上输入 x 的值，完成下面分段函数的计算。

$$y = \begin{cases} x^2 & x < 1 \\ 2x - 1 & 1 \leqslant x < 10 \\ 3x - 11 & x \geqslant 10 \end{cases}$$

算法分析：这是一个多分支问题，从键盘得到 x 的值，根据 x 的值所处的范围求出函数 y 的值并输出。程序代码如下：

```
/* exp4-8 */
#include <stdio.h>
int main( )
{
    float x, y;
    printf("Please input x:");
    scanf("%f", &x);
    if( x < 1 ) y = x * x;
    else if(x < 10) y = 2 * x - 1;
    else    y = 3 * x - 11;
    printf("y=%.2f\n", y);
    return 0;
}
```

运行程序，输入 5，程序运行结果：

```
Please input x:5
y=9.00
```

4.2　条件运算符和条件表达式

4.2.1　条件运算符

条件运算符为 "?: "，是 C 语言中唯一的一个三目运算符，即运算时需要有 3 个操作数。结合方向为右结合性。

4.2.2　条件表达式

（1）条件表达式一般形式：

表达式 1 ? 表达式 2 : 表达式 3

3 个表达式可以为任意合法的 C 语言表达式。如(a > b)? a : b 是一个条件表达式。条件表达式常用在赋值语句中。例如：

```
max = (a > b) ? a : b;
```

（2）条件运算符的优先级比较低，只比赋值运算符和逗号运算符高，低于关系、算术运算符。例如：

```
max = (a > b) ? a : b;
```

可写为：

```
max = a > b ? a : b;
```

（3）条件表达式的运算过程：先判断表达式 1 的值，若值为真，则将表达式 2 的值作为条件表达式的值；若表达式 1 的值为假，则将表达式 3 的值作为条件表达式的值。求值规则如图 4-4 所示。

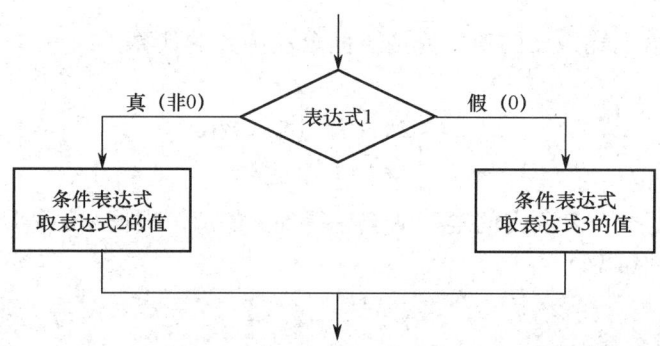

图 4-4   条件表达式的求值规则

在 if 双分支语句中，若 if 子句和 else 子句都是给同一个变量赋值的单个赋值语句，可以使用条件表达式来代替 if 双分支语句，使程序更加简洁。例如，执行 max = a > b ? a : b;，其功能是：若 a > b 为真，则把 a 的值赋予 max，否则把 b 的值赋予 max。

条件表达式 max = a > b ? a : b;完全等价于：

```
if (a > b)  max = a;
else max = b;
```

（4）条件运算符可以嵌套，当条件运算符中的表达式 2 或者表达式 3 也是条件表达式时，就形成条件运算符的嵌套。此时，注意利用条件表达式自右向左结合的特性，来计算条件表达式的值。例如：

```
a > b ? a : c > d ? c : d
```

等价于：

```
a > b ? a : (c > d ? c : d)
```

【例 4-9】 使用条件运算符求两个数的最大值。

```
/* exp4-9 */
#include <stdio.h>
int main( )
{
    int a,b,max;
    printf("inupt two number:");
    scanf("%d,%d", &a, &b);
    max = a>b?a:b;            /* max 中存放 a,b 的大值 */
```

```
    printf("max=%d\n", max);
    return 0;
}
```

运行程序，从键盘输入 22,33，程序运行结果：

```
inupt two number:22,33
max=33
```

【例 4-10】 使用条件运算符判断闰年。

```
/* exp4-10 */
#include <stdio.h>
int main( )
{
    int year,flag;
    printf("Please input year:");
    scanf("%d", &year);
    flag = (year % 4 == 0 && year % 100 != 0) || year % 400 == 0 ;
    flag == 1 ? printf("%d是闰年! \n",year) : printf("%d不是闰年! \n",year);
    return 0;
}
```

运行程序两次，分别输入 2024、2025，程序运行结果：

```
Please input year:2024
2024是闰年!
Please input year:2025
2025不是闰年!
```

4.3 switch 语句

在编程过程中，常常需要把表达式的值和一系列值进行匹配，然后执行相应的程序代码，如菜单选项、分类统计或快捷键等程序的设计。当分支很多时，采用嵌套的 if 多分支语句就显得有些烦琐。利用 C 语言提供的 switch 语句，可以更方便直接地实现多分支选择结构，switch 语句也称为开关语句。

4.3.1 switch 语句的一般形式

switch 语句一般语法格式（含 break）：

```
switch(表达式)
{
    case 常量1:语句序列 1; break;
    case 常量2:语句序列 2; break;
    …
    case 常量i:语句序列 i; break;
    …
    case 常量n:语句序列 n; break;
    default:语句序列 n+1;
}
```

说明：

（1）break 语句用于跳出 switch 语句，终止本层 switch 的执行。

（2）break 也可以省略，若省略，继续执行下一个 case 后的语句序列。

4.3.2　switch 语句的执行过程

（1）先计算表达式的值。

（2）将表达式的值与 case 后面的常量 i 依次进行匹配，若表达式的值与常量 i 的值匹配成功，则执行语句序列 i，再执行 break 语句，跳出 switch 结构。

（3）若表达式的值与所有常量的值均不匹配，则执行 default 后面的语句序列 $n+1$，结束 switch 语句。

（4）default 是可选的。若表达式的值与所有常量的值均不匹配，且无"default: 语句序列 $n+1$"，则整个 switch 语句不再执行任何操作。

含 break 语句的 switch 语句的功能流程如图 4-5 所示。

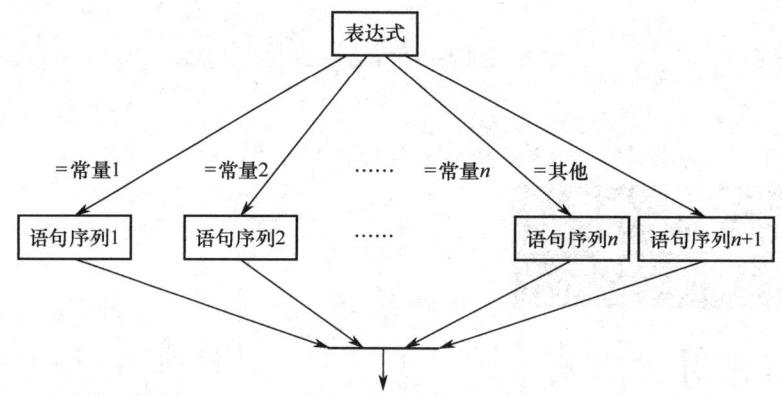

图 4-5　含 break 语句的 switch 语句的功能流程

下面是一个含 break 的 switch 语句：

```
switch(a)
{
    case 1:printf("Monday\n"); break;
    case 2:printf("Tuesday\n"); break;
    case 3:printf("Wednesday\n"); break;
    case 4:printf("Thursday\n"); break;
    case 5:printf("Friday\n"); break;
    case 6:printf("Saturday\n"); break;
    case 7:printf("Sunday\n"); break;
    default:printf("error\n");
}
```

表达式的值就像一个开关，取什么样的值，就会打开什么样的开关。

注意：若去掉语句中的所有 break 语句，则语句序列 i 执行后，继续执行语句序列 $i+1$，直至语句序列 $n+1$，全部执行一遍。表达式的值更像一个入口。此时语句功能流程如图 4-6 所示。

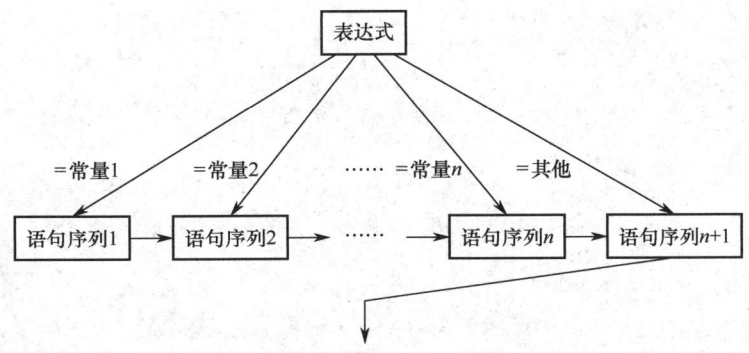

图 4-6　不含 break 语句的 switch 语句的功能流程

在上例中，去掉 switch 各语句序列中全部的 break 语句后，将 a 赋值为 1，程序运行结果：

```
Monday
Tuesday
Wednesday
Thursday
Friday
Saturday
Sunday
error
```

4.3.3　switch 语句的使用说明

（1）switch 后面括号内表达式的值和 case 后面常量表达式的值，必须是整型、字符型或枚举型。例如：

```
case 3.14:     printf("…"); break;      /* 错误，不能为小数 */
case 1:        printf("…"); break;      /* 正确 */
case 'a':      printf("…"); break;      /* 正确，字符和整数可以相互转换 */
case a:        printf("…"); break;      /* 错误，不能包含变量 */
```

（2）case 后面只能跟常量，case 与常量之间至少有一个空格，常量后再跟一个冒号。

（3）每个"case 常量:"后面的语句段可以是一条语句，也可以是多条语句，不需要用花括号括起来。

（4）多个 case 可共用一组执行语句。例如：

```
case 1:
case 2:printf("%d", x);
```

当表达式的值为 1 和 2 时，都执行 printf("%d", x);。

（5）switch 语句允许嵌套，break 只能跳出当前一层的 switch 语句。

【例 4-11】 输入一个学生的百分制成绩，按照五级评分标准。使用 switch 语句编写程序进行分段评定，输出相应的等级。成绩评定等级标准如下：90≤score：A；80≤score<90：B；70≤score<80：C；60≤score<70：D；score<60：E。

算法分析：本例题要求用 switch 语句实现。switch 后的表达式为(int)score / 10，可以将成绩区间段转换为有限的数据点，在"case 常量:"中体现。代码如下：

```
/* exp4-11 */
#include <stdio.h>
int main( )
{
    float score;
```

```
        printf("Please input score:");
        scanf("%f", &score);
        switch((int)score / 10)
        {
            case 10:
            case 9 : printf("A\n"); break;
            case 8 : printf("B\n"); break;
            case 7 : printf("C\n"); break;
            case 6 : printf("D\n"); break;
            default: printf("E\n");
        }
        return 0;
}
```

从键盘输入 90，程序运行结果：

```
Please input score:90
A
```

多次运行程序，分别输入 100、80、70、60、50，验证程序的正确性。

思考：对输入的成绩进行判断，若成绩在 0～100 之间，输出对应等级；否则输出错误提示信息。请完善程序，调试运行。

4.4　选择结构程序设计举例

【例 4-12】　设计一个简单的计算器，完成四则运算求值。

算法分析：

（1）定义 3 个实型变量 a、b、result，a 和 b 表示输入的两个运算数，result 表示运算的结果；定义一个字符型变量 op，表示输入的运算符。

（2）使用 switch 语句判断运算符的类别（+、−、*、/），然后输出对应的运算结果。

（3）当输入的运算符不是"+、−、*、/"时，给出运算符错误提示。

```
/* exp4-12 */
#include <stdio.h>
int main( )
{
    double a, b, result;
    char op;
    printf("input expression: a+(-,*,/)b\n");
    scanf("%lf%c%lf", &a, &op, &b);
    switch(op)
    {
        case '+': result=a+b;printf("result=%lf\n",result); break;
        case '-': result=a-b;printf("result=%lf\n",result); break;
        case '*': result=a*b;printf("result=%lf\n",result); break;
        case '/': result=a/b;printf("result=%lf\n",result); break;
        default: printf("input error\n");
    }
    return 0;
}
```

程序运行结果：

```
input expression: a+(-,*,/)b
8+10
result=18.000000
```

```
input expression: a+(-,*,/)b
8-10
result=-2.000000
```
```
input expression: a+(-,*,/)b
8*10
result=80.000000
```
```
input expression: a+(-,*,/)b
8/10
result=0.800000
```

思考：对于除法运算，应该进一步判断分母是否为 0。如果分母非 0，则计算并输出结果；如果分母为 0，则输出错误提示信息。请完善程序，调试运行。

【例 4-13】　设计程序，输入年份和月份，输出该月的天数。

算法分析：

（1）每年的 1、3、5、7、8、10、12 月，每月有 31 天；4、6、9、11 月，每月有 30 天；2 月闰年有 29 天，平年有 28 天。

（2）定义 3 个整型变量：year、month、days，分别表示年、月和天数。

（3）用 switch 语句完成对月份的判断。

```c
/* exp4-13 */
#include <stdio.h>
int main( )
{
    int  year,month,days;
    printf("Please input year,month:");
    scanf("%d,%d",&year,&month);
    switch( month )                    /* 判断月份 */
    {
        case 1:
        case 3:
        case 5:
        case 7:
        case 8:
        case 10:
        case 12: days = 31;break;
        case 4:
        case 6:
        case 9:
        case 11: days = 30;break;
        case 2: if( (year%400 == 0) || ((year%4 == 0) && (year%100 != 0)))
                    days = 29;
                else days = 28; break;
        default: printf("month is error!\n");
    }
    printf("year=%d,month=%d,days=%d\n", year, month, days);
    return 0;
}
```

运行程序，输入 2024,12，程序运行结果：

```
Please input year,month:2024,12
year=2024,month=12,days=31
```

说明：再多次运行程序，分别输入其他年份和月份，验证程序的正确性。

【例 4-14】　给出一个 0～999 之间的正整数 num，要求：①判断是几位数；②从高位到低位输出每一位数字。

算法分析：

（1）定义变量 num、i、j、k、p，并输入一个 3 位及 3 位以下的正整数到 num。

（2）求出百位、十位、个位数字，分别存入 i、j、k 中。

（3）用 if 语句判断位数，存入变量 p；用 switch 语句按照 3 位、2 位、1 位 3 种情况输出每一位数字。

```c
/* exp4-14 */
#include <stdio.h>
int main( )
{
    int  num, i, j, k, p;
    printf("Please input an integer(0~999):");
    scanf("%d", &num);
    if (num > 99)
    {
        p = 3;
        i = num / 100;
        j = num / 10 % 10;
        k = num % 10;
    }
    else if (num > 9)
    {
        p = 2;
        j = num / 10;
        k = num % 10;
    }
    else
    {
        p = 1;
        k = num;
    }
    switch(p)
    {
        case 3:    printf("百位：%d,十位:%d,个位:%d\n", i, j, k); break;
        case 2:    printf("十位：%d,个位:%d\n", j, k); break;
        case 1:    printf("个位：%d\n", k);
    }
    return 0;
}
```

程序运行结果：

```
Please input an integer(0~999):567
百位：5, 十位：6, 个位：7
```

本 章 小 结

选择结构又被称为"分支结构"，是一种常用的程序控制结构，可以用 if 语句、switch 语句来实现。if 语句一般用于区间选择的情况，if 语句常见的 3 种形式是：单分支 if 语句、双分支 if…else 语句、多分支 if…else if…语句。switch 语句一般用于多个特定数据选择的情况，使用 switch 语句时，要注意 break 语句的作用，break 语句只能跳出它所在的 switch 语句。

习　题　4

一、选择题

1. 在 C 语言中，"逻辑真"等价于_____。
   A. 大于 0 的数　　　　B. 大于或等于 0 的数　C. 非 0 的数　　　　D. 小于 0 的数
2. 以下能表示 x 为偶数的表达式是_____。
   A. x%2==0　　　　　B. x%2==1　　　　　C. x%2　　　　　　D. x%21=0
3. 若有定义 int a=10;，则表达式 a<=20 || a<=9 的值是_____。
   A. 0　　　　　　　B. 1　　　　　　　　C. 19　　　　　　D. 20
4. 若有定义 int a=1,b=2,c=3;，则表达式 a && b && c 的值是_____。
   A. 1　　　　　　　B. 2　　　　　　　　C. 3　　　　　　　D. 0
5. 逻辑运算符两边的运算对象_____。
   A. 只能是 0 或 1　　　　　　　　　　B. 只能是 0 或非 0 的整数
   C. 只能是整型或浮点型数据　　　　　　D. 可以是任何类型的数据
6. 若有 int a=1,b=2,c=3,d=4;，则表达式 a<b?(c>d)?c:d:b 的值是_____。
   A. 1　　　　　　　B. 2　　　　　　　　C. 3　　　　　　　D. 4
7. 为了避免嵌套的 if…else 语句出现二义性，C 语言规定 else 总是与_____组成配对关系。
   A. 缩进位置相同的 if　　　　　　　　B. 在其之前未配对的 if
   C. 同一语句块内，在其之前未配对的 if　D. 同一行中的 if
8. 下面程序的执行结果是_____。

```
#include "stdio.h"
int main( )
{   int x,y = 1;
    if(y != 0) x = 5;
    printf("%d\t",x);
    if(y == 0) x = 3;
    else x = 5;
    printf("%d\t\n", x);
    return 0;
}
```

   A. 1 3　　　　　　B. 1 5　　　　　　C. 5 3　　　　　D. 5 5
9. 下面程序的执行结果是_____。

```
#include "stdio.h"
int main( )
{   int x = 1,y = 1,z = 0;
    if(z < 0)
    if(y > 0) x = 3;
    else x = 5;
    printf("%d\t", x);
    if(z = y < 0)     x = 3;
    else if(y == 0)   x = 5;
    else x = 7;
    printf("%d\n", x);
    printf("%d\n", z);
```

```
        return 0;
    }
```

    A．1 7 0   B．3 7 0   C．5 5 0   D．1 5 1

10．有以下程序：

```
#include "stdio.h"
int main( )
{   int a, b, s;
    scanf("%d%d", &a, &b);
    s = a;
    if(a < b)    s = b;
    s *= s;
    printf("%d\n", s);
    return 0;
}
```

若执行程序时从键盘输入 3 和 4，则输出的结果是_____。

A．12   B．16   C．9   D．8

11．若运行程序时，从键盘上输入 12，则以下程序的运行结果是_____。

```
#include "stdio.h"
int main( )
{
    int x, y;
    scanf ("%d", &x);
    y=x>12?x+10:x-12;
    printf ("%8d\n", y) ;
    return 0;
}
```

    A．0   B．22   C．12   D．10

二、填空题

1．设已有定义 int a = 5, b = 4, c = 2;，则表达式 a>b>c 的值为_____。

2．设已有定义 int a = 3, b = 6, c = 8;，则逻辑表达式 a+b>c&&b==c 的值是_____。

3．能表达"n 是大于 10 且小于 50 的奇数"的 C 语言逻辑表达式是_____。

三、程序设计题

1．编写程序，输入一个整数，判断它能否同时被 3、5、7 整除。

2．从键盘上任意输入三角形的三边长为 a、b、c，编程判断 a、b、c 的值是否能构成一个三角形，若能构成三角形，则计算并输出三角形的面积 area，否则输出"不能构成三角形！"。

构成三角形的条件是：任意两边之和大于第三边。三角形面积的计算公式是： area = $\sqrt{s(s-a)(s-b)(s-c)}$。其中，$s = \frac{1}{2}(a+b+c)$。

3．使用 switch 语句，按运输距离、折扣率计算运费。运费 = 重量×距离×(1−折扣率)×价格。

距离 s 与折扣率的关系如下：$s<250$：0；$250 \leq s<500$：2%；$500 \leq s<1000$：5%；$1000 \leq s<2000$：8%；$2000 \leq s<3000$：10%；$3000 \leq s$：15%。

第5章　循环结构程序设计

本章思维导图

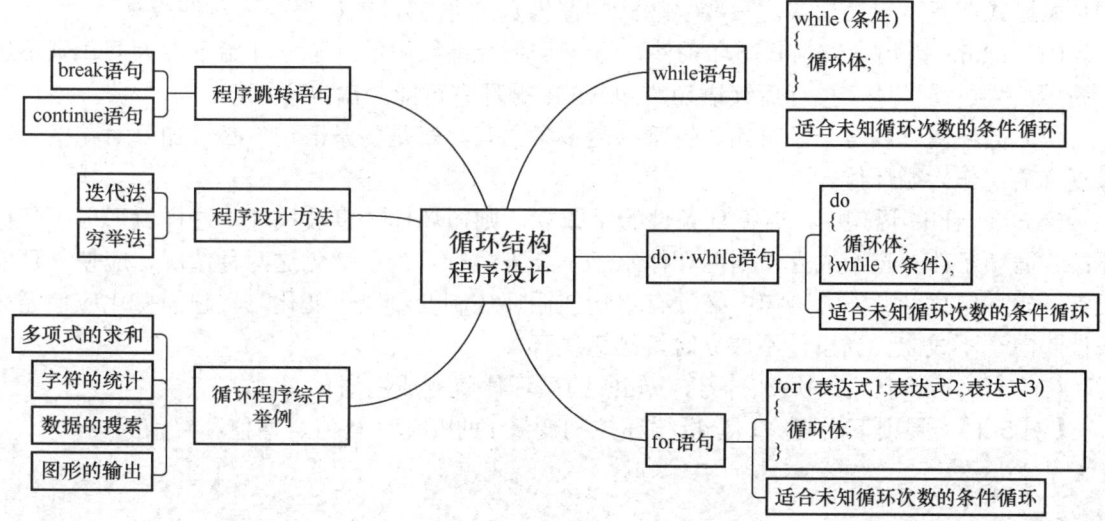

计算机最擅长的就是重复执行代码，可以高效地解决很多需要重复处理的问题。利用循环结构可以控制代码重复执行，循环结构是结构化程序设计的 3 种基本结构之一。

循环结构的特点是当给定条件满足时，重复执行某些语句块；当条件不满足时结束循环。给定的条件称为循环条件，反复执行的语句块称为循环体。

在 C 语言中，提供了 3 种语句用来实现循环结构，即 while 语句、do…while 语句和 for 语句。

5.1　while 语句

while 语句常用于条件循环，即根据条件来决定是否继续循环。

5.1.1　while 语句的一般形式

while 语句的一般形式：

```
while(表达式)
{
    语句序列;
}
```

其中，while 是关键字，表达式是循环条件，语句序列是循环体。

5.1.2 while 语句的执行流程

先判断表达式的值，其值为真（非 0）时，说明循环条件成立，则执行循环体；然后再判断表达式的值是否为真，如此往复，直到表达式的值为假，结束循环，执行 while 语句的后续语句。while 语句的执行流程如图 5-1 所示。

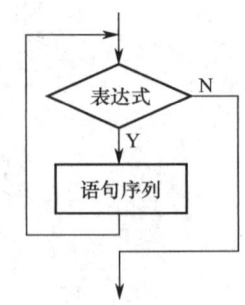

5.1.3 while 语句的使用说明

（1）while 语句中的循环条件，可以是任意表达式，一般为关系表达式或者逻辑表达式。只要表达式的值为真（非 0），就认为循环条件成立。

图 5-1　while 语句的执行流程

（2）while 语句是先判断循环条件，再决定是否进行循环。若一开始条件为假，则不进入循环，跳过循环体，执行后续语句。即 while 循环有可能一次也不执行。

（3）循环体可以是一条语句，也可以是多条语句，若是多条语句，必须加一对花括号形成复合语句作为循环体。

（4）在 while 语句中，若循环条件始终成立，则循环体一直被执行，这样就形成了死循环；若循环条件一直不成立，则循环体永远不会被执行。为了避免这两种情况，应使循环能正常开始并结束，循环的语句中必须有语句使循环控制变量发生变化，且它的变化应使循环条件趋向于不成立。当条件不成立时，结束循环。

（5）若 while(表达式)后加分号，while 的循环体就变成空语句。

【例 5-1】 阅读下面程序，分析循环控制变量 i 的变化（初值、增值和终值）。

```
/* exp5-1 */
#include <stdio.h>
int main( )
{
    int i;                          /* 定义整型循环变量 */
    i = 1;                          /* 初始化循环变量 */
    while(i <= 10)                  /* 循环条件 */
    {
        printf("i=%d,", i);         /* 输出循环控制变量的值 */
        i++;                        /* 循环控制变量增值 */
    }
    printf("\n 循环结束后：i=%d\n", i);
    return 0;
}
```

程序运行结果：

```
i=1,i=2,i=3,i=4,i=5,i=6,i=7,i=8,i=9,i=10,
循环结束后：i=11
```

程序分析：while 语句的循环条件是 i <= 10，i 的初始值为 1，循环体中 i++，使得每循环一次，i 的值递增 1；当 i 递增为 11 时，循环条件 i <= 10 为假，循环结束。

【例 5-2】 用 while 语句编程，计算多项式 1+2+3+…+100 的值并输出结果。

算法分析：表达式是求 1 到 100 的累加和，定义变量 i，用于保存当前累加的整数，定义变量 s，用于保存每次累加的结果，初值为 0。求和的过程可表示如下：

```
s = s + 1;
s = s + 2;
…
```

```
s = s + 98;
s = s + 99;
s = s + 100;
```

这是一个重复的过程，可以用 while 语句实现，循环中通过语句"s = s + i;"实现累加。流程图如图 5-2 所示。

```c
/* exp5-2 */
#include <stdio.h>
int main( )
{
    int i;                    /* 定义整型循环控制变量 */
    int s;                    /* 定义累加和的变量 */
    i = 1;                    /* 初始化循环控制变量 */
    s = 0;                    /* 初始化累加和 */
    while(i <= 100)           /* 循环控制条件 */
    {
        s = s + i;            /* 循环进行累加 */
        i++;                  /* 循环控制变量增值 */
    }
    printf("循环结束后：i=%d\n", i);
    printf("和：s=%d\n", s);  /* 输出累加和的值 */
    return 0;
}
```

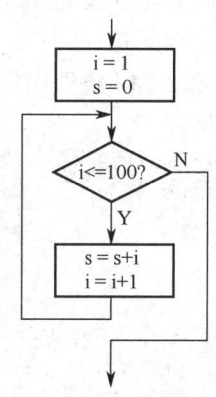

图 5-2　例 5-2 问题流程图

分析上面程序，对比每次循环前后，即执行语句"s = s + i;"前后，变量 i 和 s 值的变化情况，如表 5-1 所示。

表 5-1　循环过程中变量 i、s 值的变化

循 环 次 数	循环变量 i 的值	第 i 次循环前 s 的值	第 i 次循环后 s 的值
1	1	0	1
2	2	1	3
3	3	3	6
4	4	6	10
5	5	10	15
……	……	……	……
100	100	4950	5050

程序运行结果：

```
循环结束后：i=101
和：s=5050
```

程序分析：

首先赋初值，循环控制变量 i=1，累加和 s=0；开始 while 语句，判断循环条件 i<=100 是否成立，若成立，执行循环体"s=s+i; i++;"；然后再次判断循环条件，直到 i 变化到 101，结束循环。

注意：为什么语句"s = s + i;"能实现累加运算？这里"s = s + i;"是赋值语句。从变量的存储单元来看，赋值运算符两边的 s 指的是内存中同一个存储单元；从变量值的角度来看，赋值运算符两侧的 s 值是不相同的，右侧的"s"是求和运算之前的值，左侧的"s"是求和运算之后的值。可以将其理解为：s 的新值 = s 的旧值 + 循环控制变量 i 当前的值。

【例 5-3】 从键盘输入若干正整数，求这些数的总和并输出，当输入 0 或者负数时，结束循环。

算法分析：

（1）循环次数是不确定的，根据输入的数据是否为非负数，来确定是否循环。

（2）定义变量 num 存放数据，循环之前从键盘读入 num 的第一个值，在循环体中读入 num 后续的值。

（3）循环条件可以表示为 num > 0，当条件为真（非 0）时，执行循环体；为假（0）时，结束循环。

```c
/* exp5-3 */
#include <stdio.h>
int main( )
{
    int num, i = 0;                     /* 定义整型变量 */
    int  sum = 0;                       /* 定义求和变量 */
    printf("Please input number: ");
    scanf("%d", &num);                  /* 先输入一个整型数 */
    while(num > 0)                      /* 循环控制条件 */
    {
        sum = sum + num;                /* 循环进行累加 */
        i++;                            /* 计数器 */
        scanf("%d", &num);              /* 继续输入一个整型数 */
    }
    printf("sum=%d\n", sum);
    return 0;
}
```

运行程序，输入一组数，以负数结束，程序运行结果：

```
Please input number: 22 33 44 55 66 77 88 -10
sum=385
```

注意：

（1）本例题中，循环控制的条件与循环次数没有直接关系，与累加数据本身的大小有关。运行程序时，最终要输入一个小于或等于 0 的数据，才能使循环正常结束；否则循环不会结束，一直等待下一个数据的读入。

（2）多个数据的读入：定义变量 num，存放每次要读入且累加的数据，在循环之前须通过 "scanf("%d", &num);" 语句读入第一个要累加的数据，并且在开始循环时判断该数是否大于 0，若为真，开始循环；在循环体内，最后还须通过 "scanf("%d", &num);" 语句读入第二个需要累加的后续数据，为下一次循环的条件判断、累加准备数据。因此，程序中有两个 "scanf("%d", &num);" 语句。

5.2 do…while 语句

5.2.1 do…while 语句的一般形式

do…while 语句的一般形式如下：

```
do
{
```

```
    语句序列;
} while(表达式);
```

其中，do 和 while 是关键字，表达式是循环条件，语句序列是循环体。

5.2.2 do…while 语句的执行流程

先执行循环体内语句，再判断表达式的值，若表达式的值为
真（非 0），则循环条件成立，返回继续执行循环体语句，直到
表达式的值为假（0），结束循环。do…while 语句的执行流程如
图 5-3 所示。

【例 5-4】用 do…while 语句编程,计算多项式 1+2+3+…+100
的值并输出结果。

用 do…while 语句实现，流程图如图 5-4 所示。

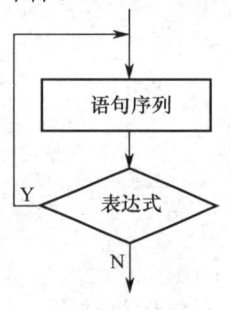

图 5-3 do…while 语句的
执行流程

```c
/* exp5-4 */
#include <stdio.h>
int main( )
{
    int i;              /* 定义循环控制变量 i */
    int s;              /* 定义累加和的变量 */
    i = 1;              /* 初始化循环控制变量 */
    s = 0;              /* 初始化累加和 */
    do
    {
        s = s + i;      /* 循环进行累加 */
        i++;            /* 循环控制变量增值 */
    } while(i <= 100);  /* 循环控制条件 */
    printf("循环结束后: i=%d\n",i);     /* 输出循环控制变量 */
    printf("和: s=%d\n", s);           /* 输出累加和的值 */
    return 0;
}
```

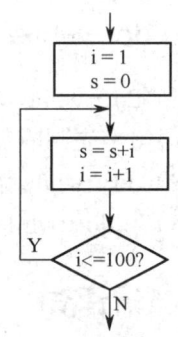

图 5-4 例 5-4 问题流程图

程序运行结果：

```
循环结束后：i=101
和：s=5050
```

程序分析：首先赋初值，循环控制变量 i=1，累加和 s=0；再执行 do…while 语句，先执
行一次循环体 "s = s+i; i++;"；然后再判断循环条件 i<=100，若为真（非 0），则继续执行循
环体；直到循环条件 i<=100 为假（0），结束循环。最后输出循环结束后变量 i 的值、累加和
s 的值。

【例 5-5】据统计 1980 年世界人口已达 45 亿，若按年增长率 1%计算，设计一个人口统
计程序，计算出从什么年份开始世界人口突破 100 亿。

算法分析：定义变量 p 表示世界人口数，初值为 45 亿；定义变量 year 表示年份，初值
为 1980。变量 rate 表示人口年增长率，值为 0.01。1981 年人口数可通过公式 p=p*(1+rate)
计算，下一年仍然通过该公式计算，如此多次计算第 year 年的人口总数，当 p>100 亿时，
结束计算。这个重复执行的过程可以通过循环来实现。

程序代码如下：

```
/*exp5-5*/
#include <stdio.h>
int main( )
{
    int year=1980;
    double rate=0.01, p=4.5e+09;
    do
    {   p = p*(1+rate);
        year++;
    }while(p < 1e+10);
    printf ("年份：%d\n人口数：%e\n", year, p);
    return 0;
}
```

程序运行结果：

```
年份：2061
人口数：1.007497e+010
```

5.2.3　do…while 语句和 while 语句的区别

（1）do…while 语句是先执行循环体、后判断循环条件，因此循环次数至少为 1 次；但 while 语句是先判断循环条件、后执行循环体，循环次数有可能为 0 次。

（2）do…while 语句最后的 while 行末必须有分号。

（3）当 do…while 语句的循环条件第一次为真时，do…while 循环和 while 循环完全等价。

5.3　for 语句

for 语句是 C 语言提供的一种功能更强、使用更灵活的循环语句，它常用于循环次数已经确定的情况，又称为计数循环。

5.3.1　for 语句的一般形式

for 语句的一般形式如下：

```
for(表达式1;表达式2;表达式3)
{
    循环体语句;
}
```

说明：

（1）表达式 1 为初值表达式，一般用来对循环控制变量赋初值，实现循环的初始化。

（2）表达式 2 为循环条件表达式，一般作为控制循环的条件，又称为终值表达式。

（3）表达式 3 为增值表达式，通常使用自增或者自减运算来修改循环控制变量的值。

（4）循环体可以是空语句、单个语句或复合语句。

for 语句也可以直观表示为：

```
for(循环变量赋初值;循环控制条件;循环变量增值)
{
    循环体语句;
}
```

5.3.2　for 语句的执行过程

for 语句的执行流程如图 5-5 所示，具体如下：

（1）计算表达式 1 的值。

（2）判断表达式 2 的值，若值为真（非 0），即条件成立，则执行循环体一次，之后转到第（3）步；若表达式 2 的值为假（0），即条件不成立，则结束循环。

（3）计算表达式 3 的值，转到第（2）步继续执行。

特别注意：

（1）3 个表达式之间的分隔符是分号，有且仅有两个分号，不能多也不能少。

（2）在整个 for 循环过程中，表达式 1 只计算一次。

（3）每次执行完循环体后执行表达式 3。

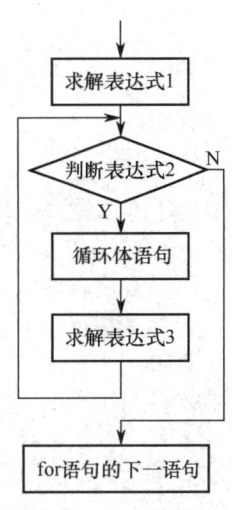

图 5-5　for 语句的执行流程

【例 5-6】　用 for 语句编程，计算多项式 1+2+3+…+100 的值并输出结果。

算法分析："累加"是重复的操作，循环次数确定，可用 for 循环实现，流程图如图 5-6 所示。

```
/* exp5-6 */
#include <stdio.h>
int main( )
{
    int i;                          /* 定义循环变量 i */
    int s = 0;                      /* s 用于存放累加和，初值设置为 0 */
    for(i = 1; i <= 100; i++)       /* 循环控制变量赋初值、循环控制条件、增值 */
    {
        s = s + i;                  /* 循环进行累加 */
    }
    printf("循环结束后: i=%d\n", i); /* 输出循环变量 */
    printf("和: s=%d\n", s);        /* 输出累加和 */
    return 0;
}
```

程序分析：当程序执行到 for 语句时，先给 i 赋初值 1，然后判断条件 i<=100，若条件成立，则执行循环体语句 s=s+i;，之后执行 i++;语句，即 i 的值递增 1；再重新判断条件 i<=100，直到条件不成立，结束循环。

程序中的 for 语句等价于下面的 whlie 语句：

```
i = 1;
while(i <= 100)
{
    s = s + i;
    i++;
}
```

while 结构中，循环控制变量的初值、循环条件、循环变量的改变分别处于程序前后不同的位置。而在 for 结构中，这些可以都

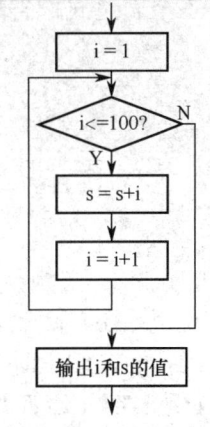

图 5-6　例 5-6 问题流程图

集中在 for 后边的括号内，更便于阅读。

5.3.3 for 语句的其他形式

（1）省略表达式 1：

```
for ( ;表达式 2；表达式 3)
```

例如：

```
/* 程序段 1 */
i = 1;                          /*循环变量 i 的初值在 for 语句之前给定*/
for( ; i <= 100; i++)
    s += i;
```

（2）省略表达式 2：

```
for (表达式 1；  ；表达式 3)
```

例如：

```
/* 程序段 2 */
for(i = 1;  ; i++)
{
    if(i > 100)              /* 用 if 语句设置循环结束条件 */
        break;              /* 使用 break 语句强制退出循环语句 */
    s = s + i;
}
```

（3）省略表达式 3：

```
for (表达式 1;表达式 2;)
```

省略"表达式 3"时，循环控制变量的值仍需要有变化，否则会形成死循环。此时必须在循环体中加入改变循环变量值的语句，使循环趋向于结束。例如：

```
/* 程序段 3 */
for(i = 1; i <= 100;  )       /* 省略了表达式 3 */
{
    s = s + i;
    i++;                     /* 改变 i 的值*/
}
```

（4）省略全部表达式：

```
for ( ;  ;  )
```

三个表达式均省略时，注意两个分号间隔符不能省略。例如：

```
/* 程序段 4 */
i = 1;                          /*循环变量 i 的初值在 for 语句之前给定*/
for( ;  ;  )
{
    if(i > 100)              /* 用 if 语句设置循环结束条件 */
        break;
    s =s + i;
    i++;                     /* 改变 i 的值 */
}
```

说明：还有其他表达式省略的情况，可参考上述几种情况分析。为了提高程序的可读性和可维护性，编程时尽量不要省略。

【例 5-7】 计算并输出 $1 \sim n$ 所有数的阶乘之和，即 $1!+2!+3!+\cdots+n!$。

算法分析：

（1）定义整型变量 n，值从键盘输入。

（2）定义循环变量 i，初值赋为 1。

（3）定义 p 存放阶乘，初值赋为 1，执行语句 p=p*i;。

（4）定义 sum 存放阶乘累加和，初值赋为 0，执行语句 sum=sum+p;。

（5）用 for 语句，控制循环 n 次，循环体中执行语句{p=p*i; sum=sum+p;}。

程序代码如下：

```
/* exp5-7 */
#include <stdio.h>
int main( )
{
    int n,i,p,sum;
    p = 1;
    sum = 0;
    printf("\n请输入整数n的值: ");
    scanf("%d", &n);
    for(i = 1; i <= n; i++)
    {
        p = p * i;                  /* 将i累乘到p，计算阶乘 */
        sum = sum + p;              /* 求累加和 */
    }
    printf("sum=%d\n", sum);        /* 输出阶乘的累加和 */
    return 0;
}
```

分析程序代码，对比每次循环前、后变量 i、p 和 sum 的变化，如表 5-2 所示。

表 5-2　循环过程中 i、p 和 sum 的值变化

变量 i 的值	第 i 次循环前 p 的值	第 i 次循环后 p 的值	第 i 次循环前 sum 的值	第 i 次循环后 sum 的值
1	1	1	0	1
2	1	2	1	3
3	2	6	3	9
4	6	24	9	33
5	24	120	33	153
……	……	……	……	……

运行程序，从键盘输入 10，程序运行结果：

```
请输入整数n的值: 10
sum=4037913
```

注意：在这个程序中，循环控制变量 i 每次都被累乘到 p 中，所以 p 中存放的是阶乘值。

5.3.4　3 种循环语句的比较

（1）3 种循环语句都可以用来处理同一个问题，一般可以相互替代。

（2）若循环次数已知，可采用计数控制的循环，即 for 语句；若循环次数未知，可采用条件控制的循环，即 while 或 do…while 语句。

（3）while 语句适用于需要先判断条件是否成立，再执行循环体的情况；do…while 语句适用于处理无论条件是否成立，都要先执行一次循环体的情况。

5.4　break 语句和 continue 语句

在循环结构中，若需要改变循环的正常执行顺序，实现流程跳转，可以通过 break 语句和 continue 语句来实现。

break 语句用于结束当前循环；continue 语句用于结束本次循环，继续开始下一次循环。

5.4.1　break 语句

1．break 语句的一般形式

break 语句又称中断语句，其一般形式如下：

```
break;
```

2．break 语句的功能

强制结束当前循环，转去执行当前循环体外的后续语句。

【例 5-8】　据统计 1980 年世界人口已达 45 亿，若按年增长率 1%计算，设计一个人口统计程序，计算出从什么年份开始世界人口突破 100 亿。

算法分析：本例题用 for 循环实现，省略表达式 2，循环体中根据条件，使用 break 语句结束循环。程序代码如下：

```
/*exp5-8*/
#include <stdio.h>
int main( )
{
    int year;
    double rate=0.01, p=4.5e+09;
    for(year=1980;  ;year++)
    {
        p = p*(1+rate);
        if(p > 1e+10)
            break;
    }
    printf ("年份: %d\n 人口数: %e\n", year+1, p);
    return 0;
}
```

程序运行结果：

```
年份: 2061
人口数: 1.007497e+010
```

3．break 语句使用说明

（1）break 语句通常用在循环语句或 switch 语句中，作用是跳出当前循环或结束 switch 语句，再执行后续语句。

（2）通常 break 语句总是与 if 语句一起使用，满足条件时跳出循环。

（3）break 语句使得循环有多个可能的出口，处理问题时更加灵活。

5.4.2 continue 语句

1. continue 语句的一般形式

```
continue;
```

2. continue 语句的功能

结束本次循环，不再执行循环体中 continue 之后的语句，转入下一次循环条件的判断和执行。

注意：continue 语句的转移方向是明确的，即跳过循环体中剩余的语句，转入下一次循环的开始。

3. continue 语句使用说明

continue 语句只能用在循环体中。在循环体中想要跳过一些语句的情况下，可以用 continue 语句来实现，常用 if 语句来设置跳过的条件。

【例 5-9】 求 1～7 之间所有不能被 3 整除的整数。

程序流程图如图 5-7 所示。程序代码如下：

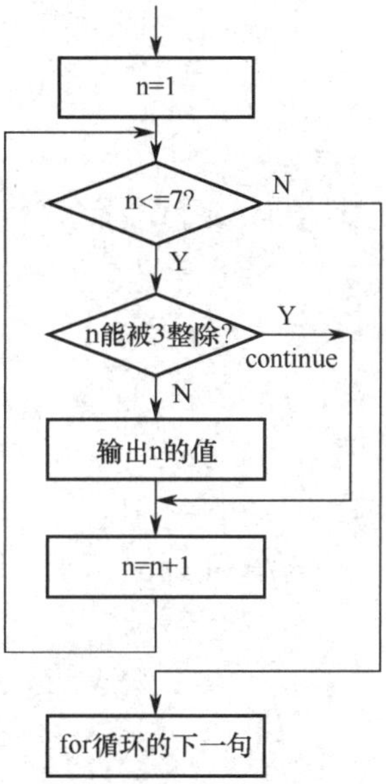

图 5-7 例 5-9 问题流程图

```c
/* exp5-9 */
#include <stdio.h>
int main( )
{
    int n;
    printf("1～7 之间不能被 3 整除的数：\n");
    for(n = 1;n <= 7; n++)
    {
        if (n % 3 == 0)
            continue;          /* 遇到能被 3 整除的数时，结束本次循环，继续下一次循环*/
        printf("%5d", n);
    }
    printf("\n");
    return 0;
}
```

程序运行结果：

```
1～7之间不能被3整除的数：
    1    2    4    5    7
```

程序在循环体内使用了 continue 语句，循环中遇到能被 3 整除的数，则跳出本次循环，不执行其后的输出语言 printf("%5d", n);（即不输出能被 3 整除的数），继续下一次循环，直到循环结束，因此输出 1、2、4、5、7。

思考：若将 continue 换成 break，运行结果是什么？

5.5 循环嵌套

5.5.1 循环嵌套的概念及常见形式

当一个循环完整地出现在另一个循环的内部，被称为"嵌套循环"或"多重循环"。处于外层的循环称为外循环，被包含在内部的循环称为内循环。

嵌套循环时，每一层循环都可以是 for 语句、while 语句或者 do…while 语句，常见的嵌套循环形式如下：

```
(1) while()              (2) do                   (3) for( ;  ; )
    { …                      { …                      { …
        while()                  do                       for( ;  ; )
        { …                      { …                      { …
        }                        }while();                }
    }                        }while();                }

(4) while()              (5) for( ;  ; )          (6) do
    { …                      { …                      { …
        do                       while()                  for( ;  ; )
        { …                      { …                      { …
        }while();                }                        }
        …                        …                        …
    }                        }                        }while();

(7) while()              (8) for( ;  ; )          (9) do
    { …                      { …                      { …
        for( ;  ; )              do                       while()
        { …                      { …                      { …
        }                        }while();                }
        …                        …                        …
    }                        }                        }while();
```

5.5.2　循环嵌套的执行过程

外层循环执行一次，内层循环执行一个完整的全过程。例如：

```
for(i = 1; i <= 10; i++)              /* 外层循环 */
{
    for(j = 1; j <= 10; j++)          /* 内层循环 */
    {
        …
    }
}
```

这是一个双层嵌套循环，外循环变量为 i，内循环变量为 j。外循环每执行 1 次，内循环要完整地执行 10 次，即 i=1，j=1～10；i=2，j=1～10；…；i=10，j=1～10。外循环要执行 10 次，而内循环一共要执行 10×10 即 100 次。

【例 5-10】　分析下面程序，其运行结果展示了循环嵌套的执行过程。

算法分析：依据循环嵌套的执行过程，外循环代表行，内循环代表列。程序流程图如图 5-8 所示。

```
/* exp5-10 */
#include <stdio.h>
int main( )
{
    int i, j;
    for(i = 1; i <= 4; i++)          /* 控制外循环执行 4 次，输出 4 行 */
    {
```

```
        printf("第%d行:",i);        /* 输出 i 的值 */
        for(j = 1; j <= i; j++)     /* 内循环控制每行输出的数量 */
            printf("j=%d  ",j);      /* 输出 j 的值 */
        printf("\n");                /* 换行 */
    }
    return 0;
}
```

程序运行结果：

```
第1行:j=1
第2行:j=1    j=2
第3行:j=1    j=2    j=3
第4行:j=1    j=2    j=3    j=4
```

程序分析：

（1）对于本例题的循环嵌套语句，外循环每执行一次，内循环就执行 i 次。即当外循环变量 i 为 1 时，内循环变量 j 可取的数据是 1，内循环执行 1 次；当外循环变量 i 为 2 时，内循环变量 j 可取的数据是 1、2，内循环执行 2 次；当外循环变量 i 为 3 时，内循环变量 j 可取的数据是 1、2、3，内循环执行 3 次；当外循环变量 i 为 4 时，内循环变量 j 可取的数据是 1、2、3、4，内循环执行 4 次。

（2）每行输出完后，执行换行语句 printf("\n");。

5.5.3　循环嵌套的注意事项

循环嵌套时要注意以下几个方面：

（1）每层循环的循环变量不能相同，否则互相影响，程序就无法得到正确的结果。

（2）嵌套循环的执行流程：外层循环执行一次循环体，内层循环就要从头到尾执行一遍。所以，最内层循环体的执行次数是各层循环次数的积。

（3）C 语言中，循环嵌套的层数不受语法限制，但不宜太多。

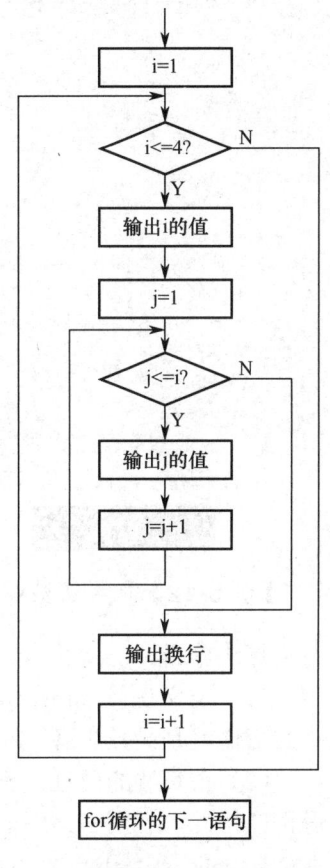

图 5-8　例 5-10 程序流程图

5.6　循环程序综合举例

5.6.1　多项式的求和

多项式求和的形式有很多，一般有两种情况：一种是直接表示出每一个单项的表达式；另一种是对于数列的每个单项，前项和后项之间存在某种关系，此时需要找出规律，写出通用的表达式。

【例 5-11】　求级数的和：$1+\dfrac{1}{2}+\dfrac{1}{3}+\dfrac{1}{4}+\cdots+\dfrac{1}{n}$。

算法分析：

（1）定义变量 n 用于存放循环次数，从键盘读入；定义变量 sum 用于存放累加和，初值设为 0；定义循环变量 i，其值的变化就是级数中各个项的分母 1,2,…,n。

（2）用单层 for 语句完成循环，循环的次数就是级数的项数。循环过程中，每循环一次，将 1.0/i 累加到 sum 中，求和表达式为 sum=sum+1.0/i，循环结束后 sum 中存放的就是级数的和。

注意：数据类型问题，由于 1/i 为两个整型数相除，因此结果为整数 0，所以，可将其中的一个改为实型，即将 1/i 改为 1.0/i 即可解决问题。

```
/* exp5-11*/
#include <stdio.h>
int main( )
{
    int i;                          /* 定义整型循环变量 i */
    float sum = 0.0;                /* 定义并初始化累加和 sum */
    int n;
    printf("请输入 n: ");
    scanf("%d", &n);                /* 输入项数 */
    for(i = 1; i <= n; i++)         /* 循环条件 */
    {
        sum = sum + 1.0 / i;        /* 不断累加 */
    }
    printf("sum=%f\n", sum);        /* 输出累加和 */
    return 0;
}
```

运行程序，输入 50，程序运行结果：

```
请输入 n: 50
sum=4.499206
```

【例 5-12】利用级数：$\frac{\pi}{4}=1-\frac{1}{3}+\frac{1}{5}-\frac{1}{7}+\cdots$ 求 π 的值，直到最后一项的绝对值小于 10^{-8}。

算法分析：

（1）定义变量 term、pi 用于存放各单项累加和，初值分别设为 1 和 0；定义变量 i，其值的变化就是级数中各个项的分母 1,3,5,7…。

（2）正负号的处理：正负相间，可设一个标志变量 sign，初值为 1（表示正），根据负负得正的特性，利用 sign=-sign，每一次都在前一次的基础上乘以-1，这样 sign 的值的变化就为：1、−1、1、−1…。

（3）本例题循环次数未知，是条件循环，通过指定的精度 EPS 来控制循环。若达不到所需精度，就继续循环计算，否则结束循环。

```
/* exp5-12 根据精度求 π 的值, while 循环 */
#include <stdio.h>
#include <math.h>
#define EPS 1e-8                     /* 定义符号常量表示精度 */
int main( )
{
    int i;                           /* 定义整型循环变量 */
    double pi = 0,term = 1,sign = 1; /* 定义变量并初始化 */
    i = 1;
    while(fabs(term) >= EPS)         /* 循环控制条件 */
    {
        term = sign / i;             /* 计算每一个单项 term */
        pi = pi + term;              /* 不断累加 */
        sign = -sign;                /* 正负相间 */
```

```
        i = i + 2;                      /* i 每次循环递增 2 */
    }
    pi = pi * 4;                        /* 计算 π 的值 */
    printf("圆周率 pi=%.10f\n", pi);    /* 输出 π 的值 */
    return 0;
}
```

程序运行结果：

```
圆周率 pi=3.1415926736
```

编程时经常会用迭代法来进行数值计算，其算法核心是用同一个变量来存放每一次推导出来的值，每次循环都执行同一条赋值语句，用该变量的新值替代旧值。本例题求级数使用的就是迭代法。

迭代问题是通过循环来实现的，要重点考虑 3 个问题：第一，确定迭代初值，即变量的初始值是什么；第二，确定迭代过程，即如何迭代，找出迭代的计算表达式；第三，确定迭代次数或条件，控制循环的开始和结束。

【例 5-13】　计算数列 $a+aa+aaa+\cdots+aaaa\cdots aa$（$n$ 个 a）的值，n 和 a 的值由键盘输入，其中 a 是 1 到 9 范围内的一个数字。例如，当 $n=5, a=2$ 时，和为 2+22+222+2222+22222。

算法分析：从数列的第二项开始，每一项等于前项的 10 倍再加上一个 a，可以表示成 $t_{n+1}=t_n\times10+a$，程序中可以用赋值语句 t=t*10+a;，通过循环结构来完成。

```
/* exp5-13*/
#include <stdio.h>
int main( )
{
    int i, n, a, s, t;
    s = 0;                          /*定义 s 用于求和，初值为 0*/
    t = 0;                          /*定义 t 用于存放每一个累加项，初值为 0*/
    printf("please input n and a:");
    scanf("%d%d", &n, &a);
    for(i = 1; i <= n; i++)
    {
        t = t * 10 + a;             /*计算每一个累加项*/
        s = s + t;                  /*求和*/
    }
    printf("s=%d\n", s);
    return 0;
}
```

运行程序，n 和 a 分别输入 5 和 2，程序运行结果：

```
please input n and a:5 2
s=24690
```

【例 5-14】　求 Fibonacci 数列的前 40 项。

Fabonacci 数列是从兔子繁殖问题引出的一个著名的递推数列。对兔子繁殖问题的描述如下：假设第一个月有一对小兔子，而每一对小兔子都在出生两个月后可以繁殖，且每个月都繁殖一对小兔子，假设所有兔子都不死，问第 n 个月时有多少对兔子？

Fabonacci 数列的各项值为 1,1,2,3,5,8,13…。数列的特点是：第 1 项和第 2 项值都是 1，从第 3 项开始，每一个项值都是它前面相邻 2 项的和。以此类推，数列的第 n 项可表示如下：

$$\begin{cases} F(1) = 1 & (n = 1) \\ F(2) = 1 & (n = 2) \\ F(n) = F(n-1) + F(n-2) & (n \geqslant 3) \end{cases}$$

算法分析：从第 3 项开始，每一项都可以表示成前面相邻两项的和，找出累加项的表达式，通过循环语句求得所需数据项。

（1）定义变量 f1、f2，初值均赋为 1，即第 1 个月、第 2 个月兔子的对数。

（2）求 f1+f2 得到第 3 项，即新的 f1；再求 f1+f2 得到第 4 项，即新的 f2；每次循环求得一组新的 f1、f2。以此类推，求得后续项。式子中赋值符号左边可以理解为新值，右边则理解为旧值，通俗的理解可表示如下：（新值）f1 =（旧值）f1 +（旧值）f2；（新值）f2 =（旧值）f2 +（新值）f1。循环中对应的语句为：f1=f1+f2;f2=f2+f1;。

```
/* exp5-14*/
#include <stdio.h>
int main( )
{
    int f1, f2;                              /* 定义 f1 和 f2 用于存放最近的两个项值 */
    int i;
    f1 = 1; f2 = 1;                          /* 第 1、2 项值都为 1 */
    for(i = 1;i <= 20; i++)
    {
        printf("%-12ld %-12ld", f1, f2);     /* 每次输出 2 个项值，数据左对齐 */
        if (i % 2 == 0) printf("\n");        /* 实现换行，控制每行输出 4 个数据 */
        f1 = f1 + f2;                        /* 计算新的 f1 */
        f2 = f2 + f1;                        /* 计算新的 f2 */
    }
    return 0;
}
```

程序运行结果：

```
1          1          2          3
5          8          13         21
34         55         89         144
233        377        610        987
1597       2584       4181       6765
10946      17711      28657      46368
75025      121393     196418     317811
514229     832040     1346269    2178309
3524578    5702887    9227465    14930352
24157817   39088169   63245986   102334155
```

5.6.2　字符的统计

在处理字符串时，需要将每一个字符逐个读入，再进行判断或者其他操作，这类问题可以利用循环语句来实现。

【例 5-15】由键盘任意输入一行字符，统计并输出其中大写字母、小写字母、数字字符、其他字符的个数。

算法分析：

（1）定义 4 个整型变量，用于统计 4 种字符的个数，初始值均赋为 0。

（2）定义一个字符变量 ch，用于接收键盘输入的字符。

（3）连续输入字符，利用 while 语句，依次读入每一个字符并赋值给 ch。

（4）判断读入的字符 ch 是否等于'\n'（换行符），若不等于'\n'，就执行循环体；若等于'\n'，循环结束。

（5）在循环体中，利用 if 多分支结构对字符进行判断和分类统计。

```
/* exp5-15 */
#include <stdio.h>
int main( )
{
    char ch;
    int upper, lower, digit, other;        /* 定义整型变量 */
    upper = 0; lower = 0; digit = 0; other = 0;/* 为变量赋初值 */
    printf("请输入一串字符：");
    while((ch = getchar( )) != '\n')        /* 循环输入字符并赋给 ch */
    {
        if(ch >= 'A' && ch <= 'Z')
            upper++;                        /* 统计大写字母个数 */
        else if(ch >= 'a' && ch <= 'z')
            lower++;                        /* 统计小写字母个数 */
        else if(ch >= '0' && ch <= '9')
            digit++;                        /* 统计数字字符个数 */
        else
            other++;                        /* 统计其他字符个数 */
    }
    printf("大写字母有%d个\n",upper );
    printf("小写字母有%d个\n", lower);
    printf("数字字符有%d个\n", digit);
    printf("其他字符有%d个\n", other);
    return 0;
}
```

程序运行结果：

```
请输入一串字符：ASD124fef**//
大写字母有3个
小写字母有3个
数字字符有3个
其他字符有4个
```

说明：

（1）程序中的 while((ch = getchar( )) != '\n')语句，也可以用 for(　;(ch = getchar( )) != '\n';)语句替代，结果是一样的。

（2）多个字符还可以放入数组中，作为字符串进行整体操作，详见后续章节。

5.6.3　数据的搜索

通常先确定答案的范围，在此范围内找到全部可能的情况，再根据条件一个不漏地进行验证，从中找出符合要求的全部答案，这种找答案的方法叫"穷举法"。它是一种最直接、但最耗时的解决问题的方法。

穷举法的实现过程可利用循环来完成，在循环体中设置条件验证全部可能的数据，最终找到符合条件的数据。下面是穷举法的几个例子。

【例 5-16】　输入一个整数 m，判断 m 是否为素数。

素数是指只能被 1 和本身整除且大于等于 2 的自然数。判断素数的方法：根据数学定理，

若一个数 *m* 不能被 2～(*m*−1)的所有整数整除，那么 *m* 就是素数；若能被其中的任何一个整数整除，那么 *m* 就不是素数。

这需要逐一列举出 2～(*m*−1)范围内全部的整数，看它能否除尽 *m*，是穷举法的一个典型实例。

算法分析：

（1）定义变量 m，存放要判断的数。

（2）定义循环变量 i，初值为 2，表示从 2 开始，判断 m 能否被除尽。

（3）利用 for 语句，使循环控制变量 i 从 2 变化到 m−1，在循环体内依次判断条件(m%i==0)是否成立来判断 m 是否为素数。一旦条件成立，m 就不是素数，break 强制结束循环；若条件永不成立，循环正常结束，此时，说明 m 为素数。

（4）循环结束后，分析观察 i 的值，可以得出结论。若 i>(m−1)，说明循环是正常退出，即 m 没有被任意一个数整除，因此 m 是素数；若 i<=(m−1)，说明循环是从 break 语句非正常退出，即 m 已被其中的某个数整除，因此 m 不是素数。

程序流程图如图 5-9 所示（*m*−1 可以缩小到 $\sqrt{m}$ ）。

```
/* exp5-16 */
#include <stdio.h>
#include <math.h>
int main( )
{
    int m, i,n;
    printf("\n请输入一个整数m: ");
    scanf("%d", &m);
    n=(int)sqrt(m);
    for(i = 2; i < n; i++)
    {
    if (m % i == 0)
        break;        /* 条件为真，跳出循环 */
    }
    if (i >= n)            /* 判断素数 */
      printf("%d是素数\n" ,m);
    else
      printf("%d不是素数\n", m);
    return 0;
}
```

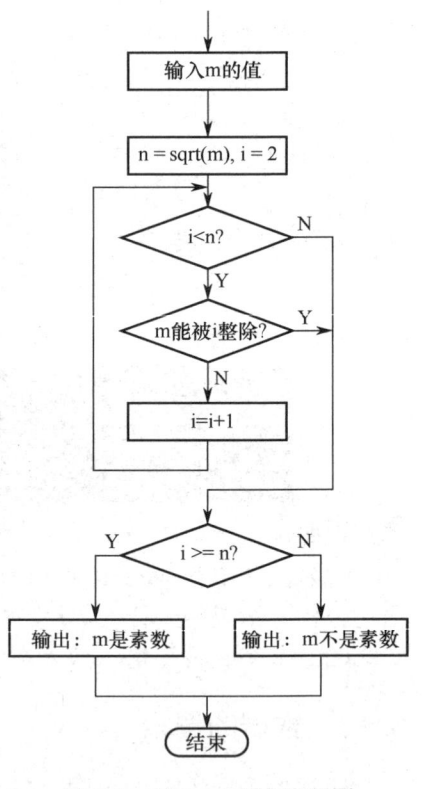

图 5-9　例 5-16 程序流程图

两次运行程序，分别输入 12、13，程序运行结果：

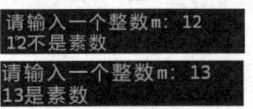

```
请输入一个整数m: 12
12不是素数
请输入一个整数m: 13
13是素数
```

注意：循环有两个可能的出口，一个是正常结束，另一个是非正常结束。

【例 5-17】 求 100～200 之间的素数并统计素数的个数。

算法分析：本例题需要用到双层循环。外层循环控制数据的范围是 100～200，可以依次取到这些数；内层循环控制对其中的每一个数判断是否为素数。

```
/* exp5-17-1 */
#include <stdio.h>
int main( )
```

```
{
    int m, i, k = 0;                      /* 定义整型变量，k用于存放素数的个数 */
    for(m = 101; m <= 200; m = m + 2)     /* 外循环依次获得奇数，减少循环次数*/
        {
            for(i = 2; i < m ;i++)        /* 内循环判断条件 */
                {
                    if (m % i == 0)
                    break;                /* 一旦有能除尽的数立即退出内循环 */
                }
            if(i >= m)                    /* 退出内循环后满足此条件则是素数 */
                {
                    printf("%4d", m);     /* 输出素数 */
                    k++;                  /* 统计素数的个数 */
                }
            if(k % 10 == 0) printf("\n"); /* 每输出 10 个数就换行 */
        }
    printf("\n 素数有%d 个\n ", k);        /* 整个循环结束后输出素数个数 */
    return 0;
}
```

程序运行结果：

```
101 103 107 109 113 127 131 137 139 149
151 157 163 167 173 179 181 191 193 197
199
素数有21个
```

下面考虑一种优化程序的方法：设置一个标志变量 flag，表示素数和非素数两种状态，根据标志变量的值来判断是否为素数。

```
/* exp5-17-2 设置一个标志变量 flag*/
#include <stdio.h>
int main( )
{
    int m, i, k = 0;                      /* k 用于记录素数的个数 */
    int flag;                             /* 定义标志变量 */
    for (m = 101; m <= 200; m += 2)       /* 外循环依次生成奇数 */
    {
        flag = 0;                         /* 初始化标志变量，0 表示素数 */
        for(i = 2;i < m ;i++)             /* 内循环判断条件 */
            {
                if(m % i == 0)
                    {
                        flag = 1;         /* 改变标志变量，1 表示非素数 */
                        break;
                    }
            }
        if(flag == 0)                     /* 退出内循环后满足此条件则是素数 */
            {
                printf("%4d", m);         /* 输出素数 */
                k++;                      /* 统计素数的个数 */
            }
        if(k % 10 == 0) printf("\n");     /* 换行，控制一行输出 10 个素数*/
    }
    printf("\n 素数有%d 个\n ", k);        /* 整个循环结束后输出素数个数 */
    return 0;
}
```

程序分析：增加一个标志变量 flag，用此变量的值代表一种状态，flag 的值是 0 或者 1。本程序中 flag 为 0 表示素数，flag 为 1 表示非素数。flag 的初始值设为 0，表示先假设 m 是素数，在内循环中，一旦 m％i＝＝0 成立，就将标志变量 flag 设为 1，表示 m 为非素数。

【例 5-18】 中国古代数学家张丘建在他的《算经》中提出了一个著名的"百钱买百鸡问题"：一只公鸡值五钱，一只母鸡值三钱，三只小鸡值一钱，现在要用百钱买百鸡，请问公鸡、母鸡、小鸡各多少只？

算法分析：

（1）设变量 cocks 存放公鸡数量，变量 hens 存放母鸡数量，变量 chicks 存放小鸡数量。可以列出方程组如下：

$$\begin{cases} cocks + hens + chicks = 100 \\ 5 * cocks + 3 * hens + chicks / 3 = 100 \end{cases}$$

这是一个不定方程式，可以用穷举法解这个方程，找出满足条件的取值范围，逐一进行验证。

（2）若全买公鸡，能买 20 只，故 cocks 的值在 0～20 之间；若全买母鸡，能买 33 只，故 hens 的值在 0～33 之间；小鸡的数量 chicks 可以根据 100-cocks-hens 计算得到。

（3）要将不同的鸡的数量全都找到，可以通过双层循环来实现。即用变量 cocks 的变化范围作为外循环，用变量 hens 的变化范围作为内循环，确定出每一种公鸡、母鸡、小鸡的数量的组合，再逐一找出符合要求的全部答案。

程序代码如下：

```
/* exp5-18 */
#include <stdio.h>
int main( )
{
    int cocks, hens, chicks;
    for(cocks = 0; cocks <= 20; cocks++)           /* 公鸡的只数范围 */
    {
        for(hens = 0; hens <= 33; hens++)          /* 母鸡的只数范围 */
        {
            chicks = 100 - cocks - hens;           /* 计算小鸡的只数 */
            if(cocks * 5 + hens * 3 + chicks / 3 == 100 && chicks%3 == 0)
            {
                printf("cocks=%d,hens= %d, chicks= %d\n",cocks,hens,chicks);
            }
        }                                          /* 输出满足条件的各种鸡的只数 */
    }
    return 0;
}
```

程序运行结果：

```
cocks=0,hens= 25, chicks= 75
cocks=4,hens= 18, chicks= 78
cocks=8,hens= 11, chicks= 81
cocks=12,hens= 4, chicks= 84
```

5.6.4　图形的输出

【例 5-19】 编程输出以下图形。

```
        *
       ***
      *****
     *******
    *********
   ***********
```

算法分析：

（1）输出图形这一类的问题，重点是要找规律，即要找出每行输出的字符的个数与行数之间的关系。

（2）本例题需要双层循环，外循环变量控制行数，内循环变量控制每行输出字符的个数。

（3）每行需要输出的字符有 3 个部分：若干个空格" "、若干个星号"*"、一个换行符号"\n"。

程序代码如下：

```c
/* exp5-19 */
#include <stdio.h>
int main( )
{
    int i,j,k;
    for(i = 1; i <= 6; i++)              /* 外循环控制输出 6 行 */
    {
        for(k = 1; k <= 6-i; k++)        /* 连续输出若干空格 */

        {
            printf(" ");
        }
        for(j = 1; j <= 2*i-1; j++)      /* 连续输出若干个"*" */

        {
            printf("*");
        }
        printf("\n");                    /* 输出一个换行 */
    }
    return 0;
}
```

程序运行结果：

程序分析：循环变量有 3 个，外循环的 i 用来控制行数，内循环的 k 用来控制空格的个数，内循环的 j 用来控制星号的个数。

【例 5-20】　编程输出九九乘法表，形式如下所示。

1×1=1
2×1=2　　2×2=4
3×1=3　　3×2=6　　　3×3=9
4×1=4　　4×2=8　　　4×3=12　　　4×4=16
⋮
9×1=9　　9×2=18　　9×3=27　　…　　9×9=81

算法分析：

（1）乘法表共有 9 行，用外层循环变量 i 来控制行的变化，i=1～9。

（2）乘法表的第 1 行有 1 个算式，第 2 行有 2 个算式，……，第 i 行有 i 个算式。内循环的 j 用来控制每行输出算式的个数，j=1～i。

（3）第 i 行、第 j 列的算式表示为：行号*列号=i*j，例如，第 4 行、第 3 列的算式为：4*3=12。

（4）输出完一行后，输出一个换行符，开始输出下一行的算式。

```
/* exp5-20 */
#include <stdio.h>
int main( )
{
    int i, j;
    for(i = 1; i <= 9; i++)                          /* 外循环 9 次 */
    {
        for(j = 1; j <= i; j++)                      /* 内循环次数为外循环变量 i 的当前值 */
        {
            printf("%d*%d=%-2d ", i, j, i*j);        /* 输出算式 */
        }
        printf("\n");                                /* 换行 */
    }
    return 0;
}
```

程序运行结果：

```
1*1=1
2*1=2   2*2=4
3*1=3   3*2=6   3*3=9
4*1=4   4*2=8   4*3=12  4*4=16
5*1=5   5*2=10  5*3=15  5*4=20  5*5=25
6*1=6   6*2=12  6*3=18  6*4=24  6*5=30  6*6=36
7*1=7   7*2=14  7*3=21  7*4=28  7*5=35  7*6=42  7*7=49
8*1=8   8*2=16  8*3=24  8*4=32  8*5=40  8*6=48  8*7=56  8*8=64
9*1=9   9*2=18  9*3=27  9*4=36  9*5=45  9*6=54  9*7=63  9*8=72  9*9=81
```

注意：在输出行列结构时，外循环用来控制行，内循环用来控制该行中的每一列。

设计循环结构需要注意 3 个要素：

（1）循环入口：循环开始的条件，也称为循环初始化条件，控制循环是否开始或者继续，为真（非 0）时循环。

（2）循环出口：循环终止的条件，控制循环是否结束，为假（0）时结束。

（3）循环体：循环过程中重复被执行的部分。

在设计循环结构时，要准确分析、定义循环的三要素，严格控制循环执行的次数，使得循环在需要的有限次内完成。特别要注意循环入口和循环出口的设计，应使程序在重复执行若干次后能正常结束，避免出现无限循环的情况，即避免死循环的出现。

本 章 小 结

循环结构用于完成重复执行的操作。循环语句有 3 种：for 语句、while 语句、do…while 语句。当循环次数已知时，一般用 for 语句，用次数来控制循环；当循环次数不确定时，常用 while 或 do…while 语句，用条件来控制循环。

3 种循环都可以用 break 语句跳出循环，或者使用 continue 语句结束本次循环。注意掌握循环嵌套语句的执行过程，理解内外层循环各自的作用以及各层之间的关系。

习　题　5

一、选择题

1. while(!x)中的!x 与下面的_____等价。

    A．x == 0　　　　　　B．x != 0　　　　　　C．x == 1　　　　　　D．x != 1

2. 若 i 为整型变量，则以下循环语句的循环次数是_____。

```
for(i = 2; i == 0; )
    printf("%d", i--);
```

    A．无限次　　　　　　B．0 次　　　　　　C．1 次　　　　　　D．2 次

3. 有如下程序段：

```
int k = 10;
while(k = 0) k = k - 1;
```

    以下描述正确的是_____。

    A．while 循环执行 10 次　　　　　　B．while 循环是无限循环

    C．while 循环执行 1 次　　　　　　D．while 循环一次也不执行

4. 以下描述正确的是_____。

    A．continue 语句的作用是结束整个循环

    B．break 语句只能使用在循环体内和 switch 结构内

    C．在循环体内使用 continue 语句和 break 语句的作用相同

    D．从嵌套的多层循环中退出，只能使用 goto 语句

5. 下面程序的输出结果是_____。

```c
#include <stdio.h>
int main( )
{
    int i;
    for(i = 1; i < 6; i++)
    {
        if(i % 2)
        {
            printf("#");
            continue;
        }
        printf("*");
    }
    printf("\n");
    return 0;
}
```

    A．#*#*#　　　　　　B．#####　　　　　　C．*****　　　　　　D．*#*#*

6. 下面程序段的运行结果是_____。

```
for(x = 10; x > 3; x--)
{
    if(x % 3)
        x--;
    --x;
```

```
    --x;
    printf("%d ", x);
}
```

A. 6 3   B. 7 4   C. 6 2   D. 7 3

7. 以下程序段的执行结果是_____。

```
int i, j, m = 0;
for(i = 1; i <= 15; i += 4)
{
    for(j = 3; j <= 19; j += 4)
    {
        m++;
    }
}
printf("%d\n", m);
```

A. 12   B. 15   C. 20   D. 25

二、填空题

1. 在 3 种循环结构中，先执行循环操作内容（即循环体），后判断控制循环条件的循环结构是_____循环结构。

2. 3 种循环语句都能解决循环次数已经确定的循环，其中_____循环语句最适合。

3. 设已有定义 in a=1,b=10;，则执行下面的循环语句后，a 的值为_____，b 的值为_____。

```
do
{
    b-=a;
    a++;
}while(b--);
```

三、程序设计题

1. 输出 100～200 之间能同时被 3、5、7 整除的数。

2. 输入以−1 结束的若干整数，输出其中的最大值。例如，输入"3 8 20 10 −1"后，输出"max=20"。

3. 计算 $e = 1 + \dfrac{1}{2!} + \dfrac{1}{3!} + \dfrac{1}{4!} + \cdots + \dfrac{1}{n!}$，当最后一项的值小于 10^{-6} 时为止。

4. 求 200～300 之间全部素数的和。

5. 编程找出 100～999 之间的所有水仙花数。水仙花数是指这样的一个 3 位数：其各位数字的立方和等于该数本身。例如 $371 = 3^3 + 7^3 + 1^3$，所以 371 是一个水仙花数。

6. 编程输出以下图形。

第6章 函 数

本章思维导图

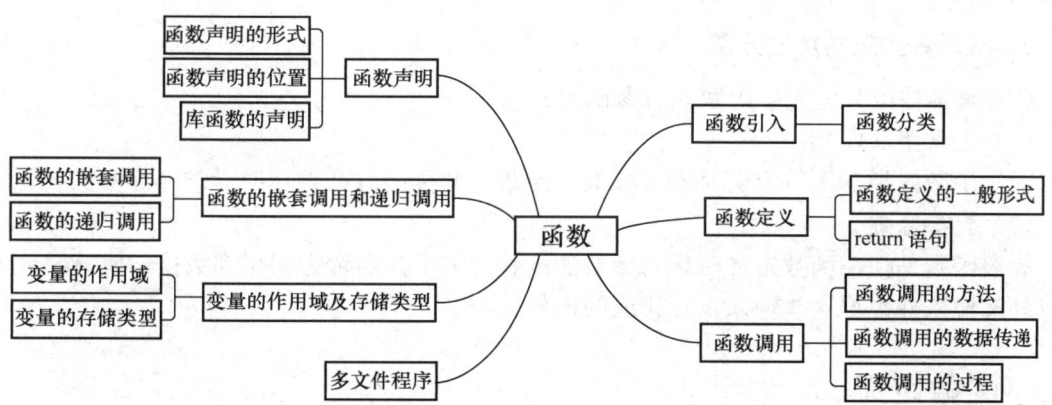

6.1 函数引入

当要解决的问题较复杂且规模较大时，若将所有的代码集中写在一个 main( )函数中，会导致 main( )函数过于庞大，不利于程序的阅读、维护和扩展。因此，程序员在解决大型复杂问题时，通常采用"分而治之"的模块化程序设计思想。即将复杂问题分解成多个小问题，若小问题仍较复杂，则会继续进行分解，直至分解为较容易解决的小问题。

在 C 语言中，函数是模块化编程的基本单元。函数是功能相对独立的程序段，用于解决特定的问题。每个函数都可以视为一个独立的模块，而一个模块也可以由若干个函数组成。

在 C 语言中，可以从不同的角度对函数进行分类。

1．从函数定义角度分类

函数可分为标准库函数和用户自定义函数。

（1）标准库函数。

标准库函数是由系统提供的，用户无须自行编写代码。在程序中使用这些函数时，只需在程序开头通过 include 指令包含该函数原型的头文件即可。例如，使用 printf( )和 scanf( )函数时，需要包含 stdio.h 头文件；使用 sqrt( )和 pow( )函数时，则需要包含 math.h 头文件。

（2）用户自定义函数。

用户自定义函数是由用户按实际需要编写的函数。用户自定义函数也可以根据需要进行封装，形成库函数供他人使用。

2．从函数返回值角度分类

C 语言函数可分为有返回值函数和无返回值函数。

（1）有返回值函数。

有返回值函数被调用后会向调用者返回一个执行结果，这个结果称为函数的返回值，例如，数学函数通常都是有返回值的。

（2）无返回值函数。

无返回值函数用于完成某项特定的处理任务，执行完成后不向调用者返回任何值。用户在定义函数时，需要将其返回值类型指定为"空类型"（void）。

3．从函数参数的角度分类

C 语言函数可分为无参函数和有参函数。

（1）无参函数。

无参函数是指在函数定义时不带参数的函数。此类函数在调用时无须传递参数。

（2）有参函数。

有参函数是指在函数定义时带有参数的函数，用于在函数之间传递数据，使得函数可以接收外部输入并根据这些输入执行相应的操作。

6.2　函数定义

在 C 语言中，函数的使用亦遵循"先定义、后使用"的原则。这意味着在程序中用到的每一个函数都需要先进行定义，然后才能被调用。函数定义是实现模块化编程的基础，它明确了函数的功能、接口以及内部实现细节。定义一个函数通常包括以下几方面内容：

（1）定义函数名，便于以后按照函数名进行函数调用。

（2）定义函数的类型，即函数返回值的类型。

（3）定义函数参数的名称与类型，便于函数调用时传递数据，无参函数无需该项。

（4）定义函数体，是实现函数功能的具体代码。

6.2.1　函数定义的一般形式

函数和变量在定义上有许多相似之处。首先，函数名也要遵循标识符的命名规则；其次，函数也有类型，必须在使用前进行声明和定义。

用户自定义函数的一般形式：

```
函数类型 函数名 (参数类型 1 参数名 1,参数类型 2 参数名 2,…)
{
    变量声明语句序列;
    执行语句序列;
}
```

函数定义的作用就是确定函数的名称、接口以及内部的实现细节。因此，函数定义分为两部分：函数首部和函数体。

1. 函数首部

函数首部位于函数定义的第一行，它明确给出了函数类型、函数名和各个参数的类型及名称。

（1）函数类型：它规定了函数执行完成后返回的数据的类型。若函数没有返回值，则要明确指定为 void。

（2）函数名：它是函数的唯一标识，尽量做到"见名知意"，以便于理解和维护。

（3）函数名后的( )：括号( )是函数定义的必要组成部分，即使函数没有参数，括号也不可省略。

（4）在( )内的一串参数，称为"形式参数"，简称"形参"。各形参之间用逗号分隔，每个参数前都必须明确指定类型（即使多个形参具有相同的数据类型，也必须对其分别进行类型说明）。

例如，以下是一个有参函数的定义：

```
int min( int x , int y )    // 函数首部
{
    int z;
    z = ( x < y)? x : y;
    return z;
}
```

说明：函数名为 min，表示该函数的功能是求两个整数的最小值。函数有两个参数 x 和 y，参数类型均为 int 型，函数返回值类型也为 int 型。

注意：虽然两个参数都是 int 型，但也必须分别进行类型说明。

对于无参函数的定义，例如：

```
void printstar( void )         // 参数类型 void，表示无参数
{
    printf("********\n");
}
```

说明：函数名前的 void 表示该函数没有返回值，函数的返回值类型为空类型。

2. 函数体

自定义函数的函数体结构和 main( )函数的函数体结构相同，由一对{ }括起来。其中包含两部分：变量声明语句序列和执行语句序列。变量声明语句序列用于定义函数内部所需的变量，而执行语句序列部分则用于实现函数的具体功能。

例如，使用有参函数实现求两个数的较大值：

```
int getmax(int a,int b)
{
    int c;
    c = ( a > b)? a: b;          函数体
    return c;
}
```

说明：getmax( )函数的功能是求两个整数 a 和 b 的较大值。其中，a 和 b 是函数的两个参数，参数名前必须分别明确指定类型，变量 c 用于存储返回的最大值，其类型必须与函数的返回值类型一致（即 int 型）。

若函数体为空，则称该函数为空函数。调用空函数不执行任何操作。空函数通常起到占

位作用，便于后续程序的扩展。

6.2.2 return 语句

return 语句是函数体中的一个重要组成部分，用于结束被调函数的执行，并使程序从被调函数返回到主调函数。

return 语句的一般形式为：

```
return(表达式);
```

或

```
return 表达式;
```

return 语句有两个重要作用：

（1）返回值给调用函数：若函数有返回值，return 语句会将指定的值传递回调用函数。

（2）结束函数运行：return 语句会立即终止当前函数的执行，并将控制权返回到调用语句处，继续执行后续代码。

在使用 return 语句时，需要注意以下事项。

（1）return 后面的表达式可以是变量、常量或表达式，代表函数要返回的值，其值的类型必须与函数首部中函数的类型一致，否则可能会发生自动类型转换而导致数据信息丢失的情况。例如，若函数首部中函数类型为 int 型，但 return 语句返回的是 double 型的值，系统会将 double 型的值自动转换为 int 型，造成数据精度损失。

（2）一个函数最多只能有一个返回值，也可以没有返回值。没有返回值的函数应明确声明为 void 类型，此类函数可以不包含 return 语句，直接以"}"结束，也可以用 return 加分号作为函数的结束。例如，输出字符串的函数 printwelcome( )可以这样写：

```
void printwelcome( )              // 函数类型用 void 说明
{
    printf("I LOVE CHINA!\n");
    return ;                      // 明确表示没有返回值
}
```

（3）一个函数可以包含多条 return 语句，但并不意味着函数可以有多个返回值。无论函数中有多少条 return 语句，函数在执行到任意一条 return 语句时会立即结束运行，后续的 return 语句将不会被执行。通常，多条 return 语句会出现在 if…else 语句中，用于在不同条件下返回不同的值。例如，求一个整数的绝对值的函数：

```
int abs(int x)
{
    if (x>=0) return x;           // 当 x >= 0 时，返回 x
    else return -x;               // 当 x < 0 时，返回-x
}
```

在这个例子中，当 x>=0 时，函数会执行 return x;并结束运行，而 return -x;将不会被执行。反之，当 x<0 时，函数会执行 return -x;并结束运行，而 return x;将不会被执行。

（4）函数的返回类型可以是除数组以外的任何类型。main( )函数在 C 语言中是一个特殊函数，C99 标准之后，规定 main( )函数的返回值类型必须为 int。main( )函数返回的值是程序执行的状态码，若返回值为 0，则表明程序正常终止，否则，表示程序异常终止。因此，main( )函数的函数体最后必须用 return 0;结束。

6.3　函数调用

C 语言中所有的函数都是平行的，不能在一个函数内部再定义另一个函数。main( )函数是 C 语言程序的唯一执行入口，其他函数必须直接或间接地被 main( )函数调用才能执行，程序的运行最终在 main( )函数中结束。

C 语言程序由一个 main( )函数和多个其他函数组成。main( )函数是由系统调用的，main( )函数可以调用其他函数，其他函数之间也可以互相调用，如图 6-1 所示，这种结构体现了 C 语言程序的模块化设计。

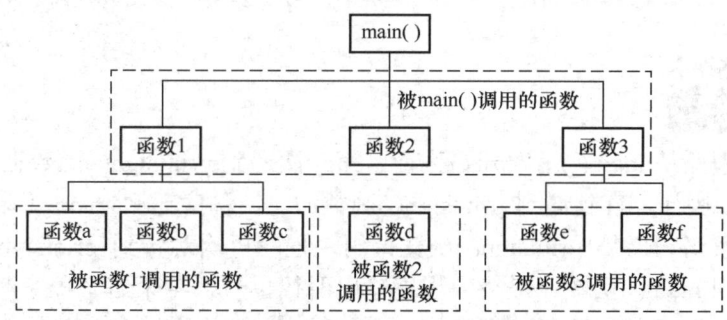

图 6-1　C 语言程序结构图

C 语言程序中的函数都是一个个独立的模块，用于执行特定的任务。调用其他函数的函数称为主调函数，被调用的函数称为被调函数。由于函数名是函数的唯一标识，主调函数都是通过函数名调用被调函数的。在调用过程中，主调函数与被调函数之间需要进行参数传递。主调函数提供的参数称为实际参数（简称实参）。被调函数中的参数称为形式参数（简称形参）。C 语言中的参数传递是单向的值传递，即只能从实参向形参传递。

6.3.1　函数调用的方法

函数调用通常由函数名和实参列表组成，实参列表必须用( )括起来。根据函数的有参和无参两种不同形式，函数调用也分为有参调用和无参调用。

有参函数调用的一般形式：

```
函数名(实参1,实参2,…)
```

无参函数调用的一般形式：

```
函数名( )
```

根据函数的返回值和参数，函数调用有以下几种情况。

1．无参无返回值的函数调用

对于返回值类型为 void 的函数，无论是有参数函数还是无参数函数，调用时都直接作为独立语句使用，函数名后加上分号。

【例 6-1】　无参无返回值的函数调用。

```
/* exp6-1 */
/* 用函数调用的方式编写程序，输出两行"########" */
#include <stdio.h>
```

```
/*函数功能：输出一行"########" */
void printsign( )
{
    printf("########\n");
}

int main( )
{
    printsign( );                // 第一次调用printsign( )函数，( )不能省
    printsign( );                // 第二次调用printsign( )函数，( )不能省
    return 0;
}
```

程序运行结果：

```
########
########
```

程序分析：程序从 main( )函数开始执行。第一次遇到 printsign( )函数调用时，程序跳转到 printsign( )函数执行，直到遇到 printsign( )函数的 }，程序返回 main( )函数，继续执行下一条语句，下一条语句仍是 printsign( )函数调用，程序再次跳转到 printsign( )函数执行，直至执行完毕后返回 main( )函数。最终，程序输出两行星号，结束整个程序的执行。

自定义函数 printsign( )没有返回值，也没有参数，调用方法为：printsign( );，即在函数调用后直接加分号。对于无参函数的调用，函数名后面的( )不能省略。请注意：在函数调用中，函数名前不能加函数类型。

通过本例题可知，函数一经定义，可以多次调用。

2．有参无返回值的函数调用

【例6-2】 有参无返回值的函数调用。

```
/* exp6-2 */
#include<stdio.h>
/* 函数功能：输出多行井号 */
void print(int n)
{
    int i;
    for(i=1;i<=n;i++)
        printf("#");
    printf("\n");
}

int main( )
{
    int i,m;
    printf("请输入行数：");
    scanf("%d",&m);
    for(i=1;i<=m;i++)
        print(i);                // 注意：函数调用时实参不能加类型
    return 0;

}
```

程序运行结果：

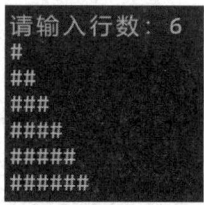

程序分析：main( )函数通过循环语句多次调用自定义函数 print( )。每次调用时，将变量 i 的值作为实参传递给 print( )函数的形参 n。例如，当 i=1 时，print( )函数被调用，形参 n 接收实参 i 的值（n = 1），函数执行输出一个井号（#），然后返回到 main( )函数。继续下一个循环，i=2，形参 n 接收实参 i 的值（n=2），函数执行输出两个井号（##），然后返回到 main( )函数……随着循环的继续，i 的值逐渐增加，print( )函数被多次调用，每次输出相应数量的井号，直到循环结束。

本例题自定义函数的返回值类型为 void，表示没有返回值。函数形参要接收主调函数传递的实参值，因此函数调用形式为：函数(实参表);。

3. 有参有返回值的函数调用

对于返回值类型为非 void 的函数，函数会产生一个返回值，这类函数的调用通常将函数的返回值作为新的表达式的值或作为其他函数的参数。

【例 6-3】 输入两个整数，找出较小者，要求用函数实现。

算法分析：求两个整数中较小数的算法比较简单，本例题的重点是用函数实现它。第一，确定函数名，依据"见名知意"原则，函数名定义为 min；第二，确定函数返回值类型，两个整数的较小者也是整数，所以函数返回值类型是 int；第三，确定 min( )函数的参数个数和类型，需要两个参数，以便从主函数中接收两个参数进行比较，类型是 int。

```c
/* exp6-3 */
/* 输入两个整数，找出较小者，要求用函数实现 */
#include <stdio.h>

int min(int x,int y)    // 定义min( )函数，含有两个int型形参，返回值为int
{
    int z;                      // 定义变量z，存放两数中较小的数，z仅限于min函数使用
    if(x < y)  z=x;
    else  z=y;
    return z;          // 作为函数的返回值带回到主调函数
}

int main( )
{
    int a,b,c;
    printf("请输入两个整数a与b：");
    scanf("%d%d",&a,&b);
    c = min(a,b);                // 调用min( )函数，将函数返回值赋给c
    printf("%d与%d中较小的数是%d \n",a,b,c);
    return 0;
}
```

程序运行结果：

```
请输入两个整数a与b：-3 8
-3与8中较小的数是-3
```

程序分析：程序定义了一个 min( )函数，功能是求两整数中较小的数。min( )函数的返回值类型为 int，函数有两个形参 x 和 y，形参类型均为 int。

在 main( )函数中定义了 3 个变量 a、b 和 c，c = min(a，b);是函数调用语句。函数调用时，在主调函数和被调函数之间发生数据传递。主调函数 main( )将实参 a 和 b 的值分别传递给被调函数 min( )的形参 x 和 y。在 min( )函数中将 x 和 y 中较小者赋给变量 z，z 的值作为函数返回值带回 main( )函数，并赋给变量 c。

本例题中，函数调用 min(a,b)的返回值作为表达式的值，赋值给 c。函数调用的返回值也可以作为其他函数的参数，例如，将 min(a, b)的返回值直接传递给 printf( )函数。上述代码可以改写为：

```c
int main( )
{
    int a, b;
    printf("请输入两个整数 a 与 b: \n");
    scanf("%d%d", &a, &b);
    printf("%d 与%d 中较小的数是%d\n", a, b, min(a, b));//函数返回值作为 printf()的参数
    return 0;
}
```

min(a, b)的返回值直接作为 printf( )函数的参数的用法，体现了函数返回值的灵活性，也可以将函数的返回值嵌套在其他函数调用中。例如，若定义了一个求和函数 sum( )，可以将 min( )的返回值作为 sum( )的参数：

```c
s = sum(min(x, y), z);  // 先调用 min()函数，返回较小值，再作为 sum()的参数
```

这种情况是把 min(x, y)函数的返回值作为 sum( )函数的实参来使用。

注意：

（1）实参和形参的对应关系。

在调用有参函数时，应按照函数定义时形参的类型、个数和顺序，一一对应地给出实参表。若有多个实参，则各参数间需用逗号隔开。

（2）参数传递的方向。

在 C 语言中，参数传递是单向的值传递，即只能从实参向形参传递值，形参的值无法传回给实参。

思考：调用函数时，实参将值传递给形参，那么形参能把值传回给实参吗？

当然是不能的。C 语言中参数传递是单向的值传递，形参的值变化不会影响实参的值。

4．无参有返回值的函数调用

无参有返回值的函数调用是指函数没有形参，不会接收任何参数，但会返回一个值给主调函数。这种函数通常用于封装一些独立的功能，例如获取系统时间、执行状态检查、随机数生成等。

【例 6-4】 无参有返回值的函数调用。

以下是对例 6-3 的修改，展示无参有返回值的函数调用：

```c
/* exp6-4 */
#include <stdio.h>

/* 定义 min( )函数，无参数，有返回值，返回值为 int 型 */
int min( )
```

```
{
    int x,y,z;                      // x,y,z 仅在 min( )函数中使用
    printf("请输入两个整数: ");
    scanf("%d%d",&x,&y);            // 由于没有参数传入，只能在函数体中输入数据
    if(x < y)  z=x;
    else  z=y;
    return z;                       // 作为函数的返回值带回主调函数
}

int main( )
{
    int a,b,c;
    c = min( );                     // 调用 min( )函数，将函数返回值赋给 c
    printf("两个数中较小的数是%d \n",c);
    return 0;
}
```

程序运行结果：

```
请输入两个整数: -3 8
两个数中较小的数是-3
```

程序分析：在 main( )函数中调用 min( )函数时，由于 min( )函数没有参数，因此不会接收任何外部输入。这时，min( )函数需要在函数体内部通过 scanf( )语句自行获取输入数据。因此，scanf( )语句必须放在 min( )函数体内部。

min( )函数执行完后，将返回值赋给 main( )函数中的变量 c，然后程序继续执行下一条语句。需要注意：scanf( )中使用的变量地址必须是 x 和 y 的地址，而不是 a 和 b 的地址。因为 a 和 b 在 main( )函数中定义，而 x 和 y 是 min( )函数的局部变量，它们的作用域仅限于 min( )函数内部。

6.3.2　函数调用的数据传递

函数定义中的参数是"形式参数"，它是函数内部用于接收外部传入值的变量。函数调用时出现在函数名后面括号中的参数是"实际参数"，它可以是常量、变量或表达式。在调用函数时，系统会将实参的值传递给被调函数的形参变量，该值在函数调用期间有效，并且可以参与被调函数的运算。

这种参数传递方式称为"单向值传递"，即数据只能从实参传递到形参，而形参的值的变化不会影响实参。

【例 6-5】　实参到形参的单向值传递。

```
/* exp6-5 */
#include <stdio.h>

/* 定义 swap( )函数，尝试交换两个整数 */
void swap(int x,int y)
{
    int t;
    t=x;
    x=y;
    y=t;
}
```

```
int main( )
{
    int a=5,b=6;
    swap(a,b);
    printf("a=%d, b=%d\n ",a,b);
    return 0;
}
```

程序运行结果：

```
a=5, b=6
```

程序分析：程序的执行结果表明，该程序未能完成两个数的交换。原因在于：形参 x 和 y 是 swap( ) 函数的局部变量。当 main( ) 函数调用 swap( ) 时，操作系统为形参 x 和 y 分配内存，并将实参 a 和 b 的值分别赋给形参 x 和 y。在 swap( ) 函数内部，虽然对 x 和 y 进行了交换，但这种交换仅在 swap( ) 函数的作用域内有效。当 swap( ) 函数执行结束后，形参 x 和 y 所占的内存空间因 swap( ) 函数的执行结束而被释放，而 main( ) 函数中的实参 a 和 b 的值并未受到影响。因此函数调用结束后，main( ) 函数中变量 a 和 b 的值保持不变，输出结果仍是 main( ) 函数中变量 a 和 b 的值（a=5,b=6）。

由此可见，实际参数到形式参数的参数传递是"单向值传递"。形参和实参变量各自有不同的存储单元，形参的值的变化不会影响实参的值。值传递的本质是将实参的值复制一份传递给形参，因此形参的修改不会影响实参，即只能是实参的值传给形参，而不能由形参传给实参。

例 6-5 的数据传递如图 6-2 所示。

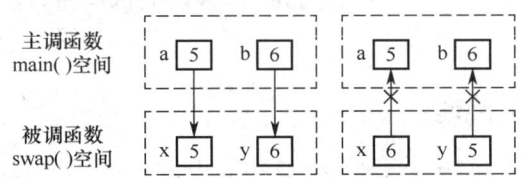

图 6-2   实参到形参的单向值传递

6.3.3   函数调用的过程

以例 6-3 为例，其函数调用过程如图 6-3 所示。

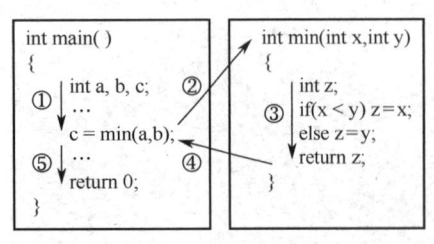

图 6-3   例 6-3 函数调用过程

程序从 main( ) 函数开始执行，首先为 main( ) 函数中定义的变量 a、b 和 c 分配内存空间，通过键盘为 a 和 b 输入初值。当程序执行到 c = min(a,b); 语句时，main( ) 函数暂停执行，程序跳转到 min( ) 函数执行，为函数的形参变量 x 和 y 及局部变量 z 分配存储单元，并将实参 a 和 b 的值分别复制到形参 x 和 y 中。之后，min( ) 函数开始运行，执行 if 判断语句，将较小值赋给变量 z，通过 return z; 语句将较小值返回。min( ) 函数执行完毕后，形参 x、y 及变量 z 所占用的存储单元被释放。程序返回 main( ) 函数中 c=min(a,b); 语句的下一条指令，继续运行，直至运行到 return 0; 语句，整个程序运行结束。

函数调用的过程说明：

（1）定义函数时指定的形参，在未出现函数调用时，它们并不占用内存中的存储单元。只有在发生函数调用时，函数的形参才被临时分配内存单元。

（2）在函数调用时，将实参的值传递给形参（实际上是将实参值的副本复制给形参），即用实参为形参初始化。

（3）执行被调函数。逐条执行被调函数中的语句，当执行到 return 语句或}时，从函数中退出。

（4）返回到主调函数中暂停的地方，继续执行主调函数的后续语句。

6.4　函数声明

在函数调用时，必须确保被调函数已经存在。若是库函数，必须在文件首部包含库函数所在的头文件；若是用户自定义函数，则应在主调函数中对被调函数进行声明。

函数声明的作用是把函数名、函数的返回类型、函数参数的个数及参数类型等信息通知编译系统，告知它的存在，以便在遇到函数调用时，编译系统能正确识别函数并检查调用是否合法。因此，当自定义函数的位置位于调用函数之后，必须在主调函数中对被调用函数进行函数声明。

6.4.1　函数声明的形式

函数声明由函数首部加上分号组成。其一般形式为：

```
类型说明符 函数名(类型 1 形参 1,类型 2 形参 2,…);
```

或者省略形参名称：

```
类型说明符 函数名(类型 1,类型 2,…);
```

函数声明又称函数原型，它描述了函数的接口。

注意：在声明函数时，函数的参数名称可以省略，但参数类型不能省略，此外，参数的个数、类型和顺序必须与函数定义保持一致。例如：

```
int main( )
{
    int min(int n1, int n2);       // 声明 min( )函数, 也可写为 int min(int, int);
    …
    c = min(a, b);                 // 调用 min( )函数
    …
    return 0;
}

int min(int n1, int n2)            // 定义 min( )函数
{
    …
}
```

C 语言函数在调用时遵循"先声明、后使用"的原则。当被调函数的定义在调用函数之前，被调函数的声明可以省略。当被调函数的定义在调用函数之后，则必须对函数进行声明。以例 6-3 为例，程序可以修改为以下形式：

```
#include <stdio.h>
int main( )
{
    int min(int x,int y);                // 函数声明
    int a,b,c;
    printf("请输入两个整数 a 与 b: ");
    scanf("%d%d",&a,&b);
    c=min(a,b);                          // 调用 min( )函数，将函数返回值赋给 c
    printf("%d 与%d 中较小的数是%d\n",a,b,c);
    return 0;
}
int min(int x,int y)                     // 定义 min( )函数，含有两个形参，返回值为 int
{
    int z;
    if(x<y)   z=x;
    else   z=y;
    return z;
}
```

本例题将 min( )函数放在了 main( )函数之后，需要在 main( )函数中用 int min(int x,int y);
语句声明 min( )函数。若主调函数 main( )中没有声明语句，则编译时会报错，提示：'min' was
not declared in this scope，表示 min( )函数未声明，程序无法继续运行。

6.4.2   函数声明的位置

函数的声明既可以出现在函数外部，也可以出现在函数的内部，两者的区别在于它们的
作用范围和可见性。

在函数外部声明，通常放在文件顶部或头文件中。编译系统从函数声明处开始到本源程
序文件结束的所有函数中，都知道该函数的存在。因此，函数外部声明的作用范围覆盖整个
源程序文件。

在函数内部声明，编译系统仅在本函数内、从声明处开始"认识"该函数，在本函数之
外是不认识该函数的。因此，函数内部声明的作用范围仅限于声明所在的函数，其他函数无
法识别该函数。

【例 6-6】 编写一个函数 fun( )，并在 main( )函数中调用。

```
/* exp6-6 */
/* 计算 n 的阶乘，采用循环的方法 */
#include "stdio.h"
int fun( int n );         // 函数声明，在函数外部声明

int main( )
{
    int m;
    printf("请输入一个整数: ");
    scanf("%d",&m);
    printf("%d! =%d\n",m,fun(m));
    return   0;
}
int fun( int n )
{
    int i,c=1;
    for(i=1;i<=n;i++)
        c*=i;
    return (c);
}
```

程序运行结果:

```
请输入一个整数: 5
5! =120
```

程序分析:该程序实现了求 n! 的功能,fun( )函数的声明位于 main( )函数体外,这种声明方式使得 fun( )函数在整个源程序文件中都可被识别。

注意:主函数 main( )无需声明,因为它不存在被其他函数调用的问题。函数定义、声明和调用的区别如表 6-1 所示。

表 6-1 函数定义、声明和调用的区别

项 目	函 数 首 部	有无{}和函数体	出 现 位 置	出 现 次 数
函数定义	无分号	有{},需要完整地写出函数体语句	只能在其他函数外定义函数,函数不能嵌套定义	只能出现一次
函数声明	有分号	无{},无函数体语句	既可以出现在函数外,也可以出现在函数内	可出现多次
函数调用	调用只需给出函数名及对应的实参,不写返回值类型,不写参数类型	无{},无函数体语句	只能在函数内调用函数	可出现多次,每次调用都会执行一次该函数

声明表示函数的存在,告知编译系统函数的基本信息(如返回值类型、参数类型等)。

定义表示函数的具体实现,包含函数的功能代码。

调用是实际运行函数的过程,通过函数名和实参列表触发函数执行。

6.4.3 库函数的声明

C 语言中的库函数通常分为 3 类:系统库函数、第三方库函数和用户自定义库函数。

调用系统库函数,也需要提前声明函数。由于系统库函数的声明已经预先被写到头文件(.h)中,因此在程序的开头通常用#include 命令包含对应的头文件,从而把对应函数的声明引入用户的程序中。例如,要调用系统库函数 printf( ),就需要包含头文件 stdio.h,因为 stdio.h 中包含 printf( )函数的声明。

除了系统库函数,一些厂商为了提高开发效率,会自行开发一些第三方的库函数供用户使用,以扩充 C 语言在图形、网络和通信等方面的功能,帮助用户进行快速软件开发。例如,一些机器人厂商就基于 C 语言开发了很多操控机器人的库函数,方便二次开发。

此外,程序员编写的自定义函数也可以封装成库函数,供他人使用。例如,程序员可以将一些可复用的函数以独立文件的形式存放在与源程序文件路径相同的文件夹或子文件夹中。在源程序中,可以通过#include "文件名"或#include "相对路径/文件名"的方式将这些文件加载到程序中。

【例 6-7】 封装自定义函数为库函数,并在主程序中使用。

```
/* exp6-7 */
#include <stdio.h>

/*创建自定义函数,命名为min.h*/
int min(int a, int b)
{
```

```
        return (a < b) ? a : b;
}

/*创建主程序文件，命名为main.c*/
#include "min.h"                //引用自定义头文件
int main( )
{
    int num1 = 10,num2 = 5,num3 = 20;
    int minValue1, minValue2;
    minValue1 = min(num1, num2);
    minValue2 = min(minValue1, num3);
    printf("The minimum of %d and %d is %d\n", num1, num2, minValue1);
    printf("The minimum of %d, %d and %d is %d\n", num1, num2, num3, minValue2);
    return 0;
}
```

程序运行结果：

```
The minimum of 10 and 5 is 5
The minimum of 10, 5 and 20 is 5
```

程序分析：main( )函数两次调用 min( )函数，实现求两个数和三个数的最小值，并以 main.c 命名。自定义函数 min( )使用三元运算符实现求两个整数中的较小值，并存储在 min.h 文件中。这样，min( )函数就可以通过#include "min.h"在多个源文件中被引用。

需要注意的是，在某些开发环境中（如 VC++ 6.0），两个文件（min.h 和 main.c）必须存放于同一个文件夹下，编译并运行 main.c 文件；在其他编译环境（如 VS 2010）中，两个文件必须存放在同一个项目（Project）下。

文件包含除了使用#include <头文件>的方式，还可以使用#include "头文件"的方式。两种方式都可以将头文件加载进来，它们的区别在于头文件的查找路径不同。

1．#include <头文件>

使用< >加载头文件时，编译器会在系统的标准库文件夹（通常是\include 文件夹）中查找头文件。这种方式主要用于包含系统标准库函数的头文件。

2．#include "头文件"

使用" "加载头文件时，编译器首先在源程序文件（.c 文件）所在的文件夹中查找头文件，若找不到，则会继续在系统的标准库文件夹中查找。这种方式主要用于包含用户自定义的头文件。

6.5 函数的嵌套调用和递归调用

6.5.1 函数的嵌套调用

C 语言中函数不允许嵌套定义，但允许在一个函数的定义中调用另一个函数，这种在一个函数内部又调用其他函数的方式称为函数的嵌套调用。如图 6-4 所示。

【例 6-8】 统计区间[m, n]的素数个数。

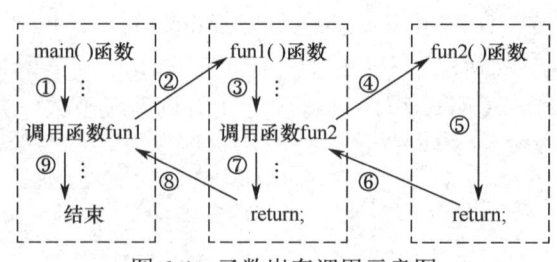

图 6-4 函数嵌套调用示意图

算法分析：根据"模块化"设计思想，将复杂问题分解为多个子问题。本例题可以分解为以下 3 个子问题：①读取用户输入的区间范围；②求解区间内的所有素数；③输出素数总数。其中，求解区间内的所有素数可以进一步分解为两个子问题：判断一个数是否为素数和统计区间内素数的个数。

基于上述分解，程序的实现可以分为：在主函数中实现输入和输出，用 isprime( )函数判断一个数是否为素数，用 primecount( )函数统计区间内的素数个数。

```c
/* exp6-8 */
/* 统计区间[m,n]的素数个数 */
#include <stdio.h>
#include <math.h>
int isprime(int );                    // 函数声明，判断素数函数
int primecount(int , int );           // 函数声明，素数计数函数

int main( )
{
    int m, n, num;
    printf("请输入m,n的值: ");
    scanf("%d%d", &m, &n);            // 输入区间范围
    num = primecount(m, n);          // 调用素数计数函数
    printf("区间[%d,%d]的素数总个数是: %d 个。\n",m,n, num);// 结果输出
    return 0;
}
int isprime(int x)                    // 定义判断素数函数
{
    int i,flag=1;                     // 引入素数标志，初值为1
    if (x < 2) return 0;              // 小于 2 的数不是素数
    for (i = 2; i <= (int)sqrt(x); i++)
    {
        if(x % i == 0)
        flag = 0;                     // 若不是素数，flag 赋值为 0
    }
    return flag;                      // 若是素数，flag 的值不改变，仍为 1
}
int primecount(int m, int n)          // 定义素数计数函数
{
    int i, t, count = 0;              // count 中存放素数的个数
    if(m > n)
    {
        t = m;
        m = n;
        n = t;
    }
    for (i = m; i <= n; i++)
    {
        if(isprime(i) == 1)           // 调用判断素数函数，条件成立，说明是素数
            count++;                  // 计数
    }
    return count;                     // 返回素数个数
}
```

程序运行结果：

```
请输入m, n的值: 1 100
区间[1,100]的素数总个数是: 25个。
```

程序分析：

（1）程序中包含 3 个函数：main( )、primecount( )和 isprime( )。main( )函数调用 primecount( )函数，而 primecount( )函数又调用了 isprime( )函数，是嵌套调用。调用过程如图 6-5 所示。

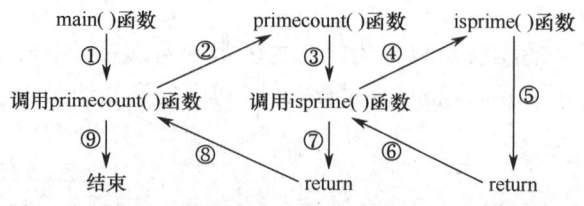

图 6-5　例 6-8 函数调用过程

（2）函数的返回值从最内层逐级向上返回。isprime( )函数的返回值返回到 primecount( )函数，primecount( )函数的返回值最终传递给 main( )函数。

（3）通过将复杂问题分解为多个功能单一的子问题（如判断素数和统计素数个数），使得程序的逻辑更加清晰，易于理解和维护。这种模块化设计使得程序的结构更加合理，便于后续的扩展和优化。

6.5.2　函数的递归调用

在调用一个函数的过程中又出现直接或间接地调用该函数本身，称为函数的递归调用。递归是一种特殊的嵌套调用方式，它能将复杂问题简单化。例如经典的"汉诺塔"游戏，若掌握了递归的思想，即使有非常多的盘子，也能轻松玩转它。

若一个函数直接反复地调用函数自身，称为直接递归。某函数调用其他函数，而其他函数又调用了本函数，称为间接递归。

递归调用的过程分为两个阶段：递推阶段和回归阶段。递推阶段是指从原问题出发，按递归公式逐步分解，最终达到递归终止条件，从而将一个复杂问题分解为一个相对简单且可以直接求解的子问题。回归阶段是将子问题的结果逐层带回递归公式求值，最终求得原问题的解。

递归调用不可能无休止地调用其自身。为了防止递归调用无限进行，必须在函数内设置终止递归的条件。一般采用 if…else 条件判断，当满足某种条件时，不再进行递归调用，否则逐层返回。

【例 6-9】　有 5 个人坐在一起，问第 5 个人的年龄，他说比第 4 个人大 2 岁。问第 4 个人的年龄，他说比第 3 个人大 2 岁。问第 3 个人的年龄，他说比第 2 个人大 2 岁。问第 2 个人的年龄，他说比第 1 个人大 2 岁。最后问第 1 个人的年龄，他说是 10 岁。请问第 5 个人多大？

算法分析：要求第 5 个人的年龄，必须先知道第 4 个人的年龄；而要求第 4 个人的年龄，必须先知道第 3 个人的年龄；以此类推，第 1 个人的年龄为 10 岁。每个人的年龄都比其前一个人的年龄大 2 岁。即：age(5)= age(4)+2；age(4)= age(3)+2；age(3)= age(2)+2；age(2)= age(1)+2；age(1)= 10。

可以用数学公式表述如下：

$$\begin{cases} age(n) = age(n-1) + 2 & (n > 1) \\ age(n) = 10 & (n = 1) \end{cases}$$

可以看到，*n*=1 时，就是递归结束的条件。当 *n*>1 时，求第 *n* 个人的年龄的公式是相同的，可以用同一个函数表示上述关系，这就是一个递归问题。递归问题分两个阶段：第 1 阶段进行"递推"，从第 *n* 个人开始递推到第 *n*–1 个人、第 *n*–2 个人……直到递推到第 1 个人，第 1 个人的年龄已经知道（10 岁），不必再往前推了。然后，进入第 2 阶段进行"回归"，从第 1 个人的年龄开始，逐层计算第 2 个人、第 3 个人……直到第 *n* 个人的年龄。可以看出，递归过程不是无限制地进行下去，必须有一个明确的递归结束条件。本例题中 age(1)=10 就是递归结束的条件。因此，可以定义一个函数来描述上述递归过程：

```
int age( int n )                    // 定义递归函数
{
  int c;
  if ( n == 1 )         c = 10;      // 若 n 等于 1，年龄为 10
  else         c = age ( n-1 ) + 2 ;  // 若 n 不等于 1，前一个人年龄加 2
  return ( c ) ;                      // 返回年龄值
}
```

主函数只需要调用 age(5)函数，即可求得第 5 个人的年龄。

```
int main( )
{
    printf ( "%d\n" , age ( 5 ) ) ;
    return 0;
}
```

程序分析：main( )的函数体实际上只有一个语句，整个问题的求解全靠一个 age(5)函数调用来解决。age( )函数共被调用 5 次。main( )函数调用 age(5)，将 5 作为实参传递给 age( )函数的形参变量 n（n=5）。当程序执行 age(5)时，调用 age(4)。执行 age(4)时，调用 age(3)。执行 age(3)时，调用 age(2)。执行 age(2)时，调用 age(1)。执行 age(1)时，返回 10（递归结束条件）。

然后，从 age(1)开始逐层返回，计算 age(2)（= age(1)＋2）的值、age(3)的值（＝ age(2)＋2）……直到推出 age(5)（＝age(4)＋2）的值。

为了保证递归调用能够在有限次后结束，应该明确地定义好递归的出口条件。本例题中 n==1 就是递归的出口条件，当满足该条件时，结束本次函数调用，并返回上一级函数。

能够使用递归方法解决的问题，需要满足以下两个条件：

（1）递归的结束条件。递归必须有最简单的结束条件，当满足该条件时，程序将结束递归调用。

（2）递归的规律。后一部分问题与原始问题类似，并且是原始问题的简化。

因此，任何一个递归调用程序必须包括两部分：递归循环继续的过程及递归调用结束的条件。

```
if (递归结束的条件)                    //递归的出口
    return  递归公式的初值;
else
    return  递归的公式;
```

【例 6-10】　用递归方法计算 *n*!。

算法分析：阶乘问题可以通过递归方法高效解决。由于阶乘的定义为：*n*!=*n*×(*n*–1)×(*n*–2)×…×3×2×1，因此，可以将阶乘问题转换为递归的两个条件：

（1）当 *n* 为 0 或 1 时，是求阶乘最简单的情况，阶乘为 1。递归的结束条件即为：0! =

1！＝1。

（2）求 n 的阶乘可以转化为求 $n-1$ 的阶乘，朝着结束条件的方向变化。递归的规律即为：$n! = n \times (n-1)!$。

综上，求阶乘的公式如下：

$$n! = \begin{cases} 1 & (n=0\text{或}1) \\ n \times (n-1)! & (n>1) \end{cases}$$

基于上述分析，可以定义一个递归函数来实现阶乘计算。

```
/* exp6-10 */
/* 计算 n 的阶乘，采用递归的方法 */
#include <stdio.h>
double fac(int n);                       // 声明 fac( )函数

int main( )
{
    int n;
    double y;
    printf("请输入一个整数：");
    scanf("%d", &n);
    y = fac(n);                          // 调用 fac( )函数
    printf("%d! = %.0f\n", n, y);
    return 0;
}

double fac(int n)                        // 定义求阶乘函数
{
    double f;
    if(n == 0 ||n == 1)                  // 递归结束的条件
        {
            f = 1;
        }
        else
        {
            f = fac(n - 1) * n;          // 直接递归调用，递归循环继续的过程
        }
    return f;
}
```

运行程序，输入 12，程序运行结果：

```
请输入一个整数：12
12! = 479001600
```

程序分析：

（1）程序包含两个函数：main( )函数和 fac( )函数。main( )函数负责输入和输出，而 fac( )函数通过递归调用自身完成阶乘计算。fac( )函数中的递归调用语句 fac(n-1)将问题逐步简化，直至满足递归结束条件（n == 0 或 n == 1）。

（2）程序执行时，main( )函数调用 fac(n)函数，程序转入 fac(n)函数执行，若 n == 0 或 n == 1 成立，则直接结束 fac( )函数的执行，返回 1（递归结束）。否则，程序继续调用 fac(n-1)，将问题规模缩小为 n-1。fac( )函数不断递归调用自身，每次调用的参数值递减 1，直至 n == 0 或 n == 1。此时，终止递归，函数返回值 1，并逐层返回上一级调用，最终计算出 n!。

（3）以 n=3 为例，调用递归函数 fac(3)的过程如图 6-6 所示。

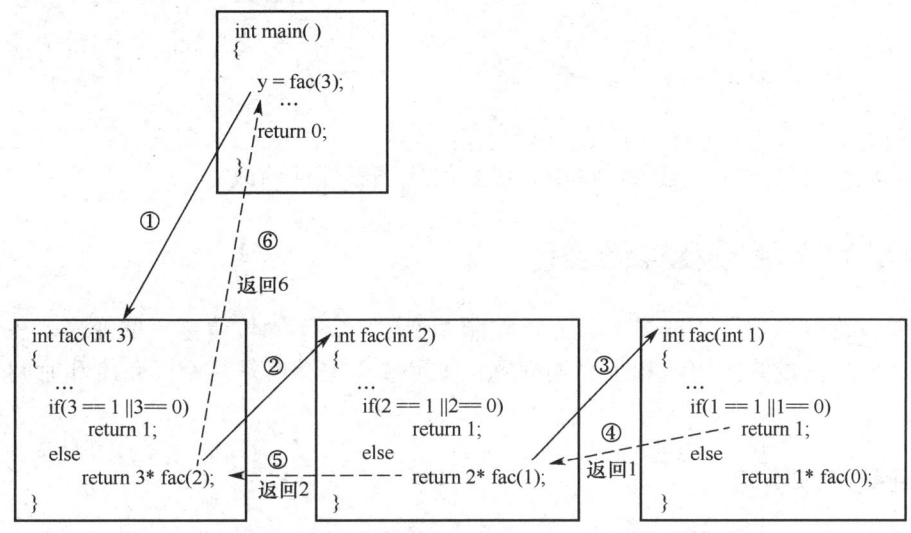

图 6-6 调用递归函数 fac(3)过程示意图

调用 fac(3)，由于 3!= 0 且 3!= 1，继续调用 fac(2)。

调用 fac(2)，由于 2!=0 且 2!=1，继续调用 fac(1)。

调用 fac(1)，满足递归结束条件，返回 1。

fac(2)接收到 fac(1)的返回值 1，计算 1 × 2 = 2，返回 2。

fac(3)接收到 fac(2)的返回值 2，计算 2 × 3 = 6，返回 6。

最终，main( )函数接收到 fac(3)的返回值 6，输出结果。

注意：当从键盘上输入的 n 值为正数（$n \geqslant 0$）时，程序正常运行，当输入一个负数（$n<0$）时，程序没有正常输出，说明程序不具有遇到不正当输入时保护自己免出错的能力，即程序不具有健壮性。为了增强程序的健壮性，保证程序正常运行，用 if…else 条件保证输入的值和返回的值都是正数。因此，程序可以改为：

```c
int  fac( int n)
{
    int f;
    if(n < 0)    f = -1;                    // 判断输入的值是否是负数
    else
    {
        if  (n == 0 || n == 1)
            f = 1;
        else
            f = fac(n-1) * n;
    }
    return f;
}

int main( )
{
    int m, y;
    int fac(int);
    scanf("%d", &m);
```

```
        y = fac(m);
        if(y < 0)                           // 判断函数返回的值是不是负数
            printf("m < 0,input error\n");
        else
            printf("%d != %ld", m, y);
        return 0;
}
```

只要函数的接口不变，无须对调用该函数的代码做任何修改。

6.6   变量的作用域及存储类型

在一个函数内部定义的变量，其他函数能否使用？在不同位置定义的变量，在什么范围内有效？这就是变量的作用域和生存期问题。作用域和生存期是从空间角度和时间角度来定义变量的。

6.6.1   变量的作用域

变量的作用域是指变量的可用范围，分为局部变量和全局变量两大类。

1. 局部变量

局部变量是在函数内或复合语句块内定义的变量。程序中用 { } 括起来的语句称为语句块，函数体、分支语句和循环体都是语句块。在函数体内定义的变量以及函数的形参都属于局部变量。局部变量的作用域仅限于定义它的语句块，在语句块内可以被访问，在语句块外不能被访问。原因是操作系统仅在执行语句块时才为该变量分配内存空间，在退出语句块时释放内存空间，使得变量不再有效。

例如：

```
int f1(int a)         // 定义函数 f1( )，形参 a 只在 f1( )函数内起作用
{
    int b, c;         // 局部变量 b 和 c，只在 f1( )函数内起作用
    ...
}
int f2(int x)         // 定义函数 f2( )，形参 x 只在 f2( )函数内起作用
{
    int y, z;         // 局部变量 y 和 z，只在 f2( )函数内起作用
    ...
}
int main( )           // 定义 main( )函数
{
    int m, n;         // 局部变量 m 和 n，只在 main( )函数内起作用
    ...
}
```

在 f1( )函数内，a 为形参，b 和 c 为局部变量，a, b, c 的作用域仅限于 f1( )函数内。同样，x, y 和 z 的作用域仅限于 f2( )函数内，而 m, n 的作用域仅限于 main( )函数内。

【例 6-11】 局部变量的作用域。

```
/* exp6-11 */
/* 多次调用函数，观察局部变量的使用范围 */
#include <stdio.h>
```

```
void sum(int x, int y)          // x,y 是函数形参, 仅在函数内部使用
{
    int z ;                      // z 是 sum()函数内的局部变量
    z = x + y;
    printf("Inside Function:\n");
    printf("x = %d\n", x);
    printf("y = %d\n", y);
    printf("z = %d\n", z);
}

int main()
{
    int a = 10;
    int b = 20;
    sum(a, b);                    // 调用函数
    printf("Outside Function:\n");
    printf("a = %d\n", a);
    printf("b = %d\n", b);
    return 0;
}
```

程序运行结果:

```
Inside Function:
x = 10
y = 20
z = 30
Outside Function:
a = 10
b = 20
```

程序分析: 变量 a 和 b 是 main( )函数的局部变量, 形参 x,y 及变量 z 是函数 sum( )的局部变量, 因此, 它们作用域仅限于各自函数。若在 main( )函数中加入输出 x,y 或 z 的语句, 会导致程序编译错误, 因为这些变量的作用域仅限于 sum( )函数内部。

局部变量的作用域规则确保了不同函数中的变量互不干扰, 从而提高了程序的模块化和可维护性。

【例 6-12】 局部变量举例, 在复合语句中声明变量。

```
/* exp6-12 */
/* 观察局部变量重名时的结果 */
#include "stdio.h"
int main( )
{
    int i = 13, j = 15, k;       // 此处 i、j、k 的作用域仅限于 main( )函数内
    k = i % j;
    {
        int k = 8;                // 此处局部变量 k 的作用域仅限于复合语句块内
        printf("In FuHeYuJu: k=%d\n", k);
    }
    printf("In main: k=%d\n", k);
    return 0;
}
```

程序运行结果:

```
In FuHeYuJu: k=8
In main: k=13
```

程序分析：

（1）main( )函数中声明了 k 变量，并将 i%j 的结果赋给 k。在复合语句块{}内又声明了一个同名的局部变量 k，并赋值为 8。这两个 k 变量在内存中占用不同的内存单元，因此它们不是同一个变量，在复合语句内部对 k 的修改不会影响外部的 k。在复合语句外部，main( )函数中的局部变量 k 起作用；在复合语句内部，复合语句中的局部变量 k 起作用。

（2）不同函数或语句块中的局部变量允许重名。局部变量的作用域仅限于其所在的语句块，因此不会相互干扰。

2. 全局变量

全局变量（又称外部变量）指在所有函数之外定义的变量。全局变量的作用域是从定义其位置开始直到本程序结束。全局变量在未被显式赋值的情况下，自动初始化为 0。

例如：

```
int x,y;              // x、y 是全局变量，其作用域覆盖整个程序
int main( )
{
    int m, n;
    …
}
int z;                // 全局变量 z，其作用域从定义位置开始，覆盖后续所有函数
int f1(int a)
{
    int b, c;
    …
}
```

在上述代码中，x、y、z 都是在函数外部定义的外部变量，都是全局变量。但 x、y 定义在源程序最前面，因此它们在整个程序（包括 main( )和 f1( )函数）中都有效。z 定义在 main( )之后，它只在 f1( )函数中有效。

【例 6-13】 全局变量的定义和使用。

```
/* exp6-13 */
/* 全局变量的使用 */
#include <stdio.h>
int a = 10, b = 20;                          // 全局变量
void func()
{
    a = a + 100;                             // 修改全局变量 a 的值
    b = b + 200;                             // 修改全局变量 b 的值
    printf("func: a = %d, b = %d\n", a, b);
}
int main()
{
    printf("main: a = %d, b = %d\n", a, b);  // 输出初始值
    func();                                  // 调用 func()函数，修改全局变量
    printf("main: a = %d, b = %d\n", a, b);  // 输出修改后的值
    return 0;
}
```

程序运行结果：

```
main: a = 10, b = 20
func: a = 110, b = 220
main: a = 110, b = 220
```

　　程序分析：a 和 b 是在所有函数的外部定义的全局变量，它们在整个程序中都是有效的。在 func( )函数中，虽然没有重新定义变量 a 和 b，但 func( )函数内部对 a 和 b 的修改会影响全局变量 a 和 b 的值，因此，func( )函数中对 a 和 b 的修改也会反映在 main( )函数中。

　　全局变量的作用域使得它们可以在多个函数之间共享，但需要注意避免命名冲突和意外修改。

【例 6-14】　全局变量与局部变量同名。

```
/* exp6-14 */
/* 观察全局变量与局部变量同名时的结果 */
#include "stdio.h"
void func1();
void func2();

int x=3,y=5;                            // 全局变量
int main( )
{
    func1();
    func2();
    printf("main:  x=%d,y=%d\n",x,y);   // 输出全局变量 x 和 y 的值
    return 0;
}
void func1()
{
    int x,y;                            // 局部变量
    x=30;
    y=40;
    printf("func1: x=%d,y=%d\n",x,y);   // 输出局部变量 x 和 y 的值
}
void func2()
{
    x=10;                               // 使用全局变量 x
    y=20;                               // 使用全局变量 y
    printf("func2: x=%d,y=%d\n",x,y);   // 输出全局变量 x 和 y 的值
}
```

程序运行结果：

```
func1: x=30,y=40
func2: x=10,y=20
main:  x=10,y=20
```

　　程序分析：x 和 y 是在函数外部定义的变量，属于全局变量，它们在整个程序中都是有效的。在 func1( )函数中，又定义了变量 x 和 y，属于局部变量。在 func1( )执行过程中，局部变量 x 和 y 的作用域覆盖了全局变量 x 和 y。func1( )函数中对 x 和 y 的修改不会影响全局变量 x 和 y 的值。func2( )函数中没有定义与全局变量同名的局部变量，所以 func2( )中使用的是全局变量 x 和 y 的值。func2( )中对 x 和 y 的修改会直接影响全局变量的值。因此，当全局变量与局部变量同名时，在局部变量的作用范围内，同名的全局变量被屏蔽。局部变量的作用域优先级高于全局变量。原因在于局部变量和全局变量被分配在不同的内存区域，它们的内存地址不同，因此即使同名也不会相互干扰。

　　若将上例 func1( )函数中的变量 x 和 y 改为形参，即 func1(int x,int y)，由于形参也是局部变量，所以程序的运行结果是一样的。形参的作用域仅限于函数内部，不会影响全局变量。

综上所述，变量是可以同名的，若同名变量出现在不同的作用域内，二者不会相互干扰。一个程序中同名的局部变量和全局变量，在局部变量起作用的范围内，全局变量将自动被屏蔽。原因在于局部变量与全局变量被分配的内存区域不同，对应的内存地址不同，所以二者同名也不会相互干扰。这种机制确保了程序的模块化和变量的独立性。

6.6.2 变量的存储类型

变量的存储类型决定了编译器为变量分配内存的方式，也决定了变量的生存期。生存期是指程序执行过程中变量的"有效期"。

声明变量存储类型的一般形式为：

存储类型　数据类型　变量名；

C 语言的存储类型说明符有 4 种：auto（自动变量）、static（静态变量）、register（寄存器变量）、extern（外部变量）。局部变量声明时默认的类型为 auto 型。

程序运行时，操作系统会分配一段内存空间（称为用户工作区）供用户程序使用。用户工作区的存储位置可以分为 3 种：只读存储区、静态存储区和动态存储区，如图 6-7 所示。

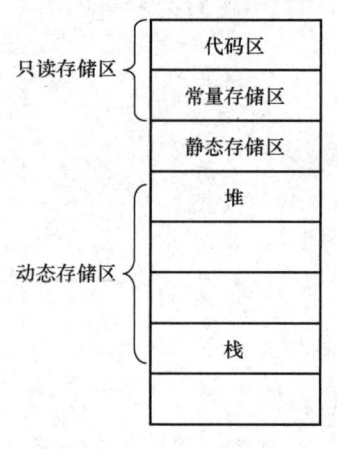

图 6-7　用户工作区示意图

（1）只读存储区。用于存储程序代码和常量等只读数据。

（2）静态存储区。用于存放程序中定义的全局变量和静态变量，在程序编译或链接时为其分配内存，并在整个程序运行期间保持有效。程序执行结束后，内存单元被释放，因此，静态存储区中变量的生存期是与程序的生命周期相同的，即与程序"共存亡"。

（3）动态存储区。动态存储区中存储的变量在程序载入和运行时由系统为其自动分配和释放内存。例如，函数的形参和局部变量都存储在动态存储区。

当一个用户程序运行时，操作系统会根据其存储类型为其在指定的位置分配所需的存储空间。下面分别对 auto、static、register、extern 这 4 种存储类型进行介绍。

1. auto 型

用 auto 关键字定义的变量，称为自动变量。自动变量存储在动态存储区。自动变量的值只能在其定义的语句块内被访问，退出语句块后无法访问。若程序员未初始化自动变量的值，其值是随机的、不确定的。

自动变量定义的一般形式为：

[auto] 数据类型 变量名；

其中，auto 可以省略，即函数内只要未加存储类型说明的变量均为自动变量。

自动变量的"自动"特性主要体现在它的内存分配和释放都是系统自动完成的。自动变量的生存期仅限于定义它的语句块内，因此，自动变量也称为动态局部变量。例如，函数内定义的形参和局部变量在调用函数时分配内存，退出函数后，分配的内存立即被释放。若再次进入函数，该变量会被重新分配内存，因此，不会保留上一次退出函数之前的值。

【例 6-15】　自动变量举例。

```
/* exp6-15 */
#include <stdio.h>
int add( );
int main( )
{
  int i,result;
  for(i=1;i<=3;i++)
  {
     result =add( );
     printf("%d\n",result);
  }
  return 0;
}
int add()
{
  int num=50;       //自动变量
  num++;
  return num;
}
```

程序运行结果：

程序分析：add( )函数中的变量 num 是局部变量，而且是自动存储类型。main( )函数
3 次调用 add( )函数，每次调用时 num 的初始值都是 50，经过 num+1 操作后为 51。因此，
3 次调用后的结果相同。

2．static 型

静态变量在变量声明时用 static 关键字显式说明。静态变量存储在静态存储区中，其内
存分配在编译时完成，生存期贯穿整个程序运行期。未显式初始化的静态变量由编译器自动
将其初始化为 0。

静态变量的定义形式为：

```
static 数据类型 变量名;
```

例如：

```
static float f1;
```

静态变量分为静态局部变量和静态全局变量。

1）静态局部变量

静态局部变量存储在静态存储区，其作用域仅局限于声明它的语句块内，其数据在程序
执行期间始终占用分配的内存单元。多次调用语句块时，变量将保留上一次执行时的值。

【例 6-16】 静态局部变量和自动变量的比较。

```
/* exp6-16 */
#include <stdio.h>
int f(int a);
int main( )
{
  int a=2, i;
  for(i=0;i<3;i++)
```

```
    printf("i=%d,sum=%d\n",i,f(a));
return 0;
}
int f(int a)
{
    static  int  c=3 ;                //静态局部变量
    auto int b=0 ;            //自动变量
    b = b + 1;
    c = c + 1;
    printf("In f(): a=%d,b=%d,c=%d\n", a, b, c);
    return  (a+b+c);
}
```

程序运行结果：

```
In f(): a=2,b=1,c=4
i=0,sum=7
In f(): a=2,b=1,c=5
i=1,sum=8
In f(): a=2,b=1,c=6
i=2,sum=9
```

程序分析：main( )函数 3 次调用 f(a)函数，从程序运行结果看，a 的值始终为 2，b 的值始终为 1，而 c 的值依次为 4,5,6，sum 的值分别为 7,8,9。a 是 main( )函数的自动变量，仅限于 main( )函数使用。b 是 f(a)函数的自动变量，存储在动态存储区，每次在调用 f(a)时，b 都会重新初始化为 0，函数调用结束后立即释放。当下一次再调用 f(a)时，重新为 b 赋初值 0。而变量 c 为 f(a)函数的静态局部变量，存储在静态存储区。其内存分配在编译时完成，生存期贯穿整个程序运行期。每次调用 f(a)时，c 的值会保留上一次调用结束时的值。因此，c 在编译时初始化一次，且每次调用函数时，c 的值都会累加。

因此，自动变量 b 在每次函数调用时重新赋初值 0，而静态局部变量 c 在程序整个执行期间不释放内存，会保留上一次调用函数时的值。

思考：什么情况下需要用到静态局部变量呢？

【例 6-17】 巧用静态局部变量计算并输出 1!~5!的值。

```
/* exp6-17 */
/* 计算 n 的阶乘，采用静态局部变量 */
#include <stdio.h>
int fac(int n);            // 函数声明
int main( )
{
    int n, i;
    printf("请输入一个整数:");
    scanf("%d", &n);
    for(i = 1;i <= n;i++)
    {
        printf("%d! =%d\n",i, fac(i));
    }
    return 0;
}


int fac(int n)
{
```

```
    static int p = 1;                // 定义静态局部变量 p
    p = p * n;
    return p;
}
```

程序运行结果：

```
请输入一个整数:5
1!=1
2!=2
3!=6
4!=24
5!=120
```

程序分析：fac( )函数中定义了一个静态局部变量 p。静态局部变量在函数调用期间保留其值。在每次调用 fac( )时，p 会保留上次调用结束时的值，并在此基础上继续计算。因此，p 可以用于迭代计算阶乘值。例如：

第一次调用 fac(1)时，p = 1 × 1 = 1。

第二次调用 fac(2)时，p = 1 × 2 = 2。

第三次调用 fac(3)时，p = 2 × 3 = 6，以此类推。

2）静态全局变量

在所有函数外定义的静态变量，称为静态全局变量。静态全局变量的作用域是从定义的位置开始到本源文件结束。它们存储在静态存储区，仅分配一次存储空间，且只被初始化一次（默认初始化为 0）。在程序设计中，有时希望某些全局变量只限于本源文件使用，而不能被其他文件访问，这时可以在定义全局变量时加一个 static 声明。原因是：在大型项目中，代码通常被组织成多个模块（文件）。通过将某些全局变量声明为 static，可以将这些变量限制在模块内部，从而实现模块化设计。每个模块可以独立开发和测试，而不会相互干扰。例如，若两个文件中都定义了全局变量 int x;，在链接时可能会导致冲突，因为链接器不知道应该使用哪个文件中的 x。而若在每个文件中定义 static int x;，则每个文件中的 x 都是独立的，不会相互干扰。

思考：静态变量与全局变量相比，有何不同呢？静态局部变量与自动变量（即动态局部变量）相比，又有什么不同呢？

3. register 型

register 关键字用于声明寄存器变量。寄存器是 CPU 内部容量有限但存取速度极快的存储器。通常将使用频率比较高的变量声明为 register，以提高程序的执行速度。寄存器变量定义的一般形式为：

```
register 数据类型 变量名;
```

例如：

```
register char d1;
```

现代编译器能自动优化程序，自动把普通变量优化为寄存器变量，并且可以忽略用户的 register 指定，所以一般无须特别声明变量类型为 register。

4. extern 型

extern 关键字用于声明外部变量。全局变量的作用域是从定义它的位置开始，直到整个

文件结束。若要在定义位置之前或者在其他文件中使用全局变量，则必须用 extern 关键字对
其进行外部变量声明，其语法格式为：

```
extern 数据类型 变量名;
```

例如：

```
extern int x;
```

外部变量声明不是变量定义，编译器不会对其分配内存。它表示该变量是一个已经定义
的全局变量。有了此声明，就可以从"声明"处起，合法地使用该外部变量。

【例 6-18】 用 extern 声明外部变量，扩展程序文件中的作用域。

```
/* exp6-18 */
/* 外部变量的使用方法*/
#include <stdio.h>
void f1()
{
    extern int num;          // 声明 num 为外部变量
    num=10;                      // 重新对 num 赋值
}

int num;                 // 定义 num 为全局变量，全局变量初值自动赋为 0

void f2()
{
    num++;
}
int main( )
{
    f1();
    f2();
    printf("num = %d\n", num);
    return 0;
}
```

程序运行结果：

```
num=11
```

程序分析：num 变量定义在 f1( )函数与 f2( )函数之间，其作用域是从定义位置开始直到
main( )函数结束，即 num 作用域范围为 f2( )函数和 main( )函数。f1( )函数定义在 num 变量
之前，因此 f1( )函数是不能直接使用 num 变量的。f1( )函数若要使用 num 变量，必须在 f1( )
函数内用 extern 对 num 变量进行"外部变量声明"。从"声明"处起，f1( )函数就可合法地
使用外部变量 num 了。

注意：num 定义在函数外部，是全局变量，全局变量由编译程序自动初始化为 0。

思考：num 若定义在 f2( )与 main( )函数之间，程序的运行结果是什么？

6.6.3 变量的作用域和存储类型小结

图 6-8 从作用域和生存期的角度，归纳总结了变量的作用域和存储类别。

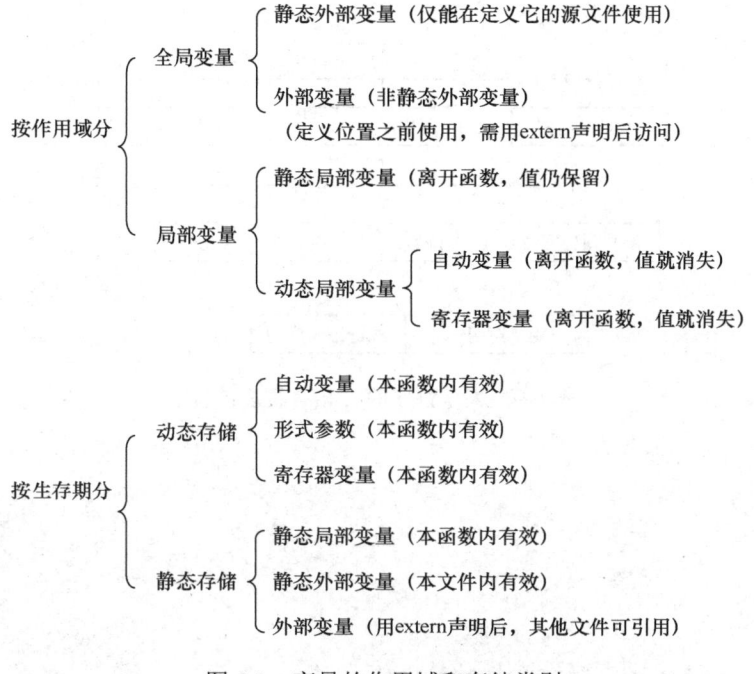

图 6-8　变量的作用域和存储类别

6.7　多文件程序

前面学习的程序都是规模比较小的，通常一个程序对应一个单独的源程序文件（.c），一个源程序文件包含几个函数，每个函数各司其职，通过函数调用完成特定任务。然而，在实际应用中，一个规模较大的程序往往会包含许多函数，若将所有代码都放在一个文件中，程序代码会变得冗长，导致调试不便，也不利于团队协作。

因此，对于规模较大的程序，程序员往往会将程序拆分为多个源文件（.c）和一些头文件（.h）。每个源文件可以包含一个或多个函数。拆分程序的基本原则是将不同功能的函数分别放在不同的源文件中。如将数值处理的函数放在一个源文件中，将与用户界面有关的函数放到另一个文件中。这种拆分方式既使得程序清晰，又有利于分工协作。各个源文件可分别编译，互不影响。当某个函数需要修改时，只需改动它所在的源文件并重新编译，其他源文件保持不变。当所有源文件都编译正确后，就可以将它们组装起来，进行链接和运行了。对于规模较大且需要频繁修改的程序，这种方法可以极大地节约时间和精力。大型程序的 C 语言程序结构如图 6-9 所示。

注意：多个源文件组成的是一个程序，因此，此程序只能在一个源文件中定义 main( )函数，且只能有一个 main( )函数。main( )可以单独作为一个源文件。main( )函数是程序的入口，是程序运行的起点。头文件通常包含源文件之间共享的信息，如函数原型、类型定义、宏定义、外部变量声明等。

例如，以下是一个由两个源程序文件组成的 C 语言程序，包含两个函数：main( )和 Min( )。其中，main( )函数放在 file1.c 中，Min( )函数放在 file2.c 中，函数的声明和外部变量放在 file3.h 中。

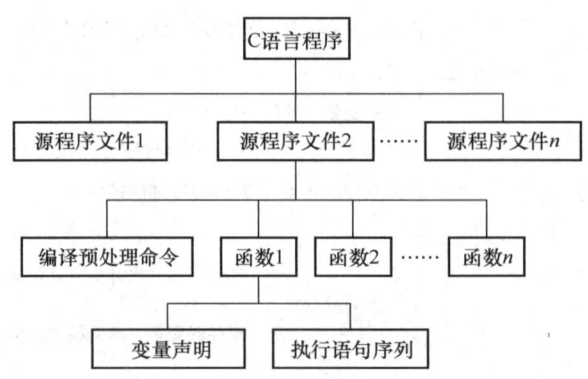

图 6-9 大型程序的 C 语言程序结构

（1）创建 file1.c 文件。

```
/* file1.c 文件 */
#include "file3.h"  // 包含头文件

int main( )
{
    int min;
    printf("Please input two numbers:");
    scanf("%d,%d", &a, &b);
    min = Min( );
    printf("min = %d\n ", min);
    return 0;
}
```

（2）创建 file2.c 文件。

```
/* file2.c 文件 */
#include "file3.h"// 包含头文件

int a, b;// 定义全局变量
int Min ( )
{
    int c;
    c=(a < b)? a : b;      // 比较 a 和 b 的大小
    printf("In min: a=%d, b=%d\n", a, b);
    return c;
}
```

（3）创建 file3.h 文件。

```
#include <stdio.h>

extern int a, b;         // 声明外部变量 a、b，a、b 来自其他文件
extern int Min( );       // 声明外部函数 Min( )
```

【例 6-19】 多文件程序的应用举例。

步骤 1：打开开发环境，选择"文件"→"新建"→"工程（project）"命令；选择"Win32 Console Application（控制台应用程序）"选项，指定工程名称和工程位置。

步骤 2：创建一个空工程。

步骤 3：在工程下，新建 file1.c 文件，编写程序代码，保存并编译。

步骤 4：在工程下，新建 file2.c 文件，编写程序代码，保存并编译。

步骤 5：在工程下，新建 file3.h 文件，编写程序代码，保存并编译。

步骤 6：运行 file1.c。

程序运行结果：

```
Please input two numbers:50,60
In min: a=50, b=60
min = 50
```

程序分析：

（1）从文件结构上看，程序包含 3 个文件，分别为 file1.c、file2.c 和 file3.h。file2.c 中定义了全局变量 a 和 b，file1.c 需要通过 extern int a, b;声明才能使用 a、b 变量。

（2）file1.c 中的 main( )函数调用了 file2.c 文件中的 Min( )函数，由于 main( )函数与 Min( )函数不在同一个源文件中，也需要用 extern int Min( );声明外部函数。

在多文件程序中需要注意：多个源文件组成的是一个程序，而不是多个程序。因此，此程序只能在一个源文件中定义 main( )函数，且只能有一个 main( )函数。在例 6-19 中，file1.c 中定义了 main( )函数，若在 file2.c 中又定义 main( )函数，则是错误的。

思考：若 file2.c 中也包含 main( )函数，程序会如何运行？

编译器会报错，提示存在多个 main( )函数。程序无法正常运行。

本 章 小 结

本章介绍了函数的定义、调用和参数传递，函数声明、函数的嵌套和递归调用，变量的作用域和存储类型等内容。通过本章的学习，读者能够合适地分解问题、抽取函数，并借助模块化程序设计方法实现复杂问题的高效解决。

习　题　6

一、选择题

1．以下正确的函数声明是_____。

   A．int min(int x,int y)　　　　　　　　B．int min(int x; int y)

   C．int min(int x,int y);　　　　　　　　D．int min(int x,y);

2．以下正确的函数定义形式是_____。

   A．double fun(int x,int y){ z=x+y; return z; }

   B．double fun(int x,y){ int z; return z; }

   C．fun(x,y){ int x,y; double z; z=x+y; return z; }

   D．double fun(int x,int y){double z;z=x+y;return z;}

3．以下说法正确的是_____。

   A．实参与其对应的形参各自占用独立的存储单元

   B．实参与其对应的形参占用同一个存储单元

   C．只有当实参与其对应的形参同名时才占用同一个存储单元

   D．形参是虚拟的，不占用存储单元

4．C 语言规定，简单变量作为实参时，它和对应形参之间的数据传递方式是_____。

A．地址传递 　　　　　　　　　　　B．单向值传递

C．由实参传给形参，再由形参传回实参 　　D．由用户指定传递方式

5．以下叙述中不正确的是_____。

A．在不同的函数中可以使用相同名字的变量

B．函数形参及函数内部定义的变量都是局部变量

C．在一个函数内定义的变量只在本函数范围内有效

D．在一个函数内的复合语句中定义的变量在本函数范围内有效

6．有以下函数定义：void fun(int n,double x)…。若以下选项中的变量都已正确定义并赋值，则正确调用函数 fun( )的语句是_____。

A．fun(int y, double m); 　　　　　　B．k = fun(20,12.5);

C．void fun(n,x); 　　　　　　　　　D．fun(x,n);

7．以下对 C 语言函数的有关描述中，不正确的是_____。

A．函数不允许嵌套定义，但允许嵌套调用

B．调用函数时，实参的值传送给形参，但是形参的值不能传送给实参

C．C 语言程序中有调用关系的所有函数必须放在同一个源程序文件中

D．函数有 0 个或 1 个返回值

8．C 语言中，凡未指定存储类别的局部变量默认的存储类别是_____。

A．自动（auto）　　B．静态（static）　　C．外部（extern）　　D．寄存器（register）

9．在一个源程序文件中定义的全局变量，其默认的有效范围是_____。

A．本源程序文件的全部范围

B．所有源程序文件

C．从定义变量的位置开始，到源程序文件结束

D．在整个 main( )函数内

10．若有函数定义：

```
int fun(int x,float y)
{
    int z;
    z=x+(int)y;
    return z;
}
```

下列选项中，不正确的函数调用语句是_____。

A．printf("%d",fun(10,2,3));

B．z=fun(10,2,3);

C．z=fun('A');

D．z=fun('A',2);

二、填空题

1．C 语言中唯一一个不能被别的函数调用的函数是_____。

2．在函数内部定义的，只在本函数内有效的变量叫_____，在函数以外定义的变量叫_____。

3．若一个函数没有返回值，那么该函数的类型是_____。

4．以下程序有语法性错误，将错误地方修改为正确的语句_____。

```
int main( )
{
    int G=5,k;
    void prt_char( );
```

```
...
k = prt_char(G);
...
return 0;
}
```

5. 已知函数 f( )的功能是计算 n 的阶乘。

```
long f(int n)
{
    long s=1,i;
    for(i = 1;i <= n; i++)
    {
        s = s * i;
    }
    return s;
}
```

主函数中已经正确定义 sum、a、b 变量并赋值，欲调用 f ( ) 函数计算：sum =$a!$ + $b!$ + $(b-a)!$。实现这一计算的函数调用语句为_____。

6. 有下列函数定义，当执行语句"k=f(f(1));"后，变量 k 的值为_____。

```
int f(int x)
{
    static int k=0;
    k=k+x;

    return k;
}
```

三、程序设计题

1. 设计函数，实现求两个整数 m 和 n 中较大的值，在主函数中调用该函数并输出最大值。

2. 分别采用穷举法和递归法两种方法，设计函数实现求两个正整数 m 和 n 的最大公约数和最小公倍数，在主函数中调用函数并输出最大公约数和最小公倍数。

3. 定义一个函数 leap 用来判定一个年份是否是闰年，若是闰年，返回 1，否则返回 0。同时编程实现输出 2000—3000 年之间所有的闰年。

4. 设计函数 fact( ) 用来计算阶乘，在主函数中调用该函数，实现求 m 个元素中取 n 个的组合数，计算公式为 $C(m,n)=m!/[n!(m-n)!]$。

5. 设计数学函数 ExpTaylor( )，利用泰勒展开公式计算 e 的近似值，直到最后一项小于 10^{-6}。

$$e^x = 1 + x + \frac{x^2}{2!} + \frac{x^3}{3!} + \frac{x^4}{4!} + \cdots$$

6. 综合程序设计：编写一个计算器程序，可根据需要重复实现加减乘除运算，直至用户选择停止。

第7章 数 组

本章思维导图

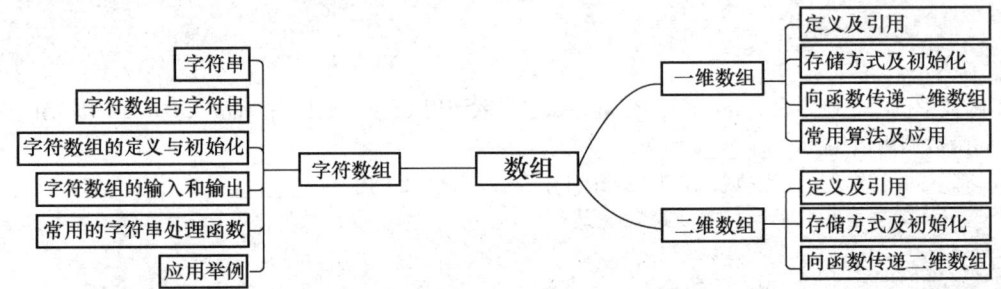

在现实生活中，经常需要存储和处理数据规模较大且数据间有内在联系的数据，如学生的高考成绩、银行的客户信息等，此时使用基本类型标识变量已显得力不从心。C 语言提供了数组和结构体两种构造数据类型来表示这类复杂的数据对象。其中数组用于存储具有相同数据类型的数据集合，而结构体用于描述具有多种属性的复杂对象。本章主要介绍构造数据类型中的数组。

7.1 数组引入

7.1.1 问题的提出

【例 7-1】 求某班 30 个学生某门课程考试成绩的平均分，并输出所有高于平均分的学生成绩。

算法分析：

（1）使用一个 30 次的单层循环，在每次循环中输入成绩并累加成绩。循环结束后，得到 30 个成绩的总和，进而求出平均分。

（2）再次使用一个 30 次的单层循环，输入学生成绩，将每次输入的成绩与平均分比较，输出高于平均分的学生成绩。

```
/* exp7-1 */
#include <stdio.h>
#define N 30
int main( )
{
    int i;
    double score, sum=0.0, ave;
    for(i = 0; i < N; i++)                // 循环30次
    {
```

```
        scanf("%lf", &score);            // 输入成绩
        sum = sum + score;
    }
    ave = sum / N;
    printf("ave=%.2f\n", ave);
    printf("高于平均分的学生成绩如下: \n");
    for(i = 1; i <= N; i++)               // 再次循环 30 次
    {
        scanf("%f", &score);              // 再次输入成绩
        if(score >= ave)
            printf("高于平均分的学生: %.2f\n",score);    // 输出高于平均分的成绩
    }
    return 0;
}
```

程序分析：在该程序中，成绩仅用一个变量 score 存储，第一个 for 语句执行结束后，score 中仅保留了最后一个学生的成绩，前 29 个学生成绩均被覆盖。当需要找出高于平均分的学生成绩时，由于之前的成绩没有保存下来，故需要再次输入学生成绩与平均分进行比较。

本例题中，试想若学生数量增加到 1000 名，再次输入所有成绩将变得极其烦琐且容易出错。当然，有人认为可以通过定义多个变量（如 score1,score2,score3,…,score30）来存储每个学生的成绩，但这种方法在数据量较多时变得不切实际。而且这些变量之间缺乏内在联系，无法反映出数据的共同属性（如它们都属于同一班级的同一门课程的成绩）。此外，这些变量在内存中的存储位置是随机的，程序难以进行有效的组织和管理。

为解决上述问题，程序采用 C 语言提供的构造数据类型——数组。数组可定义多个相同数据类型的变量，并将它们有机地组织在一起，如此可高效地存储和处理具有相同属性的数据。

7.1.2　数组的基本概念

数组是将相同类型且具有内在联系的数据，有序组织在一起的数据结构。例如，上例中一个班级所有学生的成绩，它们具有相同的数据类型（如整数或浮点数），并且彼此之间存在关联（都属于该班级学生同一门课程的成绩），可以使用数组来存储。

在 C 语言中，数组通过数组名和下标（或索引）来表示。例如，存储 30 个学生的成绩，声明数组时用 score[30]表示（这里的 30 是数组长度，代表能存储 30 个元素），score 是数组名，访问元素所使用的下标用方括号中加数字表示，下标用于区分数组中不同学生的成绩。

数组具有如下特性：

（1）有序性：数组中的数据按固定顺序排列，每个元素的位置通过下标（Subscript）唯一标识。注意：C 语言中数组下标从 0 开始，即下标范围为 0 至数组长度−1。

（2）同一数据类型：数组中所有元素必须属于相同数据类型。例如，存储学生成绩的数组（数据类型为整数或浮点数），不能同时存储学生性别（性别通常用字符或字符串表示）。

（3）统一标识符：数组中的所有元素共享同一个名称——数组名，通过数组名和下标可以访问任意元素。例如，数组 score 中，score[5]表示访问第 6 个元素（因下标从 0 开始）。

只有一个下标的数组称为一维数组，数据集合呈线性形式排列，适合存储单一维度的数据集。如存储一个班级 30 名学生的成绩，可以使用一维数组 score[30]：score[0]表示第 1 名

学生的成绩，score[1]表示第 2 名学生的成绩，……，score[29]表示第 30 名学生的成绩。数组中的每个值被称为数组元素，通过数组名及下标来表示其在数组中的位置。例如：

score[0]	score[1]	score[2]	...	score[28]	score[29]

有两个下标的数组称为二维数组，数据集合呈表格状排列，适合存储矩阵或表格形式的数据。例如，存储一个班级 3 名学生的 3 门课程成绩，可以使用二维数组 a[3][3]。其排列如下：

学生	成绩 1（列 1）	成绩 2（列 2）	成绩 3（列 3）
第 1 名学生（行 1）	a[0][0]	a[0][1]	a[0][2]
第 2 名学生（行 2）	a[1][0]	a[1][1]	a[1][2]
第 3 名学生（行 3）	a[2][0]	a[2][1]	a[2][2]

每一个元素用两个方向的下标表示，第一个下标表示行位置，第二个下标表示列位置。

数组并非 C 语言中的"新数据类型"，而是相同类型元素的集合。它在处理大量的同类型数据时，为程序员提供了很大便利。通过与循环结合，可以依序访问所有元素，从而实现对数据的批量处理（如批量计算、排序等）。

7.1.3 数组的分类

按照数组中元素的数据类型，数组可分为数值数组、字符数组、指针数组、结构体数组等；按照数组中下标的个数可将数组分为一维数组、多维数组。

7.2 一维数组

7.2.1 一维数组的定义

一维数组是指只有一个下标的数组，其数据元素呈线性排列，通过唯一的下标即可访问每个元素。

1. 一维数组定义的一般形式

```
数据类型  数组名[常量表达式或变量];
```

2. 说明

（1）数据类型：决定了数组中每个元素的类型。

（2）数组名：遵循 C 语言标识符的命名规则。

（3）方括号中的表达式：

① 传统数组：需为整型常量表达式（如字面量、宏定义、常量运算结果），数组大小在编译时确定。例如：

```
int number[10];    //定义一维整型数组 number，包含 10 个元素：number[0]~number[9]
```

② 变长数组（VLA）：允许使用变量（C99 及之后的标准支持变长数组），数组大小在运行时确定。例如：

```
int n = 8;
double arr4[n];          // 长度由变量 n 在运行时确定
```

3．注意事项

① 数组中每个数组元素的作用相当于一个独立的变量，可以单独赋值和访问。

② 数组中的数据在内存中占用连续的存储空间，位置由下标唯一标识。

③ 数组元素的下标从 0 开始，最大下标为数组长度减 1。例如，对于长度为 10 的数组，下标范围是 0 到 9。

④ 数组长度必须是一个正整数。

⑤ 数组定义后，其内存位置和长度不可动态修改（除非使用 malloc 等动态内存分配函数）。例如：

```
#define SIZE 10          // 数组长度定义为宏常量
int arr1[SIZE];          // 定义长度为 10 的数组
int arr2[SIZE * 5];      // 定义长度为 50 的数组
int arr3[2 * 6];         // 定义长度为 12 的数组
```

7.2.2　一维数组的引用

定义数组之后，数组元素就能够被引用了。需要注意的是不能整体引用，而只能逐个引用数组元素。因此，数组下标对于数组的操作来说特别重要。利用数组下标的变化，就可以方便地实现对数组元素的引用。

1．一维数组中数组元素的引用

数组名[下标值]

数组元素与普通变量使用方法完全相同。引用一个数组元素时，需要使用数组名和下标。例如：

```
int a[10], m = 4, n = 2;    // a 数组中共有 10 个元素
a[0] = 3;                   // a[0]是数组的第 1 个元素，值为 3
a[1] = 8;
a[n] = a[0] + a[1];         // a[2] = 3 + 8= 11
a[2*m+1] = a[0]- a[1];      // a[9] = 3 - 8 = -5
```

通过上述代码，可以计算出：a[2] = 11，a[9] = −5，如图 7-1 所示。

2．说明

（1）数组元素的下标可以是整型常量、整型变量或整型表达式，必须是整型。

（2）C 语言不会对下标越界进行检查。例如，对于 int a[10];，虽然数组的有效下标范围是 0 到 9，但 a[10]或 a[−1]等越界访问在语法上不会报错。然而，这种访问可能会破坏程序中其他数据，导致不可预知的结果，甚至程序崩溃。因此，使用下标时，必须确保下标在合法范围内，避免越界访问。

数组元素	元素值
a[0]	3
a[1]	8
a[2]	11
a[3]	
a[4]	
a[5]	
a[6]	
a[7]	
a[8]	
a[9]	−5

图 7-1　一维数组元素值

（3）数组元素赋值。两个数组元素可以互相赋值，但两个数组不能直接整体赋值。例如：
```
int a[4] = {1, 2, 3, 4},b[4];
b = a;              // 错误
```
若要将数组 a 的值复制到数组 b，可以通过循环逐个赋值：

```
int a[4] = {1, 2, 3, 4},b[4],i;
for(i = 0; i < 4; i++)
    b[i] = a[i];             // 元素赋值
```

C 语言中除字符数组可整体赋值外，其他类型的数组（如整型、浮点型等）均不能整体赋值。

7.2.3 一维数组的存储

数组和变量一样，只要一经定义，编译系统就会在内存中为其分配存储单元，以便存放数据。例如，若定义如下数组：

```
int a[10];
```

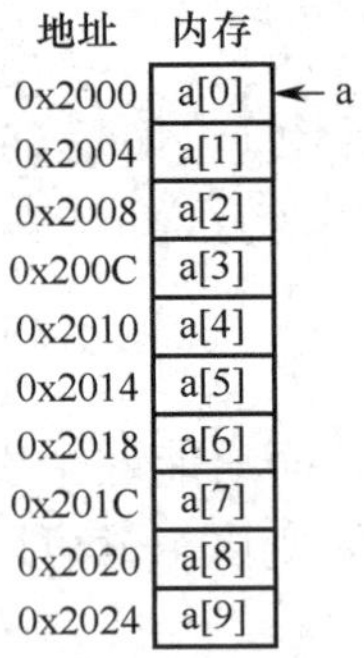

图 7-2 存储单元

则编译系统会为整型数组 a 开辟 10 个连续的存储单元，用于存放数组中的 10 个元素，每个整型元素占用 4 字节（可通过 sizeof(int)获得整型数据所占用的字节数），因此，系统会为数组 a 分配 4×10=40 字节的内存空间。如图 7-2 所示。

在 C 语言中，数组名是一个地址常量，它记录了数组在内存空间的起始地址，其值不能被修改。对于已有定义 int a[10];，a 表示数组的起始地址，即&a[0]。

由于数组在内存空间是连续存放的，且其元素的数据类型相同，每个元素占用相同的字节数，因此可以通过数组的起始地址和数组元素的序号来确定每个数组元素在内存空间中的物理位置。例如，&a[i]可等价地表示为 a+i，因为 a+i 表示数组第 i+1 个元素的地址。利用这个特性，输入每个数组元素的值还可以这样写：

```
int a[10],i;
for(i = 0; i < 10; i++)
    scanf("%d", a+i);    //a + i 表示的是数组第 i+1 个元素的地址
```

【例 7-2】 求某班 30 个学生某门课程考试成绩的平均分，并输出所有高于平均分的学生成绩。要求用数组实现。

```
/* exp7-2 */
#include <stdio.h>
#define N 30
int main( )
{
  int i;
  double score[N],sum=0.0,ave;      // 定义 score[N]数组
  for (i=0;i<N;i++)
  {  scanf("%lf",&score[i]);        // 输入成绩，存入数组中
     sum += score[i];               // 对数组元素求和
  }
  ave = sum/N;                      //求平均分
  printf("ave=%.2f\n",ave);
  printf("高于平均分的学生成绩如下：\n");
  for(i=0;i<N;i++)
  {
    if(score[i] >= ave)
       printf("高于平均分的学生：%.2f\n",score[i]);  // 输出高于平均分的成绩
  }
  return 0;
}
```

程序分析：通过定义一维数组 score，存放 30 个学生的成绩，在输入过程中对数组元素求和，最终计算出平均值。由于成绩已保存在数组中，因此可以通过数组的下标逐一访问并与平均分比较，无须重复输入，大大提高了程序的运行效率。

7.2.4　一维数组的初始化

未指定存储类型的数组默认为 auto 型数组，与普通变量一样，分配给数组在内存空间里的数据是不确定的。C 语言允许在定义数组时，为数组中的元素初始化，即在定义数组时就为数组元素赋值。

1．一维数组定义的一般形式

```
数据类型　数组名[常量表达式] ={初值表};
```

2．说明

（1）初值表中若有多个数据，数据之间必须以逗号分隔。例如：

```
int a[6] = {1, 2, 3, 4, 5, 6};
```

初始化后各元素的值为 a[0]=1，a[1]=2，…，a[5]=6。

（2）初值表中的数据若相同，也必须逐个罗列，不得省略。例如：

```
int a[4] = {3, 3, 3, 3};
```

定义整型数组 a，初始化后各元素的值均为 3。

（3）若省略[ ]中的常量表达式，系统按初值表中的数据个数自动确定数组的长度。例如：

```
int a[ ] = {1, 2, 3};    // 等价int a[3] = {1, 2, 3}
```

（4）当数组长度大于初值表中的数据数量时，系统会将初值表中的数据依次赋给数组中的元素，未赋值的数组元素将自动初始化为 0。例如：

```
int a[5] = {1, 2, 3};   // 初值表中有 3 个数据，数组长度为 5
```

等价于：

```
int a[5] = {1, 2, 3, 0, 0};
```

由此，若要将数组中全部元素初始化为 0，则可以用下面的语句定义：

```
int a[5] = { 0 };
```

初值表中的数据个数不能超过数组的长度。例如：

```
int a[5] = { 1,2,3,4,5,6,7 };   // 错误
```

（5）不能直接给数组名赋值，因为数组名代表一个地址常量。例如：

```
int a[5];
a = {3, 4, 5,6};    // 错误，数组名是一个地址常量，不能直接赋值
```

（6）初始化仅在数组定义时完成，否则是错误的。例如：

```
int a[5];
a[5] = {3, 4, 5, 6};// 错误
```

【例 7-3】　一维数组的输入和输出。输入 10 个数组元素并按逆序输出。

算法分析：

（1）定义一个一维整型数组，长度为 10。

（2）利用单层循环输入 10 个整数，并将其逐一赋给数组的各个元素。

（3）利用单层循环从后向前输出数组中每个元素的值。

```
/* exp7-3 */
```

```
#include <stdio.h>
int main( )
{
    int i, a[10];
    printf("输入 10 个数: ");
    for(i = 0; i < 10; i++)
    {
        scanf("%d", &a[i]);    // 利用循环输入 10 个整数，赋给各个数组元素
    }
    printf("输出 10 个数: ");
    for(i = 9; i >= 0; i--)           // 利用循环逆序输出数组元素的值
    {
        printf("%d", a[i]);
        if (i > 0)
        {
            printf(", ");   // 在元素之间添加逗号，最后一个元素后不加逗号
        }
    }
    printf("\n");
    return 0;
}
```

程序运行结果：

```
输入10个数: 1 2 3 4 5 6 7 8 9 10
输出10个数: 10, 9, 8, 7, 6, 5, 4, 3, 2, 1
```

若 10 个数据已知，也可以用数组初始化的方法给数组元素赋值。例如：

```
int i, a[10] = {89, 92, 65, 75, 73, 68, 91, 90, 88, 70};
```

7.2.5 一维数组的应用举例

【例 7-4】 用数组求 Fibonacci 数列前 20 项的值。

算法分析：应用数组定义一个一维整型数组 f[20]，先将前两项初始化为 1。其他项通过迭代公式 f[i] = f[i−1] + f[i−2] 生成，这样，数列的每项值都存储到了数组对应的元素中。

```
/* exp7-4 */
#include <stdio.h>
int main( )
{
    int i;
    int f[20] = {1, 1};           // 定义数组 f 存放数列项值，前 2 个元素赋值为 1
    for (i = 2; i < 20; i++)
    {
        f[i] = f[i-1] + f[i-2];        // 计算后 18 个项值并放入数组 f 中
    }
    for (i = 0; i < 20; i++)
    {
        if(i % 5 == 0)   printf("\n");      // 输出数列的各个项值，每行 5 个数
        printf("%-8d", f[i]);
    }
    printf("\n");
    return 0;
}
```

程序运行结果：

```
1       1       2       3       5
8       13      21      34      55
89      144     233     377     610
987     1597    2584    4181    6765
```

从程序中可以看出，用数组的方法求 Fibonacci 数列的项值，程序清晰、简练且高效。

【例 7-5】 从键盘输入 10 个整数，放入数组中，找出最大数、最小数及其对应的下标值。

算法分析：

（1）定义数组 a[10]，利用循环从键盘输入 10 个整数，并将其存储到数组 a 中。定义变量 max 和 min，用 max 和 min 变量分别存放这组数中的最大值和最小值。

（2）将第 1 个数值 a[0]赋给 max 和 min，然后用 max 和 min 与其他数组元素的值进行比较，若 a[i]>=max，则将 a[i]的值赋给 max，并将下标 i 的值赋给 m；若 a[i]<=min，则将 a[i]的值赋给 min，并将下标 i 的值赋给 n；比较结束后，max 的值即为最大值，m 即为最大值的下标，min 的值即为最小值，n 即为最小值的下标。

```c
/* exp7-5 */
#include <stdio.h>
int main( )
{
    int i, a[10];
    int max, min, m ,n;
    printf("请输入 10 个整数: ");
    for(i = 0; i < 10; i++)
    {
        scanf("%d", &a[i]);          // 从键盘输入 10 个数据
    }
    max = a[0];                      // 第一个数赋给 max
    min = a[0];                      // 第一个数赋给 min
    m = 0;                           // 初始化最大值的下标
    n = 0;                           // 初始化最小值的下标
    for(i = 1; i < 10; i++)
    {
        if(max <= a[i])
        {
            max = a[i];
            m = i;                   // 记下最大数的下标
        }
        if(min >= a[i])
        {
            min = a[i];
            n = i;                   // 记下最小数的下标
        }
    }
    printf("最大数为 a[%d]=%d, 最小数为 a[%d]=%d\n", m, max, n, min);
    return 0;
}
```

程序运行结果：

```
请输入10个整数: 10 40 60 90 80 70 50 20 35 45
最大数为a[3]=90, 最小数为a[0]=10
```

程序分析：将数组的第 1 个元素 a[0]赋值给 max 和 min，并初始化最大值下标 m 和最小值下标 n 均为 0。从数组的第 2 个元素开始，逐个比较每个元素与当前的 max 和 min：

若当前元素大于 max，则更新 max 和最大值的下标 m。

若当前元素小于 min，则更新 min 和最小值的下标 n。

最后，输出最大值及其下标，最小值及其下标。

思考：max 的值能否设置为 0，即将 max=a[0]改为 max=0？

不能。若将 max 初始化为 0，当数组中所有值都为负数时，max 将无法正确更新为数组中的最大值。因此，必须将 max 初始化为数组的第 1 个元素 a[0]，以确保算法的正确性。

7.3 向函数传递一维数组

数组作为函数参数有两种形式：一种是将数组元素作为函数参数；另一种是将数组作为函数参数。

1. 数组元素作为函数参数

普通变量作为函数实参时，数据传递是单向的值传递，在函数中修改形参变量的值不会影响实参变量。

数组元素作为函数实参的使用方式与普通变量完全相同。在发生函数调用时，数组元素的值作为实参传递给形参变量，也是单向值传递，在函数中修改形参变量的值不会影响实参的数组元素。

【例 7-6】 用数组元素作为函数参数，实现数组元素的交换。

```
/* exp7-6 */
#include <stdio.h>
/* 函数参数为变量，实现交换操作 */
void swap(int x, int y)
{
  int temp;
  temp = x;
  x = y;                          // 交换两个形参的值
  y = temp;
}
int main( )
{
  int a[2]={10,20};
  printf("%d\t%d\n",a[0],a[1]);   // 输出交换前的值
  swap(a[0],a[1]);                // 数组元素作为函数实参
  printf("%d\t%d\n",a[0],a[1]);   // 输出交换后的值
  return 0;
}
```

程序运行结果：

程序分析：程序结果显示，数组元素的值并未发生变化，由此可见，当数组元素作为函数实参时，数组元素的值传递给形参变量，在函数中修改形参变量的值，不会影响实参的数组元素。这是因为数组元素作为函数实参时，传的是值的副本，而不是数组元素本身的地址。

思考：如何实现数组元素的交换？

要实现数组元素的交换，需要传递数组元素的地址（即指针）。

2. 数组作为函数参数

在实际应用中，常需要用函数对整个数组进行处理，并且希望函数能够对实参数组进行修改。

　　C 语言允许数组作为函数形参，数组名作为实参。数组名本质上代表数组首元素的内存地址，因此，在函数调用时，形参数组实际上接收的是实参数组的地址，即实参通过传递数组首元素的地址给形参来实现数组内容的共享与修改。

　　【例 7-7】　用数组作为函数参数，对数组元素进行交换。

```c
/* exp7-7 */
#include <stdio.h>
void swap(int arr[2])                    // 数组作为函数形参，接收实参的首元素地址
{
    int temp;
    temp = arr[0];
    arr[0] = arr[1];                     // 交换两个形参的值
    arr[1]=temp;
}
int main( )
{
    int a[2]={10,20};
    printf("%d\t%d\n",a[0],a[1]);        // 输出交换前的值
    swap( a );                           // 数组名作为函数实参，传递数组的首地址
    printf("%d\t%d\n",a[0],a[1]);        // 输出交换后的值
    return 0;
}
```

　　程序运行结果：

```
10      20
20      10
```

　　程序分析：以数组为函数形参，数组名为实参，传递的是数组的首地址，这种地址传递方式能改变主调函数中数组的内容及排列顺序。

　　注意：

　　（1）用数组名作为函数实参时，在主调函数和被调函数中应分别定义数组。例如，在被调函数中定义形参数组 int arr[2]，在 main( )中定义实参数组 int a[2]，不能只在一方定义。

　　（2）实参数组与形参数组类型必须一致（本例题中都为 int 型），如类型不一致，程序将出错。

　　（3）形参数组与实参数组大小可以一致，也可以不一致。C 编译器对形参数组的大小不做检查，只是将实参数组的首地址传递给形参数组。因此，形参数组的大小可以省略，例如：

```c
void swap(int arr[])
{
    int temp;
    temp = arr[0];
    arr[0] = arr[1];
    arr[1] = temp;
}
```

　　这样，函数可以接收任意大小的数组，并对前两个元素进行操作。

　　比较上述两个案例，例 7-6 用数组元素作为实参，对数组元素的处理是按普通变量对待的，只要求数组元素的类型和函数形参变量的类型一致，在函数内部对形参的修改不会影响实参组的值，因为传递的是值的副本。例 7-7 用数组名作为函数参数，传递的是数组的首地址，这意味着函数内部对形参数组的修改会直接影响实参数组，这种传递方式称为"地址传递"。

　　产生上述现象的原因是：数组是具有相同数据类型的数据的集合，若直接复制整个数组

到函数内部进行处理，不仅会耗费 CPU 宝贵的时间，同时将占用不小的内存空间。因此，C 语言中用数组名作为函数实参，并非将整个数组复制到形参数组，而是将实参数组的首地址传递给形参，这样形参数组和实参数组实际上指向同一块内存区域。在例 7-7 中，如图 7-3 所示，数组 a 的起始地址传递给 arr 数组，形参数组的首元素 arr[0] 和实参数组的首元素 a[0] 占用同一个内存单元，意味着 arr[0] 和 a[0] 的值也是相同的，因此，函数中对形参数组的访问和修改都会直接反映到实参数组上，这种传递方式极大地提高了程序的效率。

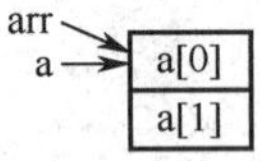

图 7-3　数组参数传递

说明：在使用数组作为函数参数时，需掌握函数参数的 3 个问题：形参格式、实参格式、参数传递的实质。

（1）使用数组作为函数形参时，定义函数的首部格式：

```
函数类型　函数名(数据类型 数组名[],int n)
```

或者：

```
函数类型　函数名(数据类型 数组名[])
```

第 1 种格式中第 1 个形参为数组名[]，表示可以接收同类型的数组名作为实参；第二个形参为一个整型变量 n，用来接收需要处理的实参数组的元素个数。这种格式更通用，适用于处理不同大小的数组。

第 2 种格式中，函数体默认实参数组与形参数组大小相同。这种方式更简洁，但灵活性较低。

（2）使用数组名作为实参时，调用函数的格式：

```
函数名(实参数组名,实际元素个数)
```

或者：

```
函数名(实参数组名)
```

这两种格式分别对应函数定义中的两种格式。

（3）使用数组作为参数时，传递的是地址。实参用数组名，形参用数组。将实参中数组的首地址传递给形参数组，形参数组中对数组元素的修改会直接影响实参数组。

【例 7-8】 数组名作函数参数。

```
/* exp7-8 */
#include<stdio.h>
#define M 10
/* 函数 fun, 接收数组名作为参数, 对数组元素进行修改 */
void fun(int arr[],int n)
{
    int i;
    for(i=0;i<n;i++)
        arr[i] = i + 1 ; //将数组元素设置为从 1 开始的连续整数
}
int main( )
{
    int a[M]={0},b[M]={0},i; //定义两个数组 a 和 b, 都初始化为 0
    fun(a,M);                      //数组名 a 作为函数参数, 向形参传递 M 个数组元素
    fun(b,M-5);                    //数组名 b 作为函数参数, 向形参传递 M-5 个数组元素
    for (i=0;i<M;i++){
        printf("%d ",a[i]);        //输出数组 a 中的 10 个元素
        if(i < M - 1) {
            printf(", ");
```

```
        }
    }
    printf("\n");
    for(i=0;i<M;i++){
    printf("%d ",b[i]);    /*输出数组 b 中的 10 个元素*/
        if(i < M - 1) {
            printf(", ");
        }
    }
    return 0;
}
```

程序运行结果：

```
1, 2, 3, 4, 5, 6, 7, 8, 9, 10
1, 2, 3, 4, 5, 0, 0, 0, 0, 0
```

程序分析：main( )函数中定义两个数组 a 和 b，并都初始化为 0，第一次调用 fun( )，函数接收数组 a 的全部 M 个元素，并对数组的前 M 个元素进行了修改，将这些元素依次设置为 1 到 M。第二次调用 fun( )，函数仅接收了数组 b 的前 M-5 个元素，并对 b 数组的前 M-5 个元素进行了修改，即元素依次设置为 1 到 M-5，后面 5 个元素保持不变，仍为 0。

7.4　一维数组的常用算法及其应用

数组作为一种线性存储结构，广泛应用于各种软件中。本节通过一些具体案例介绍基于一维数组的常用算法及其在问题求解中的应用。

在实际应用系统中，最常用的算法包括数据排序、数据查找、数据插入、数据删除等。本节将以整型数组为例，主要介绍排序算法及查找算法。

【例 7-9】　对 n 个整数从小到大进行排序，并输出。

由于对多个数进行排序，因此用数组来保存和管理参与排序的多个数据。排序是数据处理中的一个重要算法，它将一个数组中无序的数按某一关键字排列成有序的序列，如按成绩的高低对学生成绩排序、按字母顺序对英语字典排序、按姓氏笔画对电话号码本排序等。

排序有很多种方法，下面介绍两种常见的排序方法。

（1）冒泡排序。

冒泡排序的基本思想：每次将相邻的两个数进行比较，将较小的数调到前面，将较大的数下沉。

用冒泡法对 5 个数（比如 9、6、5、8、-1）进行由小到大的排序，排序过程如图 7-4 所示。

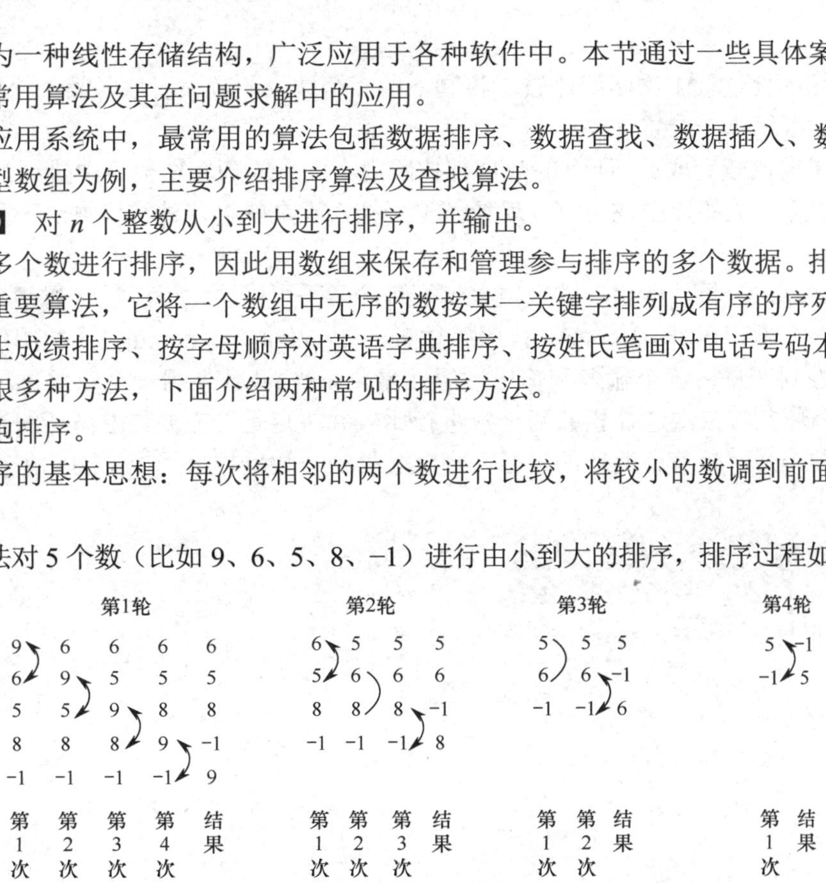

图 7-4　冒泡排序

对 5 个数排序，需要进行 5-1=4 轮的比较：

第 1 轮（5 个数）要进行 4 次两两比较，将最大数 9 "沉底"。

第 2 轮（4 个数）要进行 3 次两两比较，将最大数 8 "沉底"。

第 3 轮（3 个数）要进行 2 次两两比较，将最大数 6 "沉底"。

第 4 轮（2 个数）要进行 1 次两两比较，将最大数 5 "沉底"。

从上面的比较可看出，冒泡排序是从前向后依次比较相邻两个元素。如比较 a[0]和 a[1]，若 a[0]>a[1]，则交换 a[0]和 a[1]，使大值后移，否则不交换；接着比较 a[1]和 a[2]，若 a[1]>a[2]，则交换 a[1]和 a[2]，使大值后移，否则不交换；以此类推，直到 a[3]和 a[4]比较完成。经过 4 次比较后，将所有数据中的最大数推到了最后，这称为一轮排序；以此类推，对余下的数据进行比较，一共进行 4 轮排序，完成 5 个数据的升序排列。

综上，若对 n 个数排序，就需要进行 n-1 轮比较：

第 1 轮，进行 n-1 次两两比较，找出最大者放在数组的最后一个位置（a[n-1]）。

第 2 轮，进行 n-2 次两两比较，将前 n-1 个数中的最大者放入数组的倒数第 2 个位置（a[n-2]）。

……

第 i 轮，进行 n-i 次两两比较，将前 n-i+1 个数中的最大者放入数组的倒数第 i 个位置（a[n-i]）。

……

第 n-1 轮，要进行 1 次两两比较，将剩下的 2 个数中的较大者放入第 2 个位置（a[1]），将最小的数放入第 1 个位置（a[0]）。

当第 n-1 轮比较完成后，所有的数据都按照由小到大的顺序在数组中排列。排序过程中，小的数据往上浮，大的数据往下沉，就像气泡一样，于是就将这种排序算法形象地称为冒泡排序。

根据上述算法分析，使用一维数组来编写程序。采用模块化程序设计思想，分别设计输入函数 input( )、输出函数 output( )、排序函数 sort( )。input( )和 output( )函数用下标作为单层循环的循环控制变量，逐个输入和输出数组元素。sort( )函数使用一个双层循环，外循环负责轮数，内循环负责依次选择相邻两个数进行比较并决定是否交换。内循环的次数取决于剩余数组元素的个数。随着外循环的进行，剩余数据的个数也越来越少，因此内循环的次数也越来越少。

```c
/* exp7-9-1 方法 1 */
#include <stdio.h>
#define N 5
void input(int a[],int n)
{
    int i;
    printf("请输入%d 个整数: ", n);
    for(i = 0; i < n; i++)
    {
        scanf("%d", &a[i]);                    // 输入排序前的数组元素
    }
}
 void output(int a[],int n)
{
```

```
    int i;
    printf("排序后的数组：");
    for(i = 0; i < n; i++)
    {
        printf("%d ", a[i]);                // 输出排序后的数组元素
    }
}
void sort(int a[],int n)
{
    int i,j,t;
    for(i = 0; i < n-1; i++)                // n 个数，共需 n-1 轮比较
    {
        for(j = 0; j < n-1-i; j++)          // 第 i 轮共需 n-1-i 次比较
        {
            if(a[j] > a[j+1])               // 若前一个元素比后一个元素大，对调两个元素
            {
                t = a[j];
                a[j] = a[j+1];              // 数组元素交换
                a[j+1] = t;
            }
        }
    }
}


int main( )
{
    int i, j, a[N], t;
    input(a,N);                             // 调用输入函数
    sort(a,N);                              // 调用排序函数
    output(a,N);                            // 调用输出函数
    return 0;
}
```

程序运行结果：

```
请输入5个整数：9 6 5 8 -1
排序后的数组：-1 5 6 8 9
```

在编写基于一维数组的算法程序时，当没有给定数组初值时，都要用到数组的输入和输出函数，而这些输入和输出函数的代码对于同类型数组是可以复用的。为了提高程序的编写效率，减少输入测试数据花费的时间，可将输入和输出函数存放在一个专门的头文件中，供程序调用。如将本例题中的 void input(int a[],int n)和 void output(int a[],int n)两个函数保存在 Array.h 头文件中。在调用函数前要用双引号将头文件括起来引用到程序中，即#include "Array.h"。

注意：头文件要与源程序存放于同一路径或同一个项目下，下面的排序方法将基于该头文件设计。

（2）选择排序。

选择排序的基本思想是在给定的数中查找最小数（或最大数），将找到的最小数（或最大数）与最前面的第一个数交换位置，再在余下的数中继续查找最小数（或最大数），再将此数与余下数中的第一个数交换位置。以此类推，一轮一轮地查找最小数（或最大数），并与未排好序的子序中的第一个数交换位置。因为每轮都是选择一个最小数（或最大数），所以称为选择排序。

若要对 n 个数按由小到大的升序排列，就需要进行 $n-1$ 轮的比较。

第 1 轮需要比较 $n-1$ 次，a[0]元素依次与后面的 $n-1$ 个元素进行比较，每次比较出最小数与 a[0]交换，使数组中的最小数放在数组的最前面。

第 2 轮需要比较 $n-2$ 次，a[1]元素依次与后面的 $n-2$ 个元素进行比较，每次比较出最小数与 a[1]交换，使数组中的最小数放在数组的第 2 个位置。

……

以此类推，第 $n-1$ 轮仅需要进行 1 次比较，即将剩下的 2 个数进行比较，小的数与 a[$n-2$]交换，使数组中的最小数放在倒数第 2 个位置。

当第 $n-1$ 轮比较进行完后，所有的数据在数组中都已按照升序排列。

算法分析：假设一维数组有 10 个元素，首先找出 10 个数中的最小数，与 a[0]中的数交换位置；再在剩下的 9 个数中找出最小数，与 a[1]中的数交换位置；然后在剩下的 8 个数中找出最小数，与 a[2]中的数交换位置；以此类推，当还剩 2 个数时，选出 2 个数的最小者放在 a[8]中，另一个数就在最后一个位置 a[9]中，完成排序。这样对 10 个数排序，一共需要进行 9 轮的比较选择。

根据算法分析，使用一个双层循环，外循环负责控制轮数，10 个数据需要 9 轮，外循环 $i=0$ 到 8，共 9 次循环；内循环负责在数据中选择一个最小数，内循环的次数取决于剩余数组元素的个数，$j=i+1$ 到 9，找到的最小数总是放到未排好序的子序列的最前面，所以 j 的初值总是从 $i+1$ 开始。程序代码如下：

```c
/* exp7-9-2 方法2 */
#include <stdio.h>
#include "Array.h"              // 输入和输出函数已存储在 Array.h 头文件中
#define N 10

void sort(int a[],int n);

int main( )
{
    int i, j, a[N], t;
    input(a,N);
    sort(a,N);
    output(a,N);
    return 0;
}
void sort(int a[],int n)
{
  int i,j,t;
  for(i = 0; i < n-1; i++)        // 外循环控制比较轮数
    {
        for(j = i+1; j < n; j++)    // 内循环控制每轮比较的次数
        {
            if(a[i] > a[j])          // 若序列中的其他元素比第一个元素小就交换
            {
                t = a[i];
                a[i] = a[j];
                a[j] = t;
            }                        // 数组元素交换
```

```
            }
        }
    }
```

程序运行结果：

```
请输入10个整数：-12 0 6 16 23 56 80 100 110 115
排序后的数组：-12 0 6 16 23 56 80 100 110 115
```

选择排序的第 2 种方法可以减少数组元素交换的次数，提高程序运行的时间效率。外循环仍负责控制轮数。在每一轮中，设一变量 k 充当"记录员"，用于记录每轮最小值所处的位置。初始时，先假定 a[0]为最小值，即 k = 0，在比较过程中，只要遇到比 a[k]小的数，就更新 k 的值，一轮比较结束后，k 值即为该轮最小值所处的位置；然后将 a[0]和 a[k]进行交换，即可实现将第一轮的最小值放在 a[0]位置。程序代码如下：

```c
/* exp7-9-3 方法3 */
#include <stdio.h>
#include "Array.h"          // 输入和输出函数已存储在 Array.h 头文件中
#define N 10
void sort(int a[],int n);
int main( )
{
    int i, j, a[N], t;
    input(a,N);
    sort(a,N);
    output(a,N);
    return 0;
}
void sort(int a[],int n)
{
    int i,j,t,k;
    for(i = 0; i < n-1; i++)               // 外循环控制比较轮数
    {
        k = i;                             // 设最小数的位置
        for(j = i + 1; j < n; j++)         // 内循环控制每轮比较的次数
        {
            if(a[k] > a[j])
                k = j;                     // 记下子序列中最小数的下标
        }
        if(k != i)                         // 若最小数是从后面子序列找到的
        {
            t = a[i];
            a[i] = a[k];
            a[k] = t;                      // 每轮循环数组元素仅交换一次
        }
    }
}
```

此方法与方法 2 的运行结果是相同的。

思考：为减少输入测试数据时花费的时间，提高编程效率，也可以利用随机函数生成任意多个数组元素，该如何设计输入函数？

提示：在上述的 Array.h 中，修改 input( )函数，使其支持随机数生成。可将 input( )函数修改为：

```c
#include <stdio.h>
#include <stdlib.h>
```

```
#include <time.h>

// 输入数组元素（支持随机数生成）
void input(int a[], int n) {
    int i;
    printf("请输入数组元素（直接回车使用随机数）：\n");
    for (i = 0; i < n; i++) {
        if (scanf("%d", &a[i]) != 1) {      // 若用户未输入数据，则使用随机数
            if (i == 0) {                    // 第一次调用时设置随机种子
                srand((unsigned)time(NULL));
            }
            a[i] = rand( ) % 100;            // 生成 0 到 99 之间的随机数
            printf("%d ", a[i]);             // 输出随机数以便观察
        }
    }
    printf("\n");
}
```

【例 7-10】 假设数组 a 中的数据已按由小到大顺序排列，即−12,0,6,16,23,56,80,100,110, 115。从键盘输入一个数，判定该数是否在数组中，若在，输出该数在数组中的序号；若不在，输出相应提示信息。

在程序设计时，经常会遇到给定一个由数据组成的序列，再给定一个条件，然后到序列中查找满足此条件的数据，查找到的数据就是需要的结果，这个过程称为查找。

查找的方法有多种，这里介绍两种常用的查找方法。

（1）顺序查找。

顺序查找算法指从前向后或从后向前依次将数组元素与待查找的数据进行比较。若在查找的过程中遇到满足条件的元素，则返回其在数组中的位置；若查找结束仍未查找到满足条件的数据，则返回查找失败的信息。

顺序查找方法对查找的列表没有任何要求，无论查找的列表有序或无序都可以使用，因为采取的是逐个比较法，一次比较不满足，只能排除一个元素，因此查找的效率低，收敛速度慢，只适合于查找表中的数据量不太大的情况，当数据量较大时，使用顺序查找方法将耗费大量的时间，因此，它不适用于数据量大的情况。

（2）折半查找。

折半查找又称二分法查找，是一种适用于有序列表的查找方法，它要求查找列表必须是有序的。

基本算法：假设表中数据按升序排列，取查找列表中间位置的一个数进行比较，有以下 3 种可能。

① 若所查找的数据等于中间位置的数据，则查找成功，结束循环。

② 若所查找的数据大于中间位置的数据，则所查找的数据不可能在前面一半内，可以将下一次的查找空间缩减到后面一半。

③ 若所查找的数据小于中间位置的数据，则所查找的数据不可能在后面一半内，可以将下一次的查找空间缩减到前面一半。

这种方法经过一次比较，可能成功，也可能一次就排除掉一半数据，在缩小了一半的序列中再取中间位置的数据进行比较，每次都会将查找范围缩小一半，直到查找成功或区间再也无法缩小。

这种方法收敛的速度较快，逼近目标的速度也较快，序列表中的数据量越大，效果越明显。折半查找方法如图 7-5 所示。

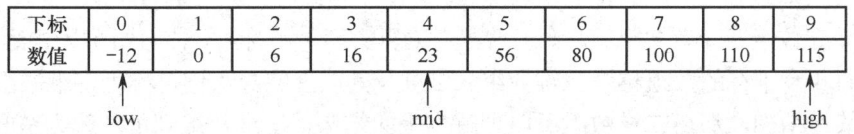

下标	0	1	2	3	4	5	6	7	8	9
数值	-12	0	6	16	23	56	80	100	110	115

图 7-5　折半查找方法的示意图

```
/* exp7-10 折半查找 */
#include <stdio.h>
#define M 10
int binSearch(int a[],int n,int key)            // 在 n 个长度的数组 a 中查找 key
{
    int low, mid, high;
    low = 0; high = M-1;                         // 设上界和下界
    while(low <= high)
    {
      mid = (low + high) / 2;                    // 取中间位置
      if(key == a[mid])                          // 查找的数与中间数据比较
      {
          return mid;                            // 找到数据，结束循环
      }
      else if(key > a[mid])
      {
          low = mid + 1;                         // 缩小到后面一半，修改下界
      }
        else
        {
          high = mid - 1;                        // 缩小到前面一半，修改上界
        }
    }
    return -1;
  }
 int main( )
{
    int a[M] = {-12, 0, 6, 16, 23, 56, 80, 100, 110, 115};    // 有序表
    int x,pos;
    printf("Input a number to be searched:");
    scanf("%d", &x);                             // 输入要查找的数
    pos = binSearch(a,M,x);                      // 调用函数在 M 长度的数组 a 中查找 x,函数值赋给 pos
    if(pos! = -1)
        printf("a[%d]=%d\n",pos, x );            // 输出找到的位置
    else
        printf("There is not  %d\n", x);         // 输出没有找到
    return 0;
}
```

程序运行结果：

```
Input a number to be searched:23
a[4]=23
```

在程序设计中，大批量的数据一般都有一个特征——有序，如英语辞典、学生成绩等。英语辞典按 26 个字母的顺序排列，学生成绩一般按学号排列，采取折半查找方法，可以大大提高查找数据的速度。

7.5 多维数组

C 语言允许数组元素有多个下标，当数组元素具有两个下标时，该数组称为二维数组；同理，数组元素具有 3 个下标的数组称为三维数组。二维及其以上的数组均可称为多维数组。若把一维数组理解成线性结构，那么二维数组可以理解为平面结构，三维数组则可理解为空间结构。

在人工智能（AI）领域，多维数组（特别是二维和三维数组）是数据处理和模型表示的基础。它们能够高效地存储和操作复杂的数据结构，如图像、矩阵、张量等，这些在机器学习、深度学习、计算机视觉等 AI 子领域中至关重要。本节主要通过二维数组来介绍多维数组的使用方法。

7.5.1 二维数组的定义

二维数组是数组元素有两个下标的数组。二维数组也必须先定义、后使用。

1. 二维数组定义的一般形式

```
数据类型 数组名[常量表达式1][常量表达式2];
```

2. 说明

（1）数据类型、数组名、常量表达式的含义均和一维数组的相同。

（2）二维数组有两个下标，常量表达式 1 规定二维数组的行数，常量表达式 2 规定二维数组的列数，它们的起始值也都是从 0 开始。二维数组中总元素的个数为行数和列数的乘积。例如：

```
int a[3][4];
```

定义整型二维数组 a，有 3 行 4 列，共有 12 个数组元素。二维数组从形式上就像数学中的矩阵，由行、列组成，我们把二维数组写成行和列的排列形式，这样有助于形象化地理解二维数组的逻辑结构。即：

a[0][0]　a[0][1]　a[0][2]　a[0][3]
a[1][0]　a[1][1]　a[1][2]　a[1][3]
a[2][0]　a[2][1]　a[2][2]　a[2][3]

多维数组的定义与二维数组类似。例如：

```
int b[2][2][3];
```

此处定义了一个三维整型数组。三维数组 b 有 2×2×3=12 个元素，具体排列如下：

b[0][0][0]　b[0][0][1]　b[0][0][2]
b[0][1][0]　b[0][1][1]　b[0][1][2]
b[1][0][0]　b[1][0][1]　b[1][0][2]
b[1][1][0]　b[1][1][1]　b[1][1][2]

7.5.2 二维数组的引用

1. 二维数组元素引用的一般形式

```
数组名[行下标][列下标];
```

二维数组元素的访问用两个下标，分别表示行和列，每个数组元素都可以作为一个独立的变量使用，可以输入和输出、参与运算或赋值等操作。例如，定义一个 3 行 4 列的整型数组：

```
int a[3][4];
```

则以下均为合法的引用形式：

```
a[0][0] = 5;
a[1][1] = a[1][0] + 10;
scanf("%d", &a[2][0]);
printf("%d", a[0][0]);
```

2．二维数组的输入和输出

由于二维数组表示的是二维表格形式的数据，因此，给二维数组所有元素赋值或输出时，需要使用双层循环来实现。

（1）二维数组的输入。例如：

```
int a[3][4], i, j;
for(i = 0; i < 3; i++)              // 外循环控制行下标
{
    for(j = 0; j < 4; j++)          // 内循环控制列下标
    {
        scanf("%d", &a[i][j]);      // 输入数据到二维数组中
    }
}
```

外循环控制行的变化，内循环控制列的变化，按先行后列的原则逐个输入元素。

（2）二维数组的输出。例如：

```
for(i = 0; i < 3; i++)
{
    for(j = 0; j < 4; j++)  // 内循环输出一行的 4 个元素
    {
        printf("%d", a[i][j]);
    }
    printf("\n");       // 每行输出完毕后换行
}
```

7.5.3 二维数组的存储

二维数组在逻辑上是二维结构，有助于人的理解。但计算机内存是线性结构，如何将逻辑上的二维结构映射为物理存储时的线性结构？C 语言采用行优先存储方式来实现这种映射。行优先存储是指在内存中依次按顺序存储二维数组的第 1 行、第 2 行……直到最后一行。例如，定义数组：

```
int a[3][4];
```

系统为数组在内存中分配了 12 个整型连续的内存空间，存储顺序如图 7-6 所示。

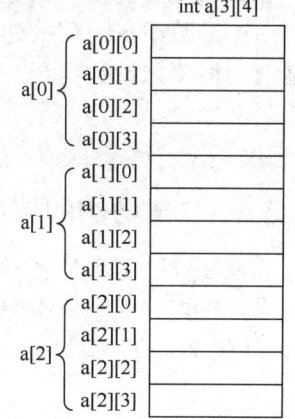

图 7-6 二维数组在内存中的存储形式

首先存放第 1 行的 4 个元素：a[0][0]、a[0][1]、a[0][2]、a[0][3]；然后存放第 2 行的 4 个元素：a[1][0]、a[1][1]、a[1][2]、a[1][3]；最后存放第 3 行的 4 个元素：a[2][0]、a[2][1]、a[2][2]、a[2][3]。这种存储方式确保了二维数组在内存中是连续的，并且每一行的元素紧密排列。

C 语言中的二维数组可以被视为一个特殊的一维数组。其中每个元素本身也是一个一维数组。例如，a[0]表示二维数组第 1 行的起始地址；a[1]表示二维数组第 2 行的起始地址；a[2]表示二维数组第 3 行的起始地址。每一行都包含了 4 个列元素。

二维数组的数组名 a 代表了二维数组在内存空间的起始地址，指向第 1 行的行首位置，即等价于&a[0][0]。

7.5.4　二维数组的初始化

二维数组的初始化方式与一维数组类似，可以通过初始化列表给数组元素赋初值。

1. 一般形式

```
类型说明符  数组名[常量表达式 1][常量表达式 2] = {初值表};
```

2. 说明

（1）整体初始化。将所有初值写在一个花括号内，按排列的顺序依次给元素赋初值。例如：

```
int a[2][3] = {1, 2, 3, 4, 5, 6};
```

定义一个整型二维数组 a，按行优先的方式依次为各元素赋初值 1,2,3,4,5,6，即第 1 行各值是 1,2,3，第 2 行各值是 4,5,6。

（2）分行初始化。以"行"为单位把数据分成若干行，每行用花括号括起来，例如：

```
int a[2][3] = {{1, 2, 3},{4, 5, 6}};
```

第 1 个花括号里的 1,2,3 赋值给数组的第 1 行，第 2 个花括号里的 4,5,6 赋值给数组的第 2 行。

（3）部分初始化。只为部分元素赋初值时，必须用花括号区分，没有初值对应的元素赋 0 值。例如：

```
int a[2][3] = {{1},{4,5}};        //a 数组元素依次为 1,0,0,4,5,0
int a[2][3] = {1,4,5};            //a 数组元素依次为 1,4,5,0,0,0
```

（4）给全部元素赋初值或分行初始化时，可省略第一维的大小，编译器会根据初值表的项数自动确定行数，但必须显式指定列数。例如：

```
int a[ ][3] = {1, 2, 3, 4, 5, 6};
```

二维数组 a 的列数为 3，初值表中共有 6 个数据，数组元素个数为 6 = 3×2，所以编译器会自动将该二维数组定义为 2 行。

又如：

```
int a[ ][3] = {{1, 2, 3},{ 4, 5, 6}};//初始化后二维数组共有 2 行
```

7.5.5　二维数组的应用举例

在线性代数和机器学习算法中，矩阵是基本的数据结构。二维数组自然地表示了矩阵，可以进行矩阵加法、乘法、转置等运算。

【例 7-11】　输出以下 4×4 的矩阵。

$$\begin{bmatrix} 1 & 0 & 0 & 0 \\ 1 & 1 & 0 & 0 \\ 1 & 1 & 1 & 0 \\ 1 & 1 & 1 & 1 \end{bmatrix}$$

算法分析：方阵的主对角线是从左上角到右下角，副对角线是从右上角到左下角，主对角线以上的区域称为上三角，主对角线以下的区域称为下三角，在这个例题中，它的上三角的元素均为 0，下三角及主对角线上的元素均为 1。

```
/* exp7-11 */
#include <stdio.h>
int main( )
{
    int i, j;
    int a[4][4];
    for(i = 0; i < 4; i++)              // 外循环控制行
    {
        for(j = 0; j < 4; j++)          // 内循环控制列
        {
            if(i >= j)                  // i 等于 j 是主对角线上
                a[i][j] = 1;            // 下三角及主对角线上元素赋 1
            else
                a[i][j] = 0;            // 上三角元素赋 0
        }
    }
    for(i = 0; i < 4; i++)
    {
        for(j = 0; j <4; j++)
        {
            printf("%4d", a[i][j]);     // 输出数据，宽度为 4
        }
        printf("\n");                   // 一行输完后换行
    }
    return 0;
}
```

程序运行结果：

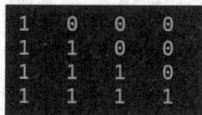

```
   1   0   0   0
   1   1   0   0
   1   1   1   0
   1   1   1   1
```

【例 7-12】　求以下二维数组 a 中的最大值、最小值及主对角线元素的和。

$$\begin{bmatrix} 4 & 4 & 34 \\ 37 & 3 & 12 \\ 5 & 6 & 5 \end{bmatrix}$$

算法分析：在二维数组中找最大值和最小值的方法与一维数组类似，先假设 max 和 min 都为 a[0][0]，然后用双层循环按先行后列的顺序访问其他每一个元素，比较并更新 max 和 min。同时，当行和列的下标相等时，累加主对角线元素的值。

涉及主对角线的矩阵必须是一个方阵，当行和列的下标值相等时，a[i][j] 就是主对角线上的元素。

```
/* exp7-12 */
#include <stdio.h>
int main( )
{
    int a[3][3] = {{4, 4, 34}, {37, 3, 12}, {5, 6, 5}};
    int i, j, max, min, s;
```

```
    max = min = a[0][0];                // 初始化 max 和 min 为第一个元素
    s = 0;
    for(i = 0; i < 3; i++)
    {
        for(j = 0; j < 3; j++)
        {
            if(max < a[i][j])
                max = a[i][j];          // 更新最大值
            if(min > a[i][j])
                min = a[i][j];          // 更新最小值
            if(i == j)
                s = s + a[i][j];        // 累加主对角线元素
        }
    }
    printf("The max is: %d\n", max);
    printf("The min is: %d\n", min);
    printf("主对角线和 s= %d\n", s);
    return 0;
}
```

程序运行结果：

```
The max is: 37
The min is: 3
主对角线和 s= 12
```

思考：本例题若要计算副对角线上元素的和，使用 s += a[i][2-i];对吗？若要同时记下最大、最小值及其所在的位置，程序该怎么改写？

7.6 向函数传递二维数组

与一维数组作为参数类似，当二维数组作为函数参数时，对应的实参应该是二维数组名。此时，实参向形参传递的是二维数组的首地址，函数中对形参数组的访问实际上是对实参数组的访问。

C 语言规定，二维数组作为形参，形参数组的行下标可以省略，但列下标一定不能省略。在调用函数时，实参数组列数必须与形参数组的列数相同，行数可以不同。例如：

实参定义数组为：

```
int a[5][10];
```

形参数组可以定义为：

```
int array[5][10];   // 明确指定行和列
```

或者：

```
int array[ ][10];  // 省略行，但必须指定列
```

在列相同的前提下，形参数组的行可以与实参数组不同。编译系统不检查第一维的大小。

下列写法是错误的：

```
int array[3][ ];   // 错误，第二维（列）不能省略
int array[ ][ ];   // 错误，第二维（列）不能省略
```

原因：二维数组是由若干个一维数组组成的，在内存中，数组是按行存储的。因此，在定义二维数组时，必须指定列数（即每行中包含的元素个数）。由于形参数组与实参数组类型相同，所以它们列数必须一致。例如，对 90 名学生进行分班，必须规定每个班有 30 人（列

数），那么必然会分成 3 个班级（行数）。同理，二维数组的列数必须明确指定，以确保数组的结构和内存布局是确定的。

二维数组作为函数参数，函数定义的首部格式如下：

（1）数组作为函数形参的定义格式：

```
函数类型　函数名(数据类型 数组名[][列下标],int m,int n)
```

或者：

```
函数类型　函数名(数据类型 数组名[][列下标],int m)
```

或者：

```
函数类型　函数名(数据类型 数组名[][列下标])
```

第 1 种格式中 int m 接收实参传来的行数，int n 接收实参传来的列数。由于数组的第 2 维下标不能省略，已经给出了列数，这时变量 n 就没有存在的意义了。因此，函数形参多采用第 2 种格式和第 3 种格式。

（2）数组名作为实参的调用函数格式：

```
函数名(实参数组名,行数)
```

或者：

```
函数名(实参数组名)
```

注意：在调用函数时，二维数组作为函数参数，主调函数和被调函数分别定义实参数组和形参数组，且类型必须一致，包括数据类型和列数。实参与形参必须遵守类型、个数、顺序一一对应的原则。

【例 7-13】　设计函数，将 M 行 N 列的矩阵 a 转换为 N 行 M 列的矩阵 b。

$$a = \begin{bmatrix} 1 & 2 & 3 \\ 4 & 5 & 6 \end{bmatrix} \qquad b = \begin{bmatrix} 1 & 4 \\ 2 & 5 \\ 3 & 6 \end{bmatrix}$$

算法分析：本例题是矩阵转置问题。转置矩阵是将一个矩阵行上的元素转置成新矩阵列上的元素，列上的元素转置成新矩阵行上的元素。

将 a 数组中 i 行 j 列的元素存放到 b 数组中 j 行 i 列的元素，即 b[j][i] = a[i][j]，利用双层循环实现。

```
/* exp7-13-1 */
#include <stdio.h>
#define M 2
#define N 3
void print(int a[][N],int m);                // 函数声明，输出 a 数组
void output(int b[][M],int m);               // 函数声明，输出转置后的 b 数组
void transpose(int a[][N],int b[][M]);       // 函数声明，实现矩阵转置
int main( )
{
    int a[M][N] = {{1, 2, 3},{4, 5, 6}};     // 定义二维数组 a
    int b[N][M];                             // 定义转置后的二维数组 b
    int i, j;
    printf("array a:\n");
    print(a,M);                              // 调用函数，输出原数组 a
    transpose(a,b);                          // 调用函数，实现转置
    printf("array b:\n");
    output(b,N);                             // 调用函数，输出转置后的 b 数组
    return 0;
```

```
    }
void print(int a[][N],int m)
{
int i,j;
for(i = 0; i < m; i++)
 {
    for(j = 0; j < N; j++)
    {
        printf("%5d", a[i][j]);              // 输出原矩阵 a 中元素
     }
    printf("\n");
 }
}
void transpose(int a[][N],int b[][M])        // 实现矩阵转置功能
{
  int i,j;
  for(i = 0; i < M; i++)
   {
    for(j = 0; j < N; j++)
     {
        b[j][i] = a[i][j];                   // 实现转置，将 a 数组的值转置后放到 b 数组里
      }
    }
 }
void output(int b[][M],int m)
{
  int i,j;
  for(i = 0; i < m; i++)
   {
    for(j = 0; j < M; j++)
     {
        printf("%5d", b[i][j]);              // 输出转置后的 b 数组
      }
    printf("\n");
   }
}
```

程序运行结果：

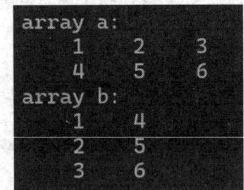

程序分析：

（1）程序中，函数 transpose( )实现矩阵转置，main( )函数中定义两个数组 a 和 b，用两个二维数组名 a、b 作为实参，函数的形参应是两个数组，这与一维数组作为函数参数是一样的。

（2）两个输出函数 print( )和 output( )的函数首部定义为：

```
void print(int a[][N],int m)       //m 接收实参传递的行值
void output(int b[][M],int n)      //n 接收实参传递的行值
```

函数调用对应的实参如下：

```
print(a,M);       //M 是数组 a 的行值
output(b,N);      //N 是数组 b 的行值
```

若要实现一个方阵的转置矩阵，上述程序的思想也是适用的。方阵的特点是矩阵的行数和列数是相同的，因此，可以在一个数组中，用数组元素的互换来实现转置。

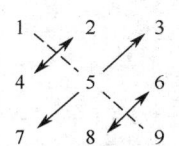

分析转置矩阵的特征，以主对角线为界，将主对角线上下两部分的元素互换即可实现转置，即 a[i][j] 与 a[j][i] 互相交换，如图 7-7 所示。可以利用这个特性将矩阵转置，程序如下：

图 7-7　行列互相交换

```c
/* exp7-13-2 */
#include <stdio.h>
#define M 3
void print(int a[][M]);
void transpose(int a[][M]);
void output(int a[][M]);
int main( )
{
    int a[M][M] = {{1, 2, 3},{4, 5, 6},{7,8,9}}; // 定义方阵 a
    int i, j;
    printf("转置前的矩阵:\n");
    print(a);                   // 输出原矩阵 a，实参为数组名 a*/
    transpose(a);               // 实现转置
    printf("转置后的矩阵:\n");
    output(a);                  // 输出转置后的矩阵 a，实参为数组名 a
    return 0;
}
void print(int a[][M])
{
 int i,j;
 for(i = 0; i < M; i++)
    {
        for(j = 0; j < M; j++)
        {
            printf("%5d", a[i][j]);         // 输出原数组
        }
        printf("\n");
    }
}
void transpose(int a[][M])                  // 实现矩阵转置功能
{
  int i,j,t;
  for(i = 0; i <M; i++)                     // 外循环控制行
    {
        for(j = 0; j < i; j++)              // 内循环范围，用 j < i 控制
        {
            t = a[i][j];                    // 互换元素
            a[i][j] = a[j][i];
            a[j][i] = t;
        }
    }
}
void output(int a[][M])
{
 int i,j;
 for(i = 0; i < M; i++)
    {
```

```
        for(j = 0; j < M; j++)
        {
            printf("%5d", a[i][j]);              // 输出转置后的数组
        }
        printf("\n");
    }
}
```

程序运行结果：

```
转置前的矩阵：
    1    2    3
    4    5    6
    7    8    9
转置后的矩阵：
    1    4    7
    2    5    8
    3    6    9
```

7.7 字符数组

7.7.1 字符串

字符串是用双引号括起来的一个字符序列，也称为字符串常量。如"student"和"hello world"。在 C 语言中，用'\0'（ASCII 码为 0 的字符）作为字符串的结束标志，它与数字 0 是不同的。

当存储字符串时，系统会为字符串分配比字符个数多 1 的字节数，即字符个数为 n 的字符串实际占用的字节数为 $n+1$。例如，"student"占用 7+1=8 字节，它们在内存中的存储格式如下所示：

s	t	u	d	e	n	t	\0

需要注意的是，空字符串""和包含一个空格字符的字符串" "是有区别的。空字符串需要分配 1 字节来存储'\0'，而包含一个空格的字符串需要分配 2 字节，一个用于存放空格字符，另一个用于存放'\0'。可以通过 sizeof 运算符查看其字节的个数。例如：

```
printf("空格字符串大小为: %d\n",sizeof(" "));        //输出结果为 2
```

空字符串和包含一个空格的字符串的长度是不同的，字符串的长度是有效字符的个数。

7.7.2 字符数组与字符串

字符数组与字符串是容易混淆的两个概念。字符数组是用来存放字符型数据的数组，其中每一个元素存放一个字符。而字符串是一个以空字符'\0'结尾的字符序列，它通过字符数组来实现存储。

C 语言中没有为字符串提供专门的数据类型，字符串实际上是用字符数组存储的。一个字符串可以用一维字符数组存放，多个字符串可以用二维字符数组存放。因此，字符数组有时也称为字符串变量。然而，字符数组的用途不仅限于存储字符串，还可以存储单独的字符型常量，所以，当一个字符数组以空字符'\0'结尾时，它所存储的字符序列才能被称为字符串。

7.7.3 字符数组的定义与初始化

字符数组的定义、初始化、引用等都与其他类型的数组相同。

1. 字符数组的定义

字符数组定义的一般形式为：

```
char 数组名[常量表达式];
char 数组名[常量表达式 1][常量表达式 2];
```

字符数组与其他类型的数组一样，也必须先定义、后使用。例如：

```
char c[10];
```

此处定义了一个有 10 个数组元素的一维字符数组 c。定义数组之后，系统会为数组 c 分配连续 10 字节的内存空间，用来存储 10 个数组元素。如图 7-8 所示。数组名 c 代表该数组的首地址。再如：

```
char b[3][10];
```

此处定义了一个二维字符数组 b，共有 3×10=30 个元素，分配 30 字节的存储空间。

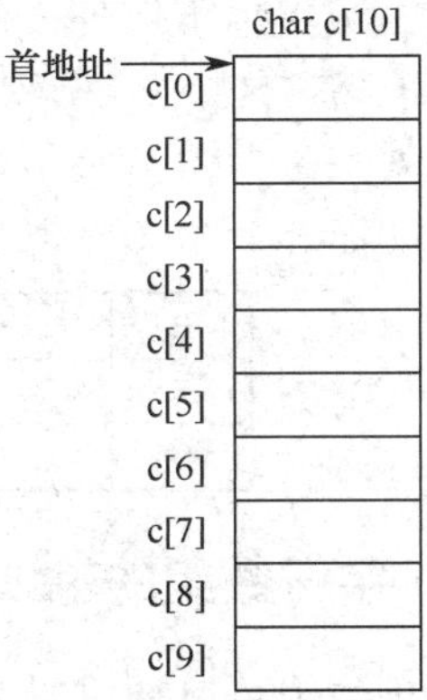

2. 字符数组的初始化

字符数组的初始化有两种方法：逐个字符赋值法和字符串常量赋值法。

（1）逐个字符初始化。

对字符数组中所有元素逐个初始化。例如：

```
char c[5] = {'C', 'h', 'i', 'n', 'a'};
```

此处定义了一个长度为 5 的字符数组 c，并将 { } 里的 5 个字符依次分别赋值给 c[0]～c[4]。由于数组元素中没有字符串结束标志'\0'，因此，字符数组 c 存储的不是一个字符串，而是一个字符序列。若有如下定义：

```
char c[6] = {'C', 'h', 'i', 'n', 'a', '\0'};
```

此处定义了一个长度为 6 的字符数组 c，由于末尾有结束标志'\0'，因此字符数组 c 存储的是一个字符串。

（2）对部分字符数组元素逐个初始化。例如：

```
char c[10] = {'C', 'h', 'i', 'n', 'a'};
```

系统会为数组 c 分配 10 字节，前 5 个元素由初始化列表中的字符赋值，后 5 个元素将自动被初始化为'\0'（ASCII 码为 0），存储格式如下：

C	h	i	n	a	\0	\0	\0	\0	\0

（3）用字符串常量直接对字符数组初始化。

用字符串常量初始化字符数组时，字符串常量必须用双引号引起来。例如：

```
char c[6] = {"China"};
```

此处定义了一个长度为 6 的字符数组 c，字符序列有 5 个字符，系统会自动在末尾加上'\0'，因此，数组 c 在内存中存储为 China\0，存储格式如下：

C	h	i	n	a	\0

当用双引号引起来的字符串初始化字符数组时，也可以省略数组长度，例如：

```
char c[ ] = {"China"};
```

图 7-8 字符数组在内存中的存储形式

系统会自动计算数组长度，即字符串长度加 1，因此数组长度为 6。

也可将大括号省略，例如：

```
char c[ ] = "China";
```

在用字符串常量初始化数组时，系统会自动在字符串末尾加上'\0'，因此分配的字节数为字符序列长度加 1。

以下初始化定义是错误的：

```
char c[5] = {"China"};
```

由于定义的数组长度为 5，字符串"China"加上'\0'后需要 6 字节，存储时会超出数组下标的范围。

二维数组也不例外，例如：

```
char c[3][10] = {"Beijing", "Shanghai", "Guangzhou"};
```

此处定义一个二维字符数组 c，可存放 3 个长度不超过 10 的字符串。每个字符串后系统都会自动添加一个'\0'。其在内存中的存储形式如下：

B	e	i	j	i	n	g	\0		
S	h	a	n	g	h	a	i	\0	
G	u	a	n	g	z	h	o	u	\0

7.7.4 字符数组的输入和输出

字符数组可以通过以下 3 种方式输入和输出数据。

1. 通过循环语句逐个输入和输出数组元素

【例 7-14】 从键盘输入字符串"How are you!"，并输出。

```
/* exp7-14-1 */
#include <stdio.h>
int main( )
{
    char a[12];    // 定义字符数组
    int i;
    for(i = 0; i < 12; i++)
    {
        scanf("%c", &a[i]);   // 逐个字符输入，或用 a[i] = getchar( );
    }
    printf("\n");
    for(i = 0; i < 12; i++)
    {
        printf("%c", a[i]);    // 逐个字符输出，或用 putchar(a[i]);
    }
    printf("\n");
    return 0;
}
```

程序运行结果：

```
How are you!
How are you!
```

注意：

（1）使用循环逐个输入和输出字符时，要用%c 格式。

（2）在输入的字符中间有空格时，系统会将空格作为有效字符赋值给数组元素。

2．使用格式符%s，按字符串方式输入和输出

使用格式符%s 可以一次性输入和输出整个字符串，同样输入上述的字符串"How are you!"。

```
/* exp7-14-2 */
#include <stdio.h>
int main( )
{
    char a[13];
    printf("输入字符串：");
    scanf("%s", a);              // 输入字符串
    printf("输出字符串：");
    printf("%s", a);             // 输出字符串
    printf("\n");
    return 0;
}
```

程序运行结果：

```
输入字符串：How are you!
输出字符串：How
```

程序分析：从 exp7-14-1 的结果中可以看到，空格作为有效字符被输入，而在 exp7-14-2 中，虽然输入了相同的字符，但系统只接收了第一个空格之前的字符，并自动加上字符串结束标志'\0'。

使用"%s"输入和输出字符串时，需要注意以下几点：

（1）printf("%s",a);用"%s"格式符输出字符串时，printf( )函数中的输出项是字符数组名，而不是数组元素。它从数组 a 的首地址开始输出，遇到'\0'结束输出（'\0'本身不输出），输出完成后光标不换行。

（2）scanf("%s",a);用"%s"格式符输入字符串时，scanf( )函数中的地址项是字符数组名。因为数组名代表的是数组的首地址。

（3）在使用 scanf 函数输入字符串时，若输入的字符串中间存在空格、回车或 Tab 键等分隔符，系统会将这些符号视为字符串结束符'\0'。如本例题输入字符串"How are you!"后，输出时仅输出"How"。

（4）输入时应控制字符串长度，不超过数组长度减1，以预留 1 节存放'\0'。本例题中，输入的字符串长度应小于 13 个字符。

3．使用字符串输入函数和输出函数进行输入与输出

为了解决 scanf( )函数中格式符%s 遇到空格、回车、Tab 键就结束字符串的问题，C 语言提供了字符串的输入函数 gets( )和输出函数 puts( )。这两个函数均在 stdio.h 中定义。

（1）字符串输入函数。

格式：

```
gets(字符数组名或字符串)
```

功能：从键盘输入一个字符串（可以包括空格）到字符数组，直到遇到输入换行符，系统会将换行符转换为字符串结束标志'\0'并存入字符数组中。

注意：gets( )函数不对存储区大小进行检测。若输入的数据超出存储区大小，会导致非法的内存访问，从而使程序不安全。因此，在使用 gets( )时，必须确保输入的字符串长度不超过数组的长度减 1，以避免缓冲区溢出。

（2）字符串输出函数。

格式：

```
puts(字符数组名或字符串)
```

功能：将字符数组中的字符串输出到屏幕上，并在输出结束后自动添加一个换行符。等价于 printf("%s\n",a);。

例如，输入字符串"How are you!"并输出。

```
/* exp7-14-3 */
#include <stdio.h>
int main( )
{
    char a[13];
    printf("输入字符串：");
    gets(a);          // 输入 a 数组
    printf("输出字符串：");
    puts(a);          // 输出 a 数组，之后换行
    return 0;
}
```

程序运行结果：

```
输入字符串：  How are you!
输出字符串：  How are you!
```

程序分析：从程序的运行结果可以看出，使用 gets( )函数时，字符串中的空格也会作为字符进行输入，而 puts( )函数会将字符串整体输出。

7.7.5　常用的字符串处理函数

C 语言标准库为用户提供了丰富的字符串处理函数，这些函数涵盖了字符串的连接、复制、比较等功能，极大地简化了字符串处理的复杂性。这些字符串函数的声明包含在 string.h 头文件中。使用这些函数时，应在程序开头添加文件包含预处理命令：

```
#include <string.h>
```

下面介绍几个最常用的字符串处理函数。

1．求字符串长度函数

格式：

```
strlen(字符数组名或字符串常量)
```

功能：计算字符串的长度。

说明：函数返回值为字符串的长度，而不是数组的长度。若字符串为空串（即双引号中没有空格），返回值为 0。

【例 7-15】　从键盘输入一行由小写字母组成的字符串，将其转换成大写字母输出。

```
/* exp7-15 */
#include "string.h"
#include <stdio.h>
```

```
int main( )
{
    char c1[50]; int i;
    gets(c1);                          // 从键盘输入字符串
    for(i = 0; i < strlen(c1); i++)    // 数组长度控制循环次数
        c1[i] = c1[i] - 32;            // 小写字母转换成大写字母
    puts(c1);
    return 0;
}
```

程序运行结果：

```
abcdefg
ABCDEFG
```

程序分析：在程序中，使用 strlen( )函数来控制字符串的结束。strlen(c1)返回字符串 c1 的长度，循环从 0 到 strlen(c1) − 1，逐个将小写字母转换为大写字母。但通常也使用 c1[i] != '\0'来控制字符串的结束。

思考：本例题若以 strlen(c1)函数的返回值作为字符数组 c1 的下标，它指向 c1 数组中哪个元素？

2．字符串连接函数

格式：

strcat(字符数组 1,字符数组 2 或字符串常量)

功能：将字符数组 2 中的字符串连接到字符数组 1 中的字符串的后面。连接从字符数组 1 末尾的结束标志'\0'开始，将字符数组 2 依次连接到字符数组 1 后面。

注意：字符数组 1 的长度要足以存放连接之后的字符串长度，至少是两个字符串的长度之和加 1，否则可能导致缓冲区溢出。

例如：

```
char c1[15] = "abcdefg";
char c2[10] = "12345";
strcat(c1, c2);
puts(c1);
```

程序运行结果：abcdefg12345。

两字符串连接后，新的字符串 c1 结果是"abcdefg12345"，最后的空字符是从 c2 数组复制过来的，它位于 c1[12]的位置。c1 作为一个有效的 C 语言字符串，其长度是 13 个字符（12 个可见字符+1 个结束标志符）。

3．字符串复制函数

格式：

strcpy(字符数组 1,字符数组 2 或字符串常量)

功能：将字符数组 2 中的字符串（包括结束标志'\0'）复制到字符数组 1 中。

说明：字符数组 1 的长度必须足够大，以容纳字符数组 2 中的字符串，否则可能导致下标越界问题。例如：

```
char c1[10] = "abcdefg";
char c2[10] = "1234";
strcpy(c1, c2);
puts(c1);
```

执行复制函数后，数组 c1 在内存中的状态为：

| c1 | 1 | 2 | 3 | 4 | \0 | f | g | \0 | | |

程序运行结果：1234。

4．字符串比较函数

格式：

```
strcmp(字符数组 1,字符数组 2 或字符串常量)
```

功能：比较两个字符串的大小。从第一个字符开始，逐个字符进行比较，直到遇到不同的字符或字符串结束标志'\0'。

说明：字符串比较后，函数的返回值有以下 3 种情况：

（1）返回值为 0：表示两个字符串相等。

（2）返回值小于 0：表示字符数组 1 小于字符数组 2。

（3）返回值大于 0：表示字符数组 1 大于字符数组 2。

例如：

```
char c1[10] = "abcde", c2[10] = "abbde";
int n;
n = strcmp(c1,c2);
```

执行比较函数时，按照 ASCII 码的顺序对两个字符串逐个字符地进行比较，比较到第 3 个字符时，c1 的第 3 个字符'c'大于 c2 的第 3 个字符'b'，比较结束，函数的值 n=1。

5．小写字母转大写字母函数

格式：

```
strupr(字符数组名)
```

功能：将字符数组中的所有小写字母转换为大写字母，其他字符不变。

6．大写字母转小写字母函数

格式：

```
strlwr(字符数组名)
```

功能：将字符数组中的所有大写字母转为小写字母，其他字符不变。

7.7.6 字符数组的应用举例

【例 7-16】 实现字符数据的逆序存放并输出。即原数据序列为 $a_0, a_1, a_2, \cdots, a_{n-1}$，倒过来的数据序列为 $a_{n-1}, a_{n-2}, \cdots, a_1, a_0$。

算法分析：字符串的输入、输出及求长度的功能可通过系统函数完成。在此，可以设计一个函数 void antisort(char a[])用于实现字符数组的逆序存放功能。

逆序存放是将 a 数组中的字符串首尾交换，即第 1 个字符与最后一个字符交换位置，第 2 个字符与倒数第 2 个字符交换位置，以此类推，直到交换到中间的数组元素。交换的次数是字符串长度的一半（strlen(a) / 2）。通过定义两个整型变量 i 和 j 作为下标，i 从前往后变化，j 从后往前变化，完成 a[i]与 a[j−1]的交换。

```
/* exp7-16 */
#include <string.h>
```

```
#include <stdio.h>
void antisort(char a[])
{
    int i, j;
    char t;
    j = strlen(a);                  // 获取字符串长度
    for(i = 0; i < j / 2; i++)      // 循环次数是长度的一半
    {
        t = a[i];
        a[i] = a[j -1];
        a[j-1] = t;
        j--;
    }
}
int main( )
{
  char a[10];
  printf("输入字符串:");
  gets(a);
  antisort(a);   // 调用函数实现逆序存放
  puts(a);
  return 0;
}
```

程序运行结果：

```
输入字符串:hello
olleh
```

思考：如何倒序输出汉字？汉字的逆序输出可以通过类似的方法实现。试着编写一个函数实现汉字字符串的逆序输出，例如，输出一首回文诗。

提示：每个汉字在内存中占用 2 字节（在 UTF-16 编码中），因此在交换时需要同时交换 2 字节。

【例 7-17】 将一个由数字组成的字符串转换成一个十进制数。例如，从键盘输入字符串 "5678"，程序运行的结果应为一个十进制数，即 $n = 5678$。

算法分析：每个数字字符与字符'0'的 ASCII 码之差即为该数字的实际值。例如，'5'-'0' = 5。在转换过程中，每次将当前数字转换为整数值后，将其扩大 10 倍，再继续转换下一个数字字符。为此，可以设计一个函数 int transdecimal(char s[])，用于将字符串转换为十进制数。

```
/* exp7-17 */
#include <stdio.h>
int transdecimal(char s[])
{
 int i,n=0,digit;
 for(i = 0; s[i] != '\0'; i++)       // 遍历字符串中的每个字符
    {
        digit = s[i] - '0';           // 将字符转换为对应的数字
        n = n * 10 + digit ;          // 每次循环将数字扩大 10 倍并累加
    }
    return n;
}
int main( )
{
    char s[10];
    int i;
    printf("输入数字字符串:");
    scanf("%s", s);                  // 输入一个由数字组成的字符串，也可用 gets(s)
```

```
        printf("转换后的数值: n = %d\n", transdecimal(s));
        return 0;
}
```

程序运行结果：

```
输入数字字符串:5678
转换后的数值: n = 5678
```

注意：输入字符串时，不能加双引号，因为双引号不属于字符串的内容，它只是一个定界符。

【例 7-18】 从键盘任意输入 5 个学生的姓名，找出按 ASCII 码顺序排在最前面的学生的姓名。

算法分析：本例题实质上是求最小值问题。5 个学生的姓名即 5 个字符串，用二维字符数组存储，每一行存储一个姓名。需要注意的是二维数组是特殊的一维数组，因此，使用单层循环控制 5 个姓名的输入，输入第 i 个学生的姓名时可以用 get(names[i])函数。姓名的比较用库函数 strcmp( )，不能直接使用关系运算符。为此，设计函数 findmin( )，用于实现二维字符串的比较，并返回 ASCII 码最小的姓名，最后输出该姓名。其实现步骤如下：

（1）输入 5 个学生的姓名，存入一个二维字符数组 names 中，把 names[i]视为二维字符数组的第 i+1 行字符串，每一行存放一个字符串，例如，names[0]是第 1 个人的姓名，names[1]是第 2 个人的姓名，以此类推。

（2）定义一维数组 minName，用于存储当前找到的最小姓名，将 5 个姓名中的第一个姓名作为初始的最小姓名，用这个最小的姓名与其他的姓名比较，若发现某个姓名的 ASCII 码顺序更小，则更新 minName。

（3）输出最小姓名 minName。

```
/* exp7-18 */
#include <stdio.h>
#include <string.h>
#define NUM_STU 5          // 5 个学生
#define NAME_LEN 100       // 假设姓名长度不会超过 100 个字符
void findmin(char names[NUM_STU][NAME_LEN],char minName[NAME_LEN]);

int main( )
{
    char names[NUM_STU][NAME_LEN];        // 定义二维数组，存储 5 个学生姓名
    char minName[NAME_LEN];               // 定义一维数组，存储最小姓名
    int i;
    for ( i= 0; i < NUM_STU; i++)                   /* 输入 5 个学生的姓名 */
    {
        printf("请输入第%d 个学生的姓名: ", i + 1);
        gets(names[i]);
    }
    findmin(names,minName);                          /* 调用函数，实参为两个数组名 */
    printf("按 ASCII 码顺序排在最前面的学生的姓名是: %s\n", minName); /*输出结果 */
    return 0;
}
//找最小值函数，从 5 个学生姓名中，找到排在最前面的姓名，字符数组作为函数参数
void findmin(char names[NUM_STU][NAME_LEN],char minName[NAME_LEN])
{
    int i;
    strcpy(minName, names[0]);                       /* 初始化最小姓名为第一个学生的姓名 */
```

```
    for ( i = 1; i < NUM_STU; i++)
    {
        if (strcmp(names[i], minName) < 0)          /* 当前姓名小于最小姓名 */
        {
            strcpy(minName, names[i]);               /*更新 minName 里的值*/
        }
    }
}
```

程序运行结果：

```
请输入第1个学生的姓名：zhang hao
请输入第2个学生的姓名：li si
请输入第3个学生的姓名：wu di
请输入第4个学生的姓名：gao si
请输入第5个学生的姓名：jiang ping
按ASCII码顺序排在最前面的学生的姓名是：gao si
```

本 章 小 结

　　本章介绍了一维数组、二维数组和字符数组的定义、初始化、存储和应用，以及常见的字符串函数的使用，通过各种实例详细讲解了数组程序设计的思路和方法。

　　数值型的数组在输入/输出时，必须与循环相结合，逐个地对数组元素进行操作。字符数组的输入/输出有多种方式，可以通过 gets( )、puts( )、scanf( )、printf( )函数整体输入/输出，也可以利用逐个元素的输入/输出方式来实现。

习 题 7

一、选择题

1. 以下能定义长度为 10 的一维数组 a 且能正确进行初始化的语句是_____。

　　A．int a[10] = (0,0,0,0,0);　　　　　　　　B．int a[10] = {};

　　C．int a[10] = {0};　　　　　　　　　　　D．int a[10] = {10*1};

2. 下列选项中正确的二维数组定义与初始化语句是_____。

　　A．int a[][] = {1,2,3,4,5,6};　　　　　　B．int a[2][] = {1,2,3,4,5,6};

　　C．int a[][3] = {1,2,3,4,5,6};　　　　　　D．int a[2,3] = {1,2,3,4,5,6};

3. 若定义了 int b[][3] = {1,2,3,4,5,6,7};，则 b 数组的行数是_____。

　　A．2　　　　　　　　B．3　　　　　　　　C．4　　　　　　　　D．无确定值

4. 若用数组名作为函数调用时的实参，则实际上传递给形参的是_____。

　　A．数组的第一个元素值　　　　　　　　B．数组元素的个数

　　C．数组中全部元素的值　　　　　　　　D．数组首地址

5. 下述对 C 语言字符数组的描述中错误的是_____。

　　A．字符数组可以存放字符串

　　B．字符数组中的字符串可以整体输入、输出

　　C．可以在赋值语句中通过赋值运算符 "=" 对字符数组整体赋值

　　D．不可以用关系运算符对字符数组中的字符串进行比较

6. 设有数组定义 char array[] = "China"，则数组 array 所占的空间为_____。

　　A．4 字节　　　　　　B．5 字节　　　　　　C．6 字节　　　　　　D．7 字节

7. 有定义 char x[ ] = "abcdefg"; char y[ ] = {'a','b','c','d','e','f','g'};，则正确的叙述为_____。

A． 数组 x 和数组 y 等价

B． 数组 x 和数组 y 的长度相同

C． 数组 x 的长度大于数组 y 的长度

D． 数组 x 的长度小于数组 y 的长度

8． 有以下数组的定义，则数组的长度和数组中的字符个数为_____。

```
char a[] = {"hello!"};
```

A．6，7   B．7，6   C．6，6   D．7，7

9． 字符数组 s 不能作为字符串使用的是_____。

A． char s[] = "happy";   B． char s = {"happy"};

C． char s[6] = { 'h', 'a', 'p', 'p', 'y','|0'};   D． char s[5] = {'h','a','p','p','y'};

10． 下列语句中，正确的是_____。

A． char a[3][] = {'abc', '1'};   B． char a[][3] = {'abc', '1'};

C． char a[3][] = {'a', "1"};   D． char a[][3] = {"a", "1"};

二、填空题

1． 在 C 语言中，数组的下标从_____开始。

2． 设有定义语句 char a[ ] = {"12345\0"};，则表达式 stlen(a)的值为_____。

3． 判断字符串 s1 和字符串 s2 是否相等，应使用语句_____。

4． 语句 printf("%d\n",strlen("ATS\012\1\"));的输出结果是_____。

5． char str[6] = {'H','e','l','\0','l','o'};printf("%s",str);的运行结果是_____。

三、程序设计题

1． 具有 n 个元素的整型数组 a 中存在重复数据，编写函数 int set(int a[],int n)，删除数组中的重复元素，使数组变成一个集合，函数返回集合中元素的个数。

2． 设计函数 void partion(int a[],int n)，将长度为 n 的数组 a 中的所有负数调整到数组的前面，所有非负数调整到数组的后面，并编写测试程序。

3． 输入一行不超过 80 个字符的文字，分别统计出其中英文大写字母、小写字母、数字、空格及其他字符的个数。

4． 为防止恶意软件的攻击，在登录网络系统时通常要求输入验证码。例如，登录微信，需要输入 5 位数字和字母混合验证码。请设计函数 void identifyingCode (char s[],int n)，产生 n 位由数字、字母混合的验证码存于 s 数组中，并编写测试程序模拟验证码验证过程。

5． 设计一个基于字符数组和字符串匹配的模拟智能问答系统。在一个字符串 t 中，查找子字符串 s 第一次出现的位置，称为子串定位，又称为模式匹配。模式匹配算法在文本处理、信息检索中有广泛的应用，试编写一个模式匹配函数，查找一个字符串在另一个字符串中的位置，若没找到，则返回–1。编写测试程序进行测试。

程序设计进阶篇

第8章 指　　针

本章思维导图

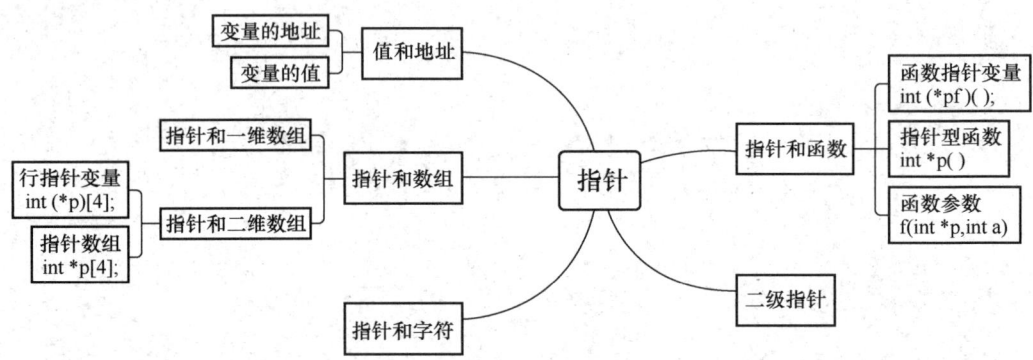

指针是底层编程的核心工具，在计算机编程中可直接操作内存，其本质是存储变量内存地址的特殊变量。本章内容由变量的值到变量的地址，慢慢引入指针的概念，然后从介绍指针变量的初始化及定义到如何利用指针访问变量、数组、字符串、函数；最后到二级指针和指针数组。

8.1　指针的概念

计算机硬件系统的内存储器中拥有大量的内存单元，为方便管理，必须为每一个内存单元进行编号，该编号即为内存单元的"地址"。地址从零开始，被连续编号，最后的"地址"决定了内存的大小，如 64KB 内存的计算机，它最后的地址是 65535（64×2^{10}−1）。

如图 8-1 所示，每个内存单元都有唯一的地址编号，操作系统或应用程序可以通过地址编号找到对应的内存单元，通常认为这个地址编号（地址）是"指向"这个内存单元的，因此将"地址"形象化地称为"指针"。

当声明一个变量时，系统会在内存的某个地方为变量分配适当的空间来存放该变量的值，因为每一个内存单元都有唯一的地址编号，所以分配给变量的内存空间也有自己的地址编号。如 int a = 1314;,系统为整型变量 a 分配了 4 字节的连续内存空间，并把 1314 存入该内存空间。如图 8-2 所示，假设系统给变量 a 分配的地址编号是从 0x00002000 到 0x00002003 的 4 个连续的内存单元，通常规定存储单元的起始地址（首地址）叫作变量的地

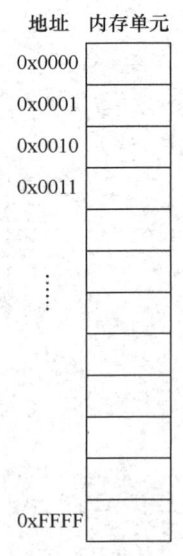

图 8-1　内存的表示

址,变量 a 的首地址就是 0x00002000。在程序执行时,系统总是将变量名 a 和地址 0x00002000
关联起来,即访问 1314 这个数据既可按变量名 a 访问,又可通过地址 0x00002000 访问。

内存地址是一个整型数值,因此可以把它赋值给变量,存放内存地址的变量叫作指针变
量。指针变量是存放地址的变量,其存放的地址是内存中另一个变量的地址。假设指针变量
p 存放变量 a 的地址,则指针变量 p 和变量 a 之间的关系可用图 8-3 来描述。

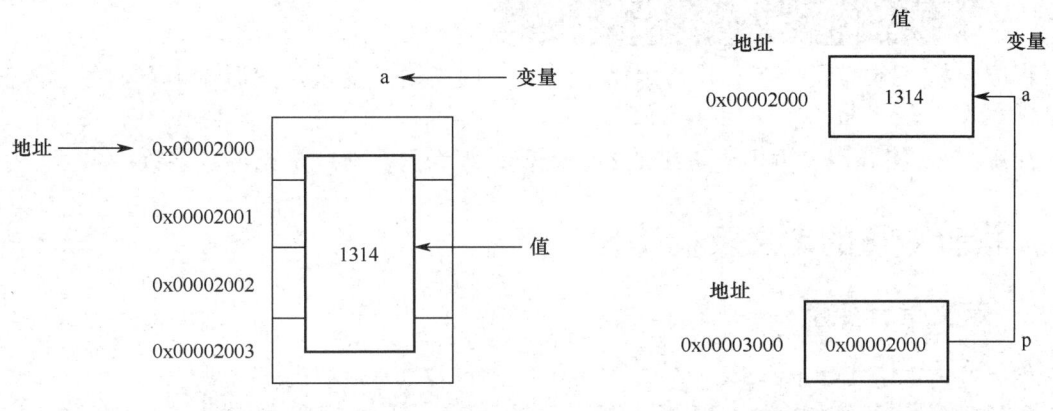

图 8-2　变量 a 的地址编号　　　　　图 8-3　指针变量 p 和变量 a 的关系

指针变量 p 的值是整型变量 a 的地址,因此通过指针变量 p 可访问变量 a,即指针变量
p "指向"了变量 a。通常,指针变量 p 也被称为"指针"p。

在这里要区分存储单元的地址和存储单元的值这两个概念:

在图 8-3 中,0x00002000 就是存储单元的地址,1314 就是存储单元的内容(值)。对于
指针变量 p 而言,其值是 0x00002000,其地址是 0x00003000。

需要理解指针的 3 个基本概念,即指针常量、指针变量和指针变量的值。

内存地址就是指针常量,就像房间号,唯一且不可改变,程序员仅仅能利用它们存储数
据的值。

指针变量:存放地址的变量。

在图 8-3 中,指针变量 p 的值为 0x00002000,是可改变的,即可以为其他变量的地址。

内存中变量的实际地址是由系统决定的,因此,变量的地址对于用户而言是未知的,那
么如何获取变量的地址呢?使用取地址运算符 "&" 可返回变量的地址。例如:

```
p = &a;     //指针变量 p 中存放变量 a 的地址
p = &c;     //指针变量 p 中存放变量 c 的地址
```

下面我们通过案例展示不同类型变量的值和地址。

【例 8-1】 输出变量的值和地址。

```
/* exp8-1 */
#include <stdio.h>
int main( )
{
    char a;
    int x;
    float y;
    a = 'A';
    x = 125;
    y = 3.14;
```

```
    printf("%c is stored at addr \t\t%u\n",a,&a);
    printf("%d is stored at addr \t\t%u\n",x,&x);
    printf("%f is stored at addr \t%u\n",y,&y);
    return 0;
}
```

程序运行结果：

```
A is stored at addr            10025315
125 is stored at addr          10025300
3.140000 is stored at addr     10025288
```

程序分析：本例题中定义并初始化了 3 个不同类型的变量，然后输出它们各自的值和地址。

注意：%u 格式用来输出十进制数的地址值，因为内存地址是无符号整数。

8.2　指针变量的定义及初始化

8.2.1　定义指针变量

指针的定义格式如下：

```
数据类型说明符    *指针变量名;
```

例如：

```
int *p;
```

该语句有 3 个含义：

（1）p 是变量，需要内存空间。

（2）*说明变量 p 是指针变量。

（3）int 说明 p 是指向整型数据类型的指针变量。

注意：此处 int 指的是 p 指向变量的数据类型，不是指针值的类型。同样，如 float *q;定义指针变量 q，它指向浮点型变量。

8.2.2　初始化指针变量

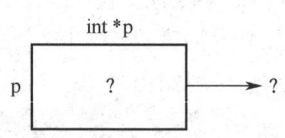

图 8-4　指针变量指向未知空间

语句 float *q;为指针变量 q 分配内存空间，此时内存空间没有分配任何值，这些空间可能包含一些未知数据，因此定义的指针变量指向未知空间，如图 8-4 所示。故没有初始化的指针将有可能产生严重的错误，所以在使用指针变量前，对它进行初始化是非常必要的。为指针变量指定一个值的过程就是指针变量的初始化。例如：

```
int a;
int *p;              /* 定义一个指针变量 p，p 指向整型数据 */
p = &a;              /* 对 p 进行初始化操作 */
```

可以同时定义和初始化指针变量：

```
int a;
int *p = &a;
```

注意：这是初始化 p，而不是*p。

初始化需要注意以下几点：

（1）要确保指针变量总是指向相对应的数据类型，例如：

```
float a,b;
int x,*p;
p = &a;                         /* 类型不一致 */
b = *p;
```

将导致错误，因为 p = &a 企图将 float 类型变量的地址分配给整型变量指针。

（2）可以将数据变量的定义、指针变量的定义和初始化合为一步操作来实现，例如：

```
int x,*p = &x;
```

上述语句定义了整型变量 x 和指针变量 p，并且把 x 的地址赋给了指针变量 p。

注意：目标变量 x 一定要先定义，例如：

```
int *p = &x, x;            /* 错误 */
```

（3）可以定义指针变量并赋初值为 0 或 NULL，例如：

```
int *p = NULL;
int *p = 0;
```

（4）除了 0 或 NULL，其他常量值不可以赋给指针变量，例如：

```
int *p = 3334;              /* 错误 */
```

8.3 通过指针访问变量

通常运用单目运算符"*"来访问指针变量所指向变量的值，例如：

```
int a, *p, n;         /*定义整型变量 a、n 和指向整型数据的指针变量 p*/
a = 1314;
p = &a;               /*把变量 a 的地址赋给指针变量 p*/
n = *p;
```

语句 n = *p; 包含了单目运算符"*"，此处，当"*"出现在指针变量的左边，则返回一个以指针变量的值为首地址的存储空间中的数据。p 的值是 a 的地址，所以 *p 返回变量 a 的值，n 的值就等于 1314，"*"又记为"地址上的值"。例如：

```
p = &a;
n = *p;
```

等价于：

```
n = *&a;
```

也等价于：

```
n = a;
```

在 C 语言中,地址的指派总是象征性的,所以不能用*0x00002000 访问存放在地址 0x00002000 上的存储空间的值，该语句是错误的，例 8-2 说明了指针的值和指针指向的值的不同。

【例 8-2】 输出指针变量的值和地址。

```
/* exp8-2 */
#include <stdio.h>
int main( )
{
    char a;
    int x;
    float y;
    char *pa;
    int *px;
    float *py;
```

```
    short *pz;
    a = 'A';
    x = 125;
    y = 3.14;
    pa = &a;
    px = &x;
    py = &y;
    printf("%c is stored at addr \t\t%u\t%u\n",a,&a,pa);
    printf("%d is stored at addr \t\t%u\t%u\n",x,&x,px);
    printf("%f is stored at addr \t%u\t%u\n\n",y,&y,py);
    *pa = 'B';
    *px = 250;
    *py = 6.28;
    printf("%c is stored at addr \t\t%u\t%u\n",a,&a,pa);
    printf("%d is stored at addr \t\t%u\t%u\n",x,&x,px);
    printf("%f is stored at addr \t%u\t%u\n",y,&y,py);
    x = 0x12345678;
    pa = (char*)&x;
    pz = (short*)&x;
    printf("  int 型指针所指内存单元值为：%x\n",*px);
    printf("short 型指针所指内存单元值为：%x\n",*pz);
    printf(" char 型指针所指内存单元值为：%x\n",*pa);
    return 0;
}
```

程序运行结果：

```
A is stored at addr          2948383 2948383
125 is stored at addr        2948368 2948368
3.140000 is stored at addr   2948356 2948356

B is stored at addr          2948383 2948383
250 is stored at addr        2948368 2948368
6.280000 is stored at addr   2948356 2948356
 int 型指针所指内存单元值为：12345678
short 型指针所指内存单元值为：5678
 char 型指针所指内存单元值为：78
```

程序分析：

（1）在 char *pa;中，*表示变量 pa 是指针类型，作用是区分指针变量和普通变量。

（2）语句 pa = &a;即将 a 的地址赋给了指针变量 pa。

（3）赋值语句*pa = 'B';中，"*"是取值运算符，具有右结合性，该语句把字符常量'B'放入 pa 指向的内存空间里，而 pa 的值是变量 a 的地址，所以 a 的原值被字符常量'B'取代，等价于把字符常量'B'赋给 a。

（4）px, pz, pa 都指向变量 x 在内存中的首地址，但是它们所访问的内存单元的数量并不一样，这是因为定义 px,pz,pa 属于不同的指针类型，而不同类型的指针所指向内存单元的长度是不同的，如图 8-5 所示。

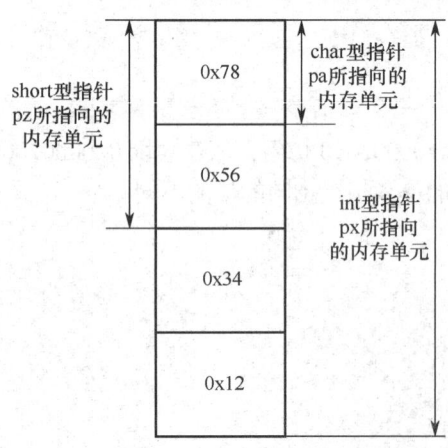

图 8-5　不同类型指针间的内存结构

【例 8-3】　不同类型指针间的强制转换。

```
/* exp8-3 */
#include <stdio.h>
int main( )
{
    int a;
    int *pa;
    pa = &a;
    a = 0x12345678;
    printf("int 型指针 pa 的值为：%x\n",pa);
    printf("char 型指针 pa 的值为：%x\n\n",(char*)pa);
    printf("int 型指针 pa 所指的内存单元的值为：%x\n",*pa);
    printf("char 型指针 pa 所指的内存单元的值为：%x\n",*(char *)pa);
    return 0;
}
```

程序运行结果：

```
int型指针pa的值为：76fa9c
char型指针pa的值为：76fa9c

int型指针pa所指的内存单元的值为：12345678
char型指针pa所指的内存单元的值为：78
```

程序分析：

（1）从运行结果可看出，int 型指针变量 pa 中存放变量 a 的地址，通过(char*)pa 将 int 型指针变量强制转换为 char 型指针变量，但指针的值并没有发生变化。这是因为任何指针在 32 位计算机中都用 4 字节来表示，所以指针值不会随指针类型的变化而变化。

（2）强制转换后指针所访问的内存单元数量发生了变化，之前 pa 是整型指针，访问 4 字节的数据，强制转换之后变为 char 型指针，访问 1 字节的数据，如图 8-6 所示。

【例 8-4】　利用指针变量实现两个整数的排序。

```
/* exp8-4 */
#include <stdio.h>
int main( )
{
    int n1, n2, *p, *n1_p = &n1, *n2_p = &n2;
    printf("Input n1: ");
    scanf("%d", &n1);
    printf("Input n2: ");
    scanf("%d", &n2);
    if(*n1_p > *n2_p)
    {
        p = n1_p;
        n1_p = n2_p;
        n2_p = p;
    }
    printf("min = %d, max = %d\n", *n1_p, *n2_p);
    return 0;
}
```

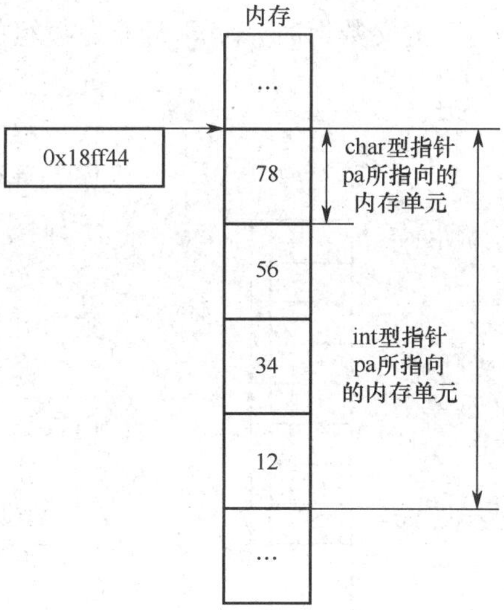

图 8-6　char 型指针和 int 型指针的内存结构

程序运行结果：

```
Input n1: 5
Input n2: 3
min = 3, max = 5
```

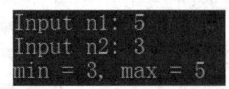

程序分析：

（1）执行 if 语句之前，指针 n1_p 指向变量 n1，指针 n2_p 指向变量 n2，如图 8-7 左边所示。

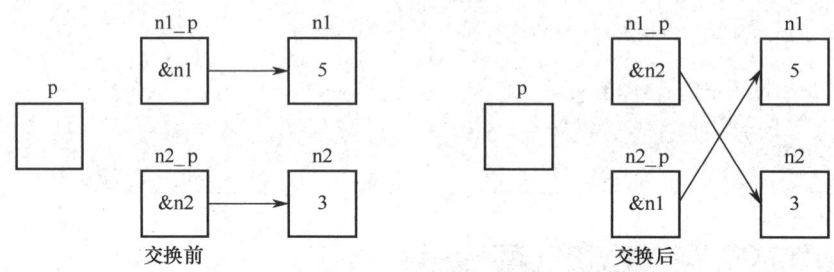

图 8-7　利用指针变量实现两个整数的排序

（2）执行 if 语句之后，指针 n1_p 和 n2_p 交换所指向变量的地址，实际上此时变量 n1 和 n2 的值并没有发生改变，如图 8-7 右边所示。

（3）交换指针变量的值和交换变量的值的方法是一样的，都需要定义一个中间变量，本例题中为了交换指针变量 n1_p 和 n2_p，又定义了一个相同数据类型的指针变量 p。

8.4　指针和数组

8.4.1　指针和一维数组

当定义数组时，编译器会为数组的所有元素分配一块连续的内存单元。首地址是第 1 个元素的地址（即下标为 0 的元素地址），编译器还规定数组名代表这块连续内存单元的首地址。每个数组元素按下标顺序占据着连续地址的内存单元。以 int 型数组 a[10]为例，某内存表示如图 8-8 所示。

图 8-8　一维数组的内存表示

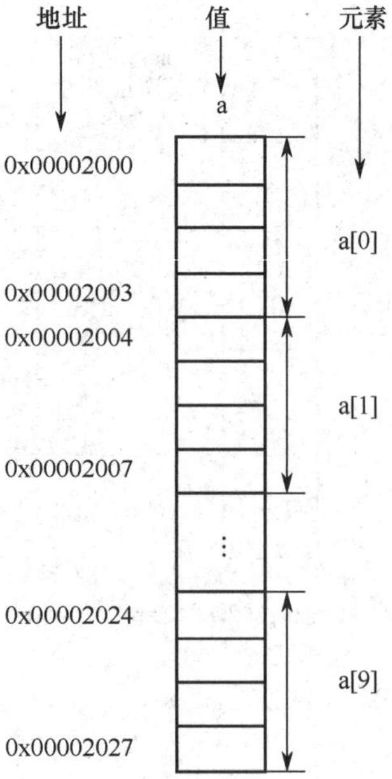

数组元素 a[0]到 a[9]占用连续空间，数组元素的地址为该数组元素占据内存空间的首地址。

定义指向数组元素的指针变量的方法与定义指向变量的指针变量相同。

指向数组元素的指针变量定义的一般形式为：

```
数据类型说明符    *指针变量名;
```

其中，数据类型说明符表示指针所指向数组元素的类型。例如：

```
int a[10];
int *p;
p = &a[0];
```

注意：因为数组为 int 型，所以指针变量也为 int 型。

把元素 a[0]的地址赋给指针变量 p，也就意味着 p 的值为

0x00002000，它指向一维数组 a 的第 1 个元素（即下标为 0 的元素）。

又因为数组名代表数组的首地址，因此可知：

```
p = &a[0] = a;
```

指向一维数组的指针变量定义时还可以写成：

```
int a[10];
int *p = a;
```

从图 8-9 中可以看出 p、a、&a[0]的关系。

（1）p、a、&a[0]均表示同一内存单元，既是一维数组 a 的首地址，又是元素 a[0]的地址。

（2）需要注意的是：p 是变量，而 a、&a[0]都是常量，a、&a[0]不可变化，它们只能是0x00002000，而 p 的值可改变。

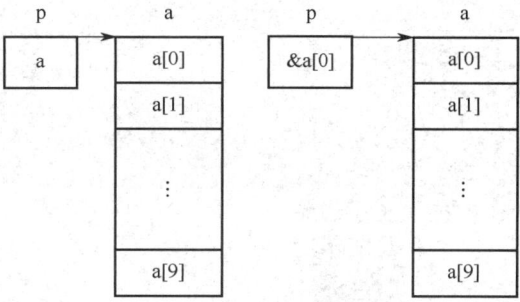

8.4.2　用指针引用数组元素

图 8-9　同一内存单元地址的表示

由 8.4.1 节可知：若指针变量 p 已指向数组中的某一个元素，在不越界的情况下，p + 1 指向同一数组中的下一个元素，p − 1 指向同一数组中的上一个元素。

若 p 的初值为&a[0]，则 p + i 或 a + i 均表示 a[i]的地址，指向一维数组 a 中下标为 i 的元素。*(p + i)或 *(a + i)就是 p + i 或 a + i 所指向的数组元素，即 a[i]，如*(p + 5) = *(a + 5) = a[5]。指向数组的指针变量也可以带下标，如 p[i]与*(p + i)等价。

综上所述，引用一个数组元素有直接访问和间接访问两种方法：

（1）直接访问。用 a[i]或 p[i]带下标的形式访问数组元素，又称为下标法。

（2）间接访问。用*(a + i)或*(p + i)带指针运算符的形式访问数组元素，又称为指针法。其中 a 是数组名，p 是指向一维数组的指针变量，p = a。

【例 8-5】　输出数组中的全部元素（直接访问）。

```
/* exp8-5 */
#include <stdio.h>
int main( )
{
    int a[5], i;
    int *p=a;
    for(i = 0; i < 5; i++)
        p[i] = i;
    for(i = 0; i < 5; i++)
        printf("a[%d]=%d\n", i, p[i]);
    return 0;
}
```

程序运行结果：

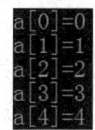

【例 8-6】 输出数组中的全部元素（间接访问）。

```
/* exp8-6 */
#include <stdio.h>
int main( )
{
    int a[10], i;
    for(i = 0; i < 10; i++)
      *(a + i)= i;
    for(i = 0; i < 10; i++)
      printf("a[%d]=%d\n", i, *(a + i));
    return 0;
}
```

程序运行结果：

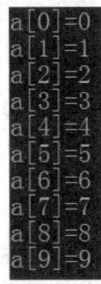

【例 8-7】 输出数组中的全部元素（间接访问）。

```
/* exp8-7 */
#include <stdio.h>
int main( )
{
    int a[10], i, *p;
    p = a;
    for(i = 0; i < 10; i++)
      *(p++)= i;
    p = a;    /* 使指针变量 p 重新指向一维数组 a 的首地址 */
    for(i = 0; i < 10; i++)
      printf("a[%d] = %d\n", i, *(p++));
    return 0;
}
```

程序运行结果：

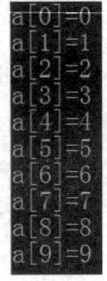

程序分析：

（1）*p++，由于++和*优先级相同，结合方向自右向左，等价于*(p++)，但最好书写时带括号，以便于阅读。*(p++)与*(++p)作用不同。若 p 的初值为 a，则*(p++)等价于 a[0]，*(++p)等价于 a[1]。

（2）数组名 a 是数组首地址，为一个常量，所以 a++是错误的，因为常量的值无法改变，无法实现自增或自减操作。

（3）数组中常用的指针表达式的意义如下。

*p++：先使用*p 的值，然后 p 自增 1。

*++p：p 先自增 1，再使用*p 的值。

*p−−：先使用*p 的值，然后 p 自减 1。

*−−p：p 先自减 1，再使用*p 的值。

(*p)++：先使用*p 的值，再将此值加 1。

++(*p)：*p 的值先加 1，再使用*p 的值。

(*p)−−：先使用*p 的值，再将此值减 1。

−−(*p)：*p 的值先减 1，再使用*p 的值。

为保证程序的可读性和稳定性，应尽可能添加括号，少采用复杂运算。

8.4.3　指针和二维数组

1. 指向二维数组的一般指针

指针同样可以用来处理二维数组，二维数组 a 的首地址是&a[0][0]。编译器同样为二维数组的所有元素分配连续的存储空间，并且是按行存放，即第 2 行的第一个元素存放在第 1 行的最后一个元素的后面，其他各行同此操作。

设有整型二维数组 a[3][4]，其定义如下：

```
0    1    2    3
4    5    6    7
8    9    10   11
```

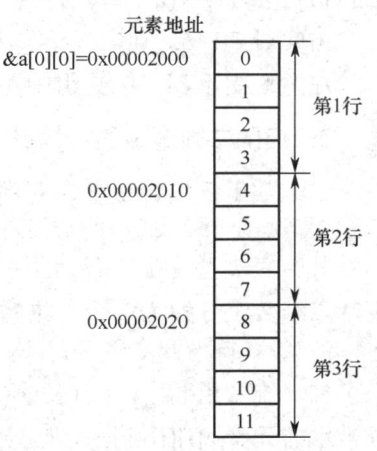

图 8-10　二维数组元素的存放

假设数组 a 的首地址为 0x00002000，数组元素存放如图 8-10 所示。

若定义整型指针变量 p，并且初始化为&a[0][0]，则：

```
a[i][j] = *(p+4*i+j)    /*  4 就是二维数组 a 的列数  */
```

例如，元素 a[2][3] = *(p+4*2+3)= *(p+11)，这就是为什么定义二维数组时，必须指定列数，以便于让编译器为数组进行存储映射。

思考：*(p+11)中"11"与数组元素 a[2][3]的值有无关联？

【例 8-8】　阅读程序并分析运行结果。

```
/* exp8-8 */
#include <stdio.h>
int main( )
{
    int a[3][4] = {00, 01, 02, 03, 10, 11, 12, 13, 20, 21, 22, 23};
    int *p;
    printf("0x%x,0x%x,0x%x,0x%x\n",    a,*a,a[0],&a[0]);
    printf("0x%x,0x%x,0x%x,0x%x\n\n",a+1,*a+1,a[1],&a[1]);
    printf("a[0][1]的地址：0x%x\t0x%x\n",a[0]+1,*(a+0)+1);
```

```
    printf("a[0][1]的值: %d,%d\n",*(a[0]+1),*(*(a+0)+1));
    p=&a[0][0];
    printf("a[0][1]的地址: 0x%x\n",(p+4*0+1));
    printf("a[0][1]的值: %d\n",*(p+4*0+1));
    return 0;
}
```

程序运行结果：

```
0x8ffda8,0x8ffda8,0x8ffda8,0x8ffda8
0x8ffdb8,0x8ffdac,0x8ffdb8,0x8ffdb8

a[0][1]的地址: 0x8ffdac 0x8ffdac
a[0][1]的值: 1,1
a[0][1]的地址: 0x8ffdac
a[0][1]的值: 1
```

程序分析：

（1）C 语言允许把一个二维数组分解为多个一维数组来处理，因此数组 a 可分解为 3 个一维数组，即 a[0]、a[1]、a[2]。每一个一维数组又含有 4 个元素，例如，数组 a[0]含有 a[0][0]、a[0][1]、a[0][2]、a[0][3] 4 个元素。

（2）从二维数组的角度来看，a 是二维数组名，它代表整个二维数组的首地址，其值为 0x8ffda8。

（3）a[0]是第 1 个一维数组的数组名和首地址，因此也为 0x8ffda8。*(a+0)或*a 与 a[0] 等效，都表示一维数组的首地址。因此，&a[0][0]、a[0]、*(a+0)、a 的值是相等的。同理，&a[1][0]、a[1]、*(a + 1)、a + 1 的值也是相等的。

由此可知：&a[i][0]、a[i]、*(a + i)、a+i 的值同样是相等的。

注意：由于在二维数组中不存在元素 a[i]，不能把&a[i]理解为元素 a[i]的地址。

2．指向二维数组的行指针

二维数组行指针变量说明的一般形式为：

```
类型说明符   (*指针变量名)[长度];
```

其中“类型说明符”为所指向数组的数据类型。*表示其后的变量是指针类型。“长度”表示二维数组分解为多个一维数组时，一维数组的长度，也就是二维数组的列数。

注意：“(*指针变量名)”两边的括号不能省略。

在一维数组 a 中，表达式*(a + i)或者*(p + i)表示一维数组元素 a[i]。在二维数组中，二维数组的元素 a[i][j]可描述为：*(*(a + i)+ j)或者*(*(p + i)+ j)。

把二维数组 a 分解为一维数组 a[0]、a[1]、a[2]后，设 p 为指向二维数组的指针变量，可定义为：

```
int (*p)[4];
```

它表示 p 是一个数组指针，或称为行指针变量，它指向包含 4 个元素的一维数组。若指向第 1 个一维数组 a[0]，其值可等于 a 或 a[0]。而 p + i 则指向一维数组 a[i]。从前面的分析可得出*(p + i)+ j 是二维数组第 i+1 行第 j+1 列的元素的地址，而*(*(p + i)+ j)则是第 i+1 行第 j+1 列元素的值。

图 8-11 阐明了用行指针是如何描述二维数组元素 a[i][j]的。由图 8-11 可看出，p + i 是指向第 i+1 行的指针，方向是水平的，指向行；而*(p + i)是指向第 i+1 行第 1 个元素的指针，方向是垂直的，指向列。因此*(p+i)+j 也称为指向第 i+1 行第 j+1 个元素的列指针。注意，虽

然 p + i 和*(p + i)的值相同，但含义不同。

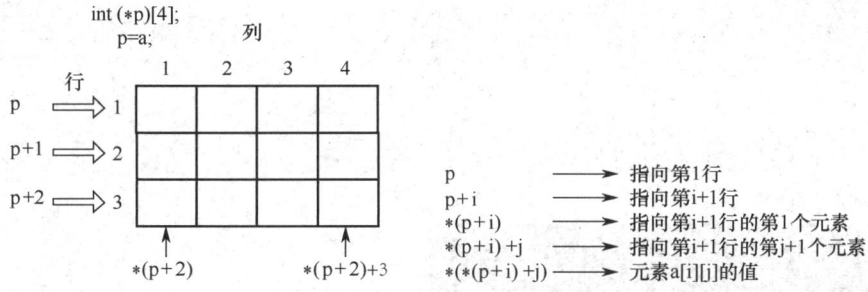

图 8-11　二维数组的指针表示

【例 8-9】　阅读程序并分析运行结果。

```
/* exp8-9 */
#include <stdio.h>
int main( )
{
    int a[3][4] = {00, 01, 02, 03, 10, 11, 12, 13, 20, 21, 22, 23};
    int (*p)[4];
    printf("0x%x, 0x%x, 0x%x, 0x%x\n",    a,*a,a[0],&a[0]);
    printf("0x%x\t0x%x\n",a[0]+1,*(a+0)+1);
    printf("a[0][1]的值: %d,%d\n",*(a[0]+1),*(*(a+0)+1));
    p=a;
    printf("0x%x,%d\n\n",(p[0]+1),*(*(p+0)+1));
    printf("0x%x\t0x%x\n",(p+1),*(p+1));
    printf("0x%x\t0x%x\n",(p+1)+1,*(p+1)+1);
    return 0;
}
```

程序运行结果：

```
0x6ffb4c, 0x6ffb4c, 0x6ffb4c, 0x6ffb4c
0x6ffb50        0x6ffb50
a[0][1]的值: 1,1
0x6ffb50,1

0x6ffb5c        0x6ffb5c
0x6ffb6c        0x6ffb60
```

程序分析：

（1）int (*p)[4];定义了一个行指针变量，指向包含 4 个元素的一维数组，其值等于 a。

（2）*(p[0]+1)、*(a[0]+1)、*(*(p+0)+1)和*(*(a+0)+1)表示数组元素 a[0][1]的值。

（3）p[0]+1、a[0]+1、*(p+0)+1 和 *(a+0)+1 表示数组元素 a[0][1]的地址。

（4）因为 p+i 的方向是指向行，而*(p+i)的方向是指向列，可看出虽然 p+1 和*(p+1)的值相同，但从 p+1 到 p+2 地址变化是 16 字节，而从*(p+1)到*(p+1)+1 地址变化是 4 字节。

【例 8-10】　普通指针和数组指针。

```
/* exp8-10 */
#include <stdio.h>
int main( )
{
    char ch[4];
    char (*pa)[4],*pb;
```

```
    pa = &ch;
    pb = &ch[0];
    printf("char 型数组指针 pa 所占用的内存大小为: %d\n",sizeof(*pa));
    printf("char 型    指针 pb 所占用的内存大小为: %d\n\n",sizeof(*pb));
    printf("pa = %u\t pa + 1 = %u\n",pa,pa+1);
    printf("pb = %u\t pb + 1 = %u\n",pb,pb+1);
    return 0;
}
```

程序运行结果：

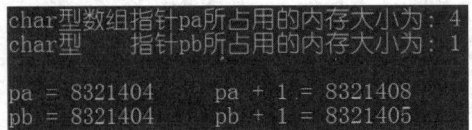

```
char型数组指针pa所占用的内存大小为：4
char型    指针pb所占用的内存大小为：1

pa = 8321404     pa + 1 = 8321408
pb = 8321404     pb + 1 = 8321405
```

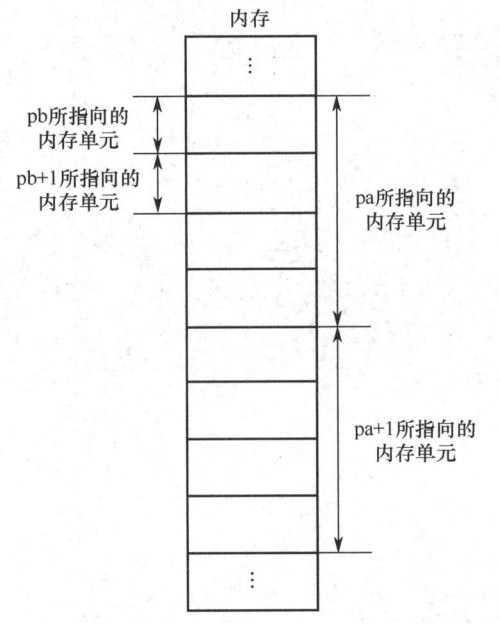

图 8-12　指针 pa、pa+1 和 pb、pb+1 的内存结构

程序分析：

（1）在上面的代码中，&ch 和&ch[0]都表示 char 型数组 ch 的首地址，但它们的类型并不相同，pb 仅仅表示一个 char 型变量的地址，是普通的 char 型指针变量。

（2）pa 是一个 char 型的行指针，指针 pa、pa+1 和 pb、pb+1 的内存结构如图 8-12 所示。

（3）通过图 8-12 可发现，数组指针 pa 和 pb 所指向的是同一个起始地址，但由于指针类型不同，所指向的内存单元的数量也不一样，因此在指针运算时得到的结果也不相同。

（4）pb 到 pb+1 的变化大小由它所指向的类型决定，由于指针是字符指针，所以变化为 1 字节，若是整型指针，则变化为 4 字节；而 pa 到 pa+1 的变化大小为 4 字节，正好为 pa 指针所指向的类型 char (*pa)[4]，所以在做相应的指针运算时尤其要注意指针所指向的类型。

8.5　指针和字符

8.5.1　指向字符的指针

指向字符的指针变量与指向字符串的指针变量的定义是相同的。只能按对指针变量的赋值不同来区别。对指向字符的指针变量应赋予该字符变量的地址。例如：

```
    char c, *p = &c;
```

表示 p 是一个指向字符变量 c 的指针变量，又如：

```
    char *s = "C Language";
```

则表示 s 是一个指向字符串的指针变量，把字符串的首地址赋予 s。

【例 8-11】　在输入的字符串中查找有无字符'k'。

```
/* exp8-11 */
```

```
#include <stdio.h>
int main( )
{
    char s[20], ch,*ps,*pc;
    int i;
    ch = 'k';
    printf("Please input a string:\n");
    ps = s;
    pc = &ch;
    gets(s);
    for(i = 0; ps[i] != '\0'; i++)
        if(*(ps+i)== *pc)
        {
            printf("there is a 'k' in the string\n");
            break;
        }
    if(ps[i] == '\0')
        printf("There is no 'k' in the string\n");
    return 0;
}
```

程序运行结果：

```
Please input a string:
I'm ok
there is a 'k' in the string
```

8.5.2　指向字符串的指针

C 语言支持使用指向字符的指针变量来定义字符串，例如：

```
char *str = "China";
```

该语句会产生一个串，它的地址在指针变量 str 中，指针 str 指向串"China"的第一个字符，还可以实时分配地址给字符型指针变量，例如：

```
char *str;
str = "China";
```

可使用 printf( )函数或 puts( )函数来输出指针变量 str 所指向的内容，例如：

```
printf("%s",str);
puts(str);
```

注意：尽管 str 是指向字符串的指针，同时它也是字符串的名字，所以输出时没有必要使用指针运算符*。和一维数组一样，可用指针来存取字符串中的单个字符。

【例 8-12】　利用指针求字符串的长度。

```
/* exp8-12 */
#include <stdio.h>
int main( )
{
    int length;
    char *pctr ;
    char *name = "Chinese";
    pctr = name;
    while(*pctr != '\0')
    {
        printf("%c is stored at address %u\n",*pctr,pctr);
        pctr++;
```

```
    }
    length = pctr - name;
    printf("\nlength of the string = %d \n",length);
    return 0;
}
```

程序运行结果：

```
C is stored at address 16013968
h is stored at address 16013969
i is stored at address 16013970
n is stored at address 16013971
e is stored at address 16013972
s is stored at address 16013973
e is stored at address 16013974

length of the string = 7
```

程序分析：

（1）语句 char *pctr;pctr= name;定义 pctr 为指向字符的指针变量，并把 name 的第一个字符的地址作为 pctr 的初始值。

（2）语句 while(*pctr != '\0')为真，表示访问直到串的最后一个字符'\0'为止。

（3）当 while 循环终止时，指针 pctr 包含空字符的地址，所以语句 length = pctr – name;将求出串"Chinese"的长度。

8.6 指针和函数

8.6.1 用指针变量作为函数参数

当数组名作为参数传递给函数时，仅仅传递数组第一个元素的地址，而不是数组元素实际的值。若 a 是数组，当调用 f(a)时，a[0]的地址被传递给了函数 f，类似的，可以将变量的地址作为参数传递给函数。

当给函数传递变量的地址，接收地址的参数应该是指针变量。在函数调用过程中，使用指针传递变量的地址称为"地址传递"。

【例 8-13】 利用指针变量作为函数参数，交换两个整数的值并输出。

```
/* exp8-13 */
#include <stdio.h>
int main( )
{
    void exchange(int *p1, int *p2);
    int a, b;
    int *pt_a, *pt_b;
    printf("Please input two integer: ");
    scanf("%d, %d", &a,&b);
    pt_a = &a;
    pt_b = &b;
    printf("before exchange: %d, %d\n", a, b);
    exchange(pt_a, pt_b);
    printf("after exchange: %d, %d\n", a, b);
    return 0;
}

void exchange(int *p1, int *p2)
```

```
{
    int n;
    n = *p1;
    *p1 = *p2;
    *p2 = n;
}
```

程序运行结果：

```
Please input two integer: 5,3
before exchange: 5，3
after exchange: 3，5
```

程序分析：

（1）exchange( )函数的作用是交换两个指针变量所指向变量（a 和 b）的值，这两个指针变量是形参。程序运行时，main( )函数中指针变量 pt_a 和 pt_b 分别指向变量 a 和 b，此时 pt_a 和 pt_b 的值分别是&a 和&b，如图 8-13（a）所示。

（2）当调用 exchange( )函数时，pt_a 和 pt_b 作为实参将&a 和&b 传递给形参 p1 和 p2，此时实参 pt_a 和形参 p1 共同指向变量 a，pt_b 和 p2 共同指向变量 b，如图 8-13（b）所示。

（3）当执行 exchange( )函数体时，*p1 和*p2 交换，也就是变量 a 和 b 的值交换，如图 8-13（c）所示。

（4）调用结束后，p1 和 p2 被释放，但此时变量 a 和 b 的值已经交换，当 main( )函数中 printf( )函数输出 a 和 b 的值时，就是已经交换后的值，交换过程如图 8-13（d）所示。

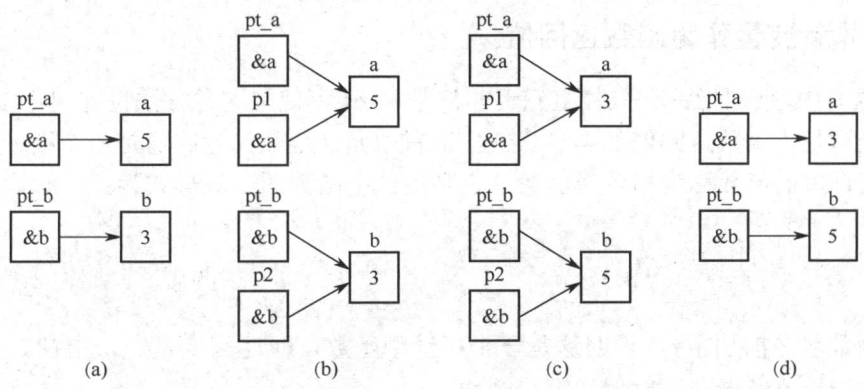

图 8-13　两数交换过程

程序中 exchange( )函数改为：

```
void exchange(int *p1, int *p2)
{
    int *n;
    n = p1;
    p1 = p2;
    p2 = n;
}
```

程序运行结果：

```
Please input two integer: 5,3
before exchange: 5，3
after exchange: 5，3
```

程序分析：

（1）当执行 exchange( )函数时，形参指针变量 p1 和 p2 进行交换，即 p1 指向变量 b，p2 指向变量 a。

（2）调用结束后，p1 和 p2 被释放，此时变量 a 和 b 的值并没有发生交换，当 main( )函数中 printf( )函数输出 a 和 b 的值时，仍然是交换前的值，交换过程如图 8-14 所示。

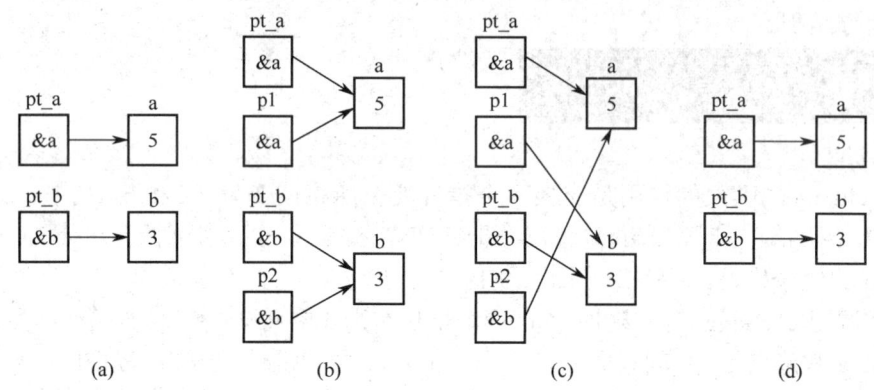

图 8-14　两个指针变量交换过程

注意："地址传递"提供了一种机制，通过该机制被调函数可改变主调函数里的值，这种机制也被称为"指针传递"或"引用传递"。

8.6.2　用指针变量作为函数返回值

在 C 语言中，使用指针存取数组元素非常普遍，还可使用这种方法设计用户自定义函数。

函数类型是指函数返回值的类型。在 C 语言中允许函数的返回值是一个指针（即地址），这种返回指针值的函数称为指针型函数。定义指针型函数的一般形式为：

```
类型说明符 *函数名(形参表)
{
    ...                    /* 函数体 */
}
```

其中函数名之前加了*，表明这是一个指针型函数，即返回值是一个指针。类型说明符表示返回的指针值所指向的数据类型，例如：

```
int *ap(int x,int y)
{
    ...                    /* 函数体 */
}
```

表示 ap 是一个返回指针值的指针型函数，它返回的指针指向一个整型变量。

【例 8-14】　使用指针型函数，输出两个数中的最大值。

```
/* exp8-14 */
#include <stdio.h>
int main( )
{
    int * max(int *p1, int *p2);
    int *p;
    int a = 10;
    int b = 20;
    p = max(&a, &b);
```

```
    printf("a = %d,b = %d\n",a,b);
    printf("The max is :%d\n", *p);
    return 0;
}

int *max(int *p1, int *p2)
{
    if(*p1>*p2)
        return p1;
    else
        return p2;
}
```

程序运行结果：

```
a = 10,b = 20
The max is :20
```

程序分析：

（1）函数 max( )接收变量 a 和 b 的地址，使用 if 双分支语句判断哪个变量值最大，并返回最大值的地址给指针变量 p。

（2）max( )函数的返回值必须是主调函数中变量的地址，若返回被调函数中局部变量的地址，则是错误的。

8.6.3　指向函数的指针变量

函数和变量一样，也有类型和地址。在 C 语言中，一个函数总是占用一段连续的内存区域，同数组一样，函数名代表该函数所占内存区域的首地址。同样，可以定义一个指针变量，把函数的首地址（或称入口地址）赋给指针变量，使指针变量指向该函数。然后通过指针变量就可以找到并调用这个函数。这种指向函数的指针变量称为"函数指针变量"。

函数指针变量定义的一般形式为：

```
类型说明符  (*指针变量名)( );
```

其中"类型说明符"表示函数返回值的类型；"(* 指针变量名)"表示"*"后面的变量是定义的指针变量；最后的空括号表示指针变量所指的是一个函数。例如：

```
int (*pf)( );
```

表示 pf 是一个指向函数入口的指针变量，该函数的返回值（函数值）是整型。

【例 8-15】用函数指针变量实现函数调用，求两个数的最大值。

```
/* exp8-15 */
#include <stdio.h>
int max(int a, int b)
{
    if(a > b)
        return a;
    else
        return b;
}

int main( )
{
    int max(int a, int b);
    int (*pmax)(int, int );    /*定义 pmax 为函数指针变量*/
```

```
int x, y, z;
pmax = max;
x = 10;
y = 20;
z = (*pmax)(x, y);
printf("max=%d\n", z);
return 0;
}
```

程序运行结果：

max=20

从上述程序可以看出，使用函数指针变量调用函数的步骤如下：

（1）先定义函数指针变量，如语句 int (*pmax)(int, int);。

（2）把被调函数的入口地址（函数名）赋给该函数的指针变量，如语句 pmax = max;。

（3）用函数指针变量形式调用函数，如语句 z = (*pmax)(x, y);。

注意：

（1）函数指针变量不能进行算术运算，这是与数组指针变量不同之处。数组指针变量加减一个整数可使指针移动指向后面或前面的数组元素，而函数指针的移动是毫无意义的。

（2）函数调用中 "(*指针变量名)" 两边的括号不可省略，此处，"*" 只是一种表示符号，不应该理解为求值运算。

（3）函数指针变量和指针型函数这两者在写法和意义上的区别如下。

① int (*p)( )是一个变量说明，说明 p 是一个指向函数入口的指针变量，该函数的返回值类型是整型，(*p)两边的括号不能省略。

② int *p( )是一个函数的说明，p 是函数名，该函数的返回值是一个指向整型量的指针。

8.7 二级指针和指针数组

8.7.1 二级指针

若一个指针变量存放的是另一个指针变量的地址，则称这个指针变量为指向指针的指针变量。在前面已经介绍过，通过指针访问变量称为间接访问。由于指针变量直接指向变量，所以又称为 "单级寻址"。而通过指向指针的指针变量来访问变量则构成 "二级寻址"。

如图 8-15 所示，指针变量 p2 包含了指针变量 p1 的地址，p1 又包含了变量 a 的地址，所以可以通过 p2 访问到 p1，然后通过 p1 再访问到变量 a 的值，这就是多级间接寻址。二级指针的定义如下：

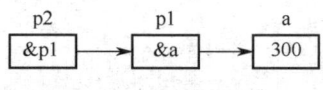

图 8-15　二级指针的示意图

```
int **p2;
```

该定义告诉编译器，p2 是一个指向整型变量指针的指针。

注意：指针 p2 不是一个指向整型变量的指针，而是一个指向整型指针的指针。

【例 8-16】 利用二级指针变量访问变量。

```
/* exp8-16 */
#include <stdio.h>
```

```
int main( )
{
    int x, *p1, **p2;
    x = 10;
    p1 = &x;                    /* 用 x 的地址，对 p1 赋值 */
    p2 = &p1;                   /* 用 p1 的地址，对 p2 赋值 */
    printf("&x = 0x%d\n\n", &x);
    printf("p1 = 0x %d\n", p1);
    printf("&p1 = 0x %d\n", &p1);
    printf("*p1 = %d\n\n", *p1);
    printf("p2 = 0x %d\n", p2);
    printf("&p2 = 0x %d\n", &p2);
    printf("*p2 = 0x %d\n\n", *p2);
    printf("**p2 = %d\n", **p2);
    return 0;
}
```

程序运行结果：

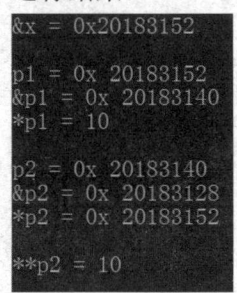

```
&x = 0x20183152

p1 = 0x 20183152
&p1 = 0x 20183140
*p1 = 10

p2 = 0x 20183140
&p2 = 0x 20183128
*p2 = 0x 20183152

**p2 = 10
```

程序分析：

（1）定义整型变量 x，然后分别定义一个一级指针变量 p1 和二级指针变量 p2，将 x 的地址保存在 p1 中，再将一级指针变量 p1 的地址保存在 p2 中。

如图 8-16 所示，因为 p2 中保存的是指针变量 p1 的地址，通过一个*与 p2 结合（*p2）可得到变量 p1 的值，即变量 x 的地址，再与*结合（**p2）可取出变量 x 的值。

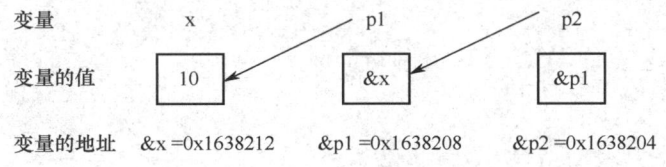

图 8-16 二级指针的内存结构

（2）定义二级指针 p2 时使用了两个*，两个*的意思仅仅是指定义的指针变量保存的是一个指针的地址，而不是一个普通变量的地址，当然，也可以将相同类型二级指针变量的值赋给它。

8.7.2 指针数组

指针数组是一组有序的指针的集合。每一个数组元素的值都是一个地址值。指针数组的所有元素都必须是具有相同存储类型和指向相同数据类型的指针变量。指针数组说明的一般形式为：

类型说明符 *数组名[数组长度]

其中"类型说明符"为指针所指向的变量的类型。例如：

int *pa[3];

表示 pa 是一个指针数组，且有 3 个数组元素，其中每个数组元素值都是一个指针，指向整型变量。

【例 8-17】 指针数组举例。

```c
/* exp8-17 */
#include <stdio.h>
int main( )
{
    int a[3][3] = {1, 2, 3, 4, 5, 6, 7, 8, 9};
    int *pa[3] = {a[0], a[1], a[2]};
    int *p = a[0];
    int i,j;
    printf("数组各元素的地址和值\n");
    for(i = 0; i < 3; i++)
    {
        for(j = 0;j < 3;j++)
            printf("地址: 0x%x, 值: %d\t", &a[i][j],a[i][j]);
        printf("\n");
    }
    printf("\n用 a 来输出数组各元素的地址和值\n");
    for(i = 0; i < 3; i++)
    {
        for(j = 0;j < 3;j++)
            printf("地址: 0x%x, 值: %d %d\t", a[i]+j,*a[i]+j,*(a[i]+j));
        printf("\n");
    }
    printf("\n用 pa 来输出数组各元素的地址和值\n");
    for(i = 0; i < 3; i++)
    {
        for(j = 0;j < 3;j++)
            printf("地址: 0x%x, 值: %d %d\t",  pa[i]+j,*pa[i]+j,*(pa[i]+j));
        printf("\n");
    }
    printf("\n用 p 来输出数组各元素的地址和值\n");
    for(i = 0; i < 3; i++)
    {
        for(j = 0;j < 3;j++)
            printf("地址: 0x%x, 值: %d %d\t", p+j,p[j],*(p+j));
        p+=3;         /* 让 p 向后跳 3 个元素 */
        printf("\n");
    }
    p = pa[0];
    printf("\n用 p 来输出数组各元素的地址和值\n");
    for(i = 0; i < 3; i++)
    {
        for(j = 0;j < 3;j++)
            printf("地址: 0x%x, 值: %d\t", p+i*3+j,*(p+i*3)+j );
        printf("\n");
    }
    printf("\npa 数组各元素的地址和值\n");
```

```
    for(i = 0; i < 3; i++)
        printf("pa[%d]的地址和值： 0x%x, 0x%x\n",i,&pa[i],pa[i]);
    return 0;
}
```

程序运行结果：

```
数组各元素的地址和值
地址： 0x12ffd70, 值: 1   地址: 0x12ffd74, 值: 2   地址: 0x12ffd78, 值: 3
地址： 0x12ffd7c, 值: 4   地址: 0x12ffd80, 值: 5   地址: 0x12ffd84, 值: 6
地址： 0x12ffd88, 值: 7   地址: 0x12ffd8c, 值: 8   地址: 0x12ffd90, 值: 9

用a来输出数组各元素的地址和值
地址： 0x12ffd70, 值: 1 1       地址: 0x12ffd74, 值: 2 2       地址: 0x12ffd78, 值: 3 3
地址： 0x12ffd7c, 值: 4 4       地址: 0x12ffd80, 值: 5 5       地址: 0x12ffd84, 值: 6 6
地址： 0x12ffd88, 值: 7 7       地址: 0x12ffd8c, 值: 8 8       地址: 0x12ffd90, 值: 9 9

用pa来输出数组各元素的地址和值
地址： 0x12ffd70, 值: 1 1       地址: 0x12ffd74, 值: 2 2       地址: 0x12ffd78, 值: 3 3
地址： 0x12ffd7c, 值: 4 4       地址: 0x12ffd80, 值: 5 5       地址: 0x12ffd84, 值: 6 6
地址： 0x12ffd88, 值: 7 7       地址: 0x12ffd8c, 值: 8 8       地址: 0x12ffd90, 值: 9 9

用p来输出数组各元素的地址和值
地址： 0x12ffd70, 值: 1 1       地址: 0x12ffd74, 值: 2 2       地址: 0x12ffd78, 值: 3 3
地址： 0x12ffd7c, 值: 4 4       地址: 0x12ffd80, 值: 5 5       地址: 0x12ffd84, 值: 6 6
地址： 0x12ffd88, 值: 7 7       地址: 0x12ffd8c, 值: 8 8       地址: 0x12ffd90, 值: 9 9

用p来输出数组各元素的地址和值
地址： 0x12ffd70, 值: 1   地址: 0x12ffd74, 值: 2   地址: 0x12ffd78, 值: 3
地址： 0x12ffd7c, 值: 4   地址: 0x12ffd80, 值: 5   地址: 0x12ffd84, 值: 6
地址： 0x12ffd88, 值: 7   地址: 0x12ffd8c, 值: 8   地址: 0x12ffd90, 值: 9

pa数组各元素的地址和值
pa[0]的地址和值： 0x12ffd5c, 0x12ffd70
pa[1]的地址和值： 0x12ffd60, 0x12ffd7c
pa[2]的地址和值： 0x12ffd64, 0x12ffd88
```

程序分析：

（1）本例题中，pa 是一个指针数组，3 个元素分别指向二维数组 a 的各行，然后用循环语句输出数组元素。

（2）其中 a[i]+j 表示第 i+1 行第 j+1 列元素的地址，*a[i]+j 或者*(a[i]+j) 表示第 i+1 行第 j+1 列的元素值。

（3）pa[i]表示第 i+1 行的首地址，pa[i]+j 表示第 i+1 行第 j+1 列元素的地址，*pa[i]+j 或者*(pa[i]+j)表示第 i+1 行第 j+1 列的元素值。

（4）由于 p = a[0]，指向第 1 行的地址，每行有 3 个元素，故当 p 增加 3 时，指向下一行的地址，故 p[j]或者*(p + j)表示某行第 j+1 列的元素值。

读者可仔细领会元素值的各种不同的表示方法，应该注意指针数组和二维数组指针变量的区别。这两者虽然都可用来表示二维数组，但是其表示方法和意义是不同的。

二维数组指针变量是单个的变量，其一般形式中"(*指针变量名)"两边的括号不可省略。例如：

```
int (*p)[3];
```

表示一个指向二维数组的行指针变量，该二维数组的列数为 3。

而指针数组表示的是多个指针（一组有序指针），在 "*指针数组名"两边不能有括号。例如：

```
int *p[3];
```

表示 p 是一个指针数组，有 3 个数组元素 p[0]、p[1]、p[2]，均为指针变量。

指针数组也常用来表示一组字符串，这时指针数组的每个元素被赋予一个字符串的首地址，指向字符串的指针数组的初始化更为简单。

【例 8-18】 使用二级指针访问字符串。

```
/* exp8-18 */
#include <stdio.h>
int main( )
{
    char *name[ ] = {"One","Two","Three"};
    char **p;
    int i;
    printf("p的地址\t\tp 的值\t\tp 指向的值\tchar*的字节数\n");
    for(i = 0; i < 3; i++)
    {
        p = name + i;
        printf("0x%x\t0x%x\t%s\t\t%u\n", &p,p,*p,sizeof(char *));
    }
    return 0;
}
```

程序运行结果：

p的地址	p的值	p指向的值	char*的字节数
0x18ff38	0x18ff3c	One	4
0x18ff38	0x18ff40	Two	4
0x18ff38	0x18ff44	Three	4

程序分析：

（1）本例题中，name 数组元素的值实际上是字符串的地址，它的每一个元素都是一个指针型数据，name 被称为指针数组，其值为地址。

（2）p、name 和 3 个字符串之间的关系如图 8-17 所示，数组名 name 代表该指针数组的首地址。注意，数组元素的值是地址并且只能是地址。

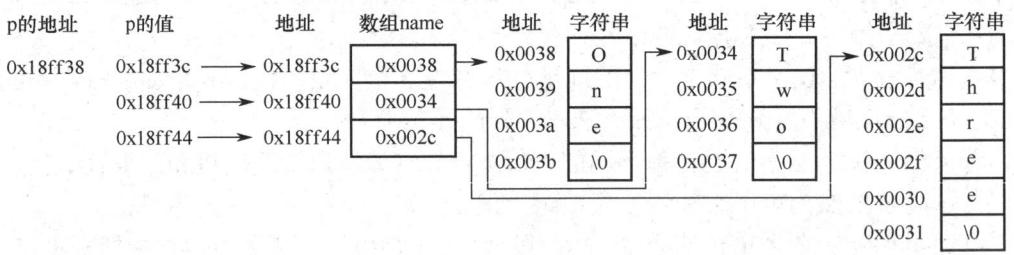

图 8-17   p、name 和 3 个字符串之间的关系

为此，设置一个二级指针变量 p，使它指向数组元素。p 的值就是数组元素的地址，即 char **p;。定义一个指向指针型数据的指针变量，p 前面有两个*，相当于*(*p)。显然*p 是指针变量的定义形式。现在，它的前面又有一个*，表示 p 是一个指向字符型指针变量的指针变量。

由图 8-17 还可看出：

（1）在 32 位机器中，name 数组空间占 12 字节，存放 3 个字符指针。

（2）指向字符串常量的指针是连续排列在指针数组中的。

（3）字符串常量在内存中的分配可能连续，也可能不连续。

本 章 小 结

通过本章学习，需要熟练掌握 C 语言中指向不同数据类型的指针、指针变量的多种运算；掌握指针数组和指向含 n 个元素的一维数组的指针变量的使用方法；理解 int *p( );和 int (*p)( );的区别及应用；了解 int **p 二级指针的概念。

习 题 8

一、选择题

1. 变量的指针，其含义是指该变量的_____。

    A. 值   B. 地址   C. 名   D. 一个标志

2. 若有语句 int *point, a = 4;和 point = &a;，下面均代表地址的一组选项是_____。

    A. a, point, &a   B. &*a, &a, *point

    C. *&point, *point, &a   D. &a, &*point, point

3. 有以下程序，程序运行后的输出结果是_____。

```
#include <stdio.h>
int main( )
{
    int m = 1, n = 2, *p = &m, *q = &n, *r;
    r = p; p = q; q = r;
    printf("%d,%d,%d,%d\n", m, n, *p, *q);
    return 0;
}
```

    A. 1,2,1,2   B. 1,2,2,1   C. 2,1,2,1   D. 2,1,1,2

4. 若有以下定义，则对 a 数组元素的正确引用是_____。

```
int a[5], *p = a;
```

    A. *&a[5]   B. a + 2   C. *(p + 5)   D. *(a + 2)

5. 若有以下定义，则 p + 5 表示_____。

```
int a[10], *p = a;
```

    A. 元素 a[5]的地址   B. 元素 a[5]的值

    C. 元素 a[6]的地址   D. 元素 a[6]的值

6. 有以下程序段，b 中的值是_____。

```
int a[10] = {1, 2, 3, 4, 5, 6, 7, 8, 9, 10}, *p = &a[3],b;
b = p[5];
```

    A. 5   B. 6   C. 8   D. 9

7. 若有语句 int c[4][5], (*p)[5]; p = c;，以下能正确引用数组元素的是_____。

    A. p + 1   B. *(p + 3)   C. *(p + 1) + 3   D. *(p[0] + 2)

8. 下面程序段的运行结果是_____。

```
char *s = "abcde";
s += 2; printf("%d", s);
```

    A. cde   B. 字符'c'

    C. 字符'c'的地址   D. 无确定的输出结果

9. 以下程序的输出结果是_____。

```c
#include <stdio.h>
int main( )
{
    char a[] = "programming", b[] = "language";
    char *p1, *p2;
    int i;
    p1 = a; p2 = b;
    for(i = 0; i < 7; i++)
    if(*(p1 + i)== *(p2 + i))
    printf("%c", *(p1 + i));
    return 0;
}
```

    A. gm   B. rg   C. or   D. ga

10. 以下程序运行后的输出结果是_____。

```c
#include <stdio.h>
#include <string.h>
int main( )
{
    char str[][20] = {"One*World","One*Dream!"},*p = str[1];
    printf("%d,",strlen(p));
    printf("%s\n",p);
}
```

    A. 10,One*Dream!   B. 9,One*Dream!
    C. 9,One*World   D. 10,One*World

二、填空题

1. 以下程序的运行结果是 o love，则画线处应填写的语句为_____。

```c
#include <string.h>
#include <stdio.h>
int main( )
{
    char *a[3] = {"I","love","China"};
    char **ptr = a;
    printf("%c %s", _____ ,*(ptr + 1));
}
```

2. 若有函数 max(a, b)，并且已使函数指针变量 p 指向函数 max，当调用该函数时，正确的调用方法是_____。

3. 有以下程序，程序运行后的输出结果是_____。

```c
#include <stdio.h>
void fun(char *c, int d)
{
    *c = *c + 1;
    d = d + 1;
    printf("%c,%c", *c, d);
}
int main( )
{
    char a = 'A', b = 'a';
    fun(&b, a);
    printf("%c,%c", b, a);
    return 0;
}
```

4．有以下程序（注意：字符'a'的 ASCII 码为 97），程序运行后的输出结果是_____。

```c
#include <stdio.h>
#include <string.h>
int main( )
{
    char *s = {"abc"};
    do
    {
        printf("%d",*s%10); ++s;
    }
    while (*s);
}
```

三、程序设计题

1．编写一个函数，求一个字符串的长度，要求用字符指针实现。在主函数中输入字符串，调用该函数，输出其长度。

2．编写一个函数，完成一个字符串的复制，要求用字符指针实现。在主函数中输入任意字符串，并显示原字符串，调用该函数之后输出复制后的字符串。

3．在主函数中，从键盘输入 10 个数据存放到一维数组中，然后在主函数中调用 search( )函数找出数组中的最大值和最大值所对应元素的下标。要求调用子函数 search(int *pa, int n, int *pmax, int *pflag)完成，数组名作为实参，指针作为形参，最大值和下标在形参中以指针的形式返回。

第9章 结构体与共用体

本章思维导图

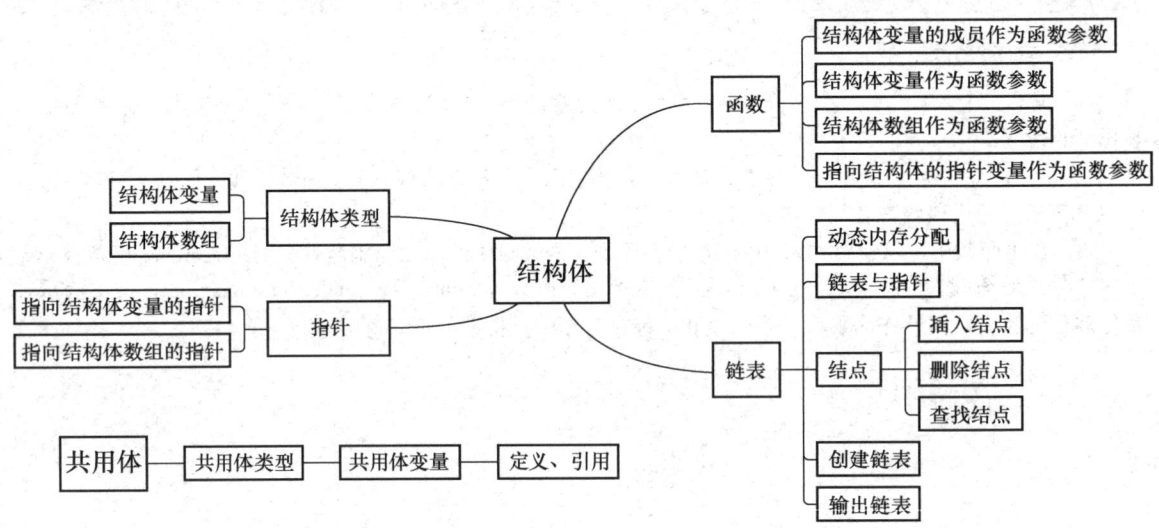

前面章节中介绍了各种类型数据的处理方法。当处理单个数据时，可以将其定义为基本类型中的整型、实型、字符型数据；当处理大量相同类型的数据时，可以将其定义为构造类型的数据，即数组。但在实际问题中，往往会遇到一些类型不同而又相互关联的数据，例如，学生的学号、姓名、成绩等相关数据需要组合成一个有机整体来使用，这就需要学习另一种构造类型，即结构体类型。

9.1 结构体类型与结构体变量

结构体是一种构造类型数据结构，它由一系列成员（或称为域/元素）的数据成分构成，其中每个成员分量可以具有不同的类型。每个成员可以是一个基本数据类型，也可以是一个结构体类型。结构体既然是一种由多个成员"构造"而成的数据类型，且在实际问题中，结构体类型所包含的各个成员往往都不相同，故 C 语言仅仅提供了定义结构体类型的一般方法，即结构体中具体成员的类型和数量由用户自己来定义。也就是说，结构体变量的定义分两个步骤：一是定义结构体类型；二是定义结构体类型的变量。

9.1.1 结构体类型的定义

定义结构体类型的一般形式为：

`struct 结构体类型名`

```
{
    类型名　结构体成员名 1;
    类型名　结构体成员名 2;
    ...
    类型名　结构体成员名 n;
};                          /* 分号不可少 */
struct 结构体类型名 变量名列表;
```

其中，struct 是结构体说明的关键字，结构体类型名由用户自己来定义，作用相当于 int 关键字，{}里的内容是该结构体中各个成员，成员由用户自己来定义，其命名及类型定义与一般变量相同。

结构体类型的定义一方面指明了结构体的标识符及结构体的组织形式，另一方面标志着该类型的结构模式已经存在于系统中。

9.1.2　结构体变量的定义

定义结构体变量前，需先定义结构体类型。

例如，要处理学生 C 语言课程的成绩，则至少需要有学号（num，整型变量）、姓名（name，字符数组）、成绩（score，实型变量）3 个成员，其结构体变量的定义有如下 3 种形式。

（1）先定义结构体类型，后定义结构体变量。

```
struct stuscore              /* struct 为关键字，定义结构体类型 stuscore */
{
    int num;
    char name[20];
    float score;
};
struct stuscore ss1,ss2;     /* 定义结构体变量 ss1,ss2 */
```

以上定义了两个变量 ss1 和 ss2 为 stuscore 的结构体类型。特别注意，定义变量语句中的 struct stuscore 相当于定义整型变量 int x;时的 int，ss1 和 ss2 相当于 x。

（2）定义结构体类型的同时定义结构体变量。

```
struct 结构体类型名
{
    类型名　结构体成员名 1;
    类型名　结构体成员名 2;
    ...
    类型名　结构体成员名 n;
}变量名表列;
```

这种形式结构体变量的定义语句为：

```
struct stuscore
{
    int num;
    char name[20];
    float score;
} ss1, ss2;
```

（3）直接定义结构体变量。

```
struct
{
    类型名　结构体成员名 1;
    类型名　结构体成员名 2;
    ...
```

```
    类型名   结构体成员名 n;
}变量名列表;
```

这种形式结构体变量的定义语句为:

```
struct
{
    int num;
    char name[20];
    float score;
} ss1, ss2;
```

第 3 种定义形式中省去了结构体类型名，直接给出结构体变量。3 种定义形式中定义的 ss1、ss2 变量是结构体变量，其中都包含了 3 个成员，这 3 个成员虽然是不同的数据类型，但却构成了一个整体。在实际项目中，这样构造的数据具有较高的可读性和清晰性，有利于数据的处理。

结构体变量定义后，编译系统便为结构体变量开辟一块地址连续的存储单元，其总长为结构体中各个成员的数据长度之和。结构体变量中的成员，按其定义的顺序依次存放在地址连续的存储单元中。

例如，上述结构体变量 ss1 的存储形式如图 9-1 所示。

num	name	score
4B	20B	4B
共计 28B		

图 9-1　结构体变量 ss1 的存储形式

结构体成员列表必须用一对花括号括起来，用于表示结构体中各个成员的类型和名称，其数量和类型可根据实际需要而定，其类型可以是 C 语言提供的任意数据类型，同时包括结构体类型，即构成了嵌套的结构。假如程序中需要针对 C 语言成绩增加考试日期的属性，则其定义如下:

```
struct date
{
    int year;
    int month;
    int day;
};
struct stuscore
{
    int num;
    char name[20];
    struct date examdate;
    float score;
} ss1, ss2;
```

首先定义结构体类型 date，它由 month（月）、day（日）、year（年）3 个成员组成。在定义变量 ss1 和 ss2 时，其中的成员 examdate 被定义为 date 结构体类型。

例如，上述结构体变量 ss1 的存储形式如图 9-2 所示。

num	name	examdate（12B）			score
4B	20B	year	month	day	4B
共计 40B					

图 9-2　结构体变量 ss1 的存储形式

思考：成员名是否可与程序中其他变量同名？

9.1.3　结构体变量的引用

在程序中引用结构体变量时，除允许具有相同类型的结构体变量相互赋值以外，一般对结构体变量的引用，包括赋值、输入、运算、输出等，都是通过引用结构体变量的成员来实现的。

1．结构体变量名直接引用

结构体变量名可以直接引用。若要实现两个结构体变量值的交换，则有：

```
struct stuscore ss1, ss2, temp;
…
temp = ss1;              /* 具有相同类型的结构体变量可相互赋值 */
ss1 = ss2;
ss2 = temp;
…
```

2．结构体变量中成员的引用

表示结构体变量成员的一般形式为：

```
结构体变量名.成员名
```

例如：

```
ss1.num                    /*表示一个学生的学号*/
ss1.name                   /*表示一个学生的姓名*/
ss1.score                  /*表示一个学生的成绩*/
```

若结构体成员又是一个结构体，则必须逐级找到最低级的成员才能使用。例如：

```
ss1.examdate.month   /*表示一个学生的考试月份*/
```

结构体成员可以在程序中单独使用。例如：

```
int a; a = 2;                              /* 为整型变量赋值 */
struct stuscore ss1; ss1.num = 1001;       /* 为结构体变量成员赋值 */
```

9.1.4　结构体变量的初始化

结构体变量可以在定义时赋初值，以实现对结构体变量中各个成员的初始化。

【例 9-1】　定义结构体变量并初始化，然后输出其数据。

```
/* exp9-1-1  方法 1 */
/* 结构体变量定义并初始化 */
#include <stdio.h>
int main( )
{
    struct  stuscore
    {
        int  num;
        char  name[20];
        float  score;
    } ss1 = {1001, "ZhangSan", 89};
    printf("Num=%d\nName=%s\nScore=%f\n", ss1.num, ss1.name, ss1.score);
    return 0;
}
```

```
/* exp9-1-2  方法 2 */
/* 结构体变量初始化 */
#include <stdio.h>
int main( )
{
    struct stuscore
    {
        int num;
        char name[20];
        float score;
    };
    struct stuscore ss1 = {1001, "ZhangSan", 89};
    printf("Num=%d\nName=%s\nScore=%f\n ", ss1.num, ss1.name, ss1.score);
    return 0;
}
```

程序运行结果：

```
Num=1001
Name=ZhangSan
Score=89.000000
```

程序分析：这两种方式都将 1001 赋给结构体变量 ss1 的 num，将"ZhangSan"赋给结构体变量 ss1 的 name，将 89 赋给结构体变量 ss1 的 score。由于结构体变量中的成员有着各自的数据类型，因此花括号中的初始化数据在个数、类型、顺序上应与结构变量中的成员保持一致，即使某一项暂时不赋值，其中的分隔符"，"也不能省略。

结构体变量的初始化也可以在定义结构体变量之后，在程序中通过赋值语句或输入语句来完成。

【例 9-2】 给结构体变量赋值并输出其值。

```
/* exp9-2 */
/* 结构体变量赋值初始化 */
#include <stdio.h>
int main( )
{
    struct stuscore
    {
        int num;
        char *name;
        float score;
    } ss1,ss2;
    ss1.num = 1001;
    ss1.name = "ZhangSan";
    printf("please input score:\n");
    scanf("%f", &ss1.score);
    ss2 = ss1;                        /* 两个相同类型的结构体变量可以直接赋值 */
    printf("Num=%d\nName=%s\nScore=%f\n", ss2.num, ss2.name, ss2.score);
    return 0;
}
```

程序运行结果：

```
please input score:
85
Num=1001
Name=ZhangSan
Score=85.000000
```

程序分析：程序中用赋值语句给 num 和 name 两个成员赋值，name 是一个字符串指针变量；用 scanf( )函数动态地输入 score 成员值，然后把 ss1 中所有成员的值整体赋给 ss2；最后分别输出 ss2 各个成员的值。本例题展示了结构变量的赋值、输入和输出的方法。

9.1.5　结构体变量的应用举例

结构体变量的使用与其他普通变量的使用完全相同。程序中的定义、赋值、运算、输出等操作对于结构体变量来说是通过结构体变量的成员来实现的。

【例 9-3】　定义学生成绩的结构体类型，输入 3 个学生的信息，并将 3 个学生的信息按照成绩由高到低的顺序输出。

```c
/* exp9-3 */
/* 结构体变量的使用 */
#include <stdio.h>
int main( )
{
    struct stuscore
    {
        int num;
        char name[20];
        float score;
    } ss1, ss2, ss3, temp;
    printf("please input three student's num,name,and score:\n");
    scanf("%d%s%f", &ss1.num, ss1.name, &ss1.score);
    scanf("%d%s%f", &ss2. num, ss2.name, &ss2.score);
    scanf("%d%s%f", &ss3. num, ss3.name, &ss3.score);
    if(ss1.score < ss2.score)
    {
        temp = ss1;
        ss1 = ss2;
        ss2 = temp;
    }
    if(ss1.score < ss3.score)
    {
        temp = ss1;
        ss1 = ss3;
        ss3 = temp;
    }
    if(ss2.score < ss3.score)
    {
        temp = ss2;
        ss2 = ss3;
        ss3 = temp;
    }
    printf("Num=%d\tName=%s\tScore=%f\n", ss1.num, ss1.name, ss1.score);
    printf("Num=%d\tName=%s\tScore=%f\n", ss2.num, ss2.name, ss2.score);
    printf("Num=%d\tName=%s\tScore=%f\n", ss3.num, ss3.name, ss3.score);
    return 0;
}
```

程序运行结果：

```
please input three student's num, name, and score:
101 zhangsan  86

102 lisi 95

103 wangwu 57
Num=102 Name=lisi      Score=95.000000
Num=101 Name=zhangsan  Score=86.000000
Num=103 Name=wangwu    Score=57.000000
```

9.2　结构体类型与结构体数组

前面提到的是单个结构体变量的使用，一个结构体变量中可以存放一组相关联的数据（如前面提到的学号、姓名、成绩）。在实际应用中，与一般二维表对应的都是多行的数据，每一行是一个结构体变量，而且每行的结构体变量数据类型都是相同的，如一个班的学生档案、一个车间职工的工资表等。所以可以将表中的每一行当成数组的一个元素，多行相同的结构体变量，就可以构成结构体数组来表示。

9.2.1　结构体数组的定义

结构体数组的定义方法和结构体变量相似，只需说明为数组类型即可。例如：

```
struct stuscore
{
    int num;
    char *name;
    float score;
} stus[30];
```

以上定义了一个结构体数组 stus，它共有 30 个元素，即 stus[0]～stus[29]。每个数组元素都是 struct stuscore 的结构体类型。

在实际使用中，结构体数组与数组的用法相同，结构体数组中的每个成员都是结构体类型，结构体数组相当于一个二维构造，第一维是结构体数组元素，每个元素是一个结构体变量；第二维是结构体成员，结构体数组的成员也可以是数组类型。

9.2.2　结构体数组的引用

结构体数组成员的引用格式为：

结构体数组名[下标].成员项名

例如：

```
stus[2].num      /*表示下标为 2 的学生的学号*/
stus[2].name     /*表示下标为 2 的学生的姓名*/
stus[2].score    /*表示下标为 2 的学生的成绩*/
```

9.2.3　结构体数组的初始化

对结构体数组的初始化赋值如下：

```
struct stuscore
{
    int  num;
    char *name;
    float score;
} stus[5] = {
            {1001, "ZhangSan", 85},
            {1002, "LiYing", 62.5},
            {1003, "LiuFang", 92.5},
            {1004, "ChenLin", 87},
            {1005, "WanMing", 58}
          };
```

当对全部元素做初始化赋值时，和数组初始化一样，也可不给出数组长度。stus 结构体数组初始化后各元素的值如图 9-3 所示。

	num	name	score
stus[0] →	1001	ZhangSan	85
stus[1] →	1002	LiYing	62.5
stus[2] →	1003	LiuFang	92.5
stus[3] →	1004	ChenLin	87
stus[4] →	1005	WanMing	58

图 9-3　stus 结构体数组初始化后各元素的值

9.2.4　结构体数组的应用举例

结构体数组中各元素的使用与其他普通变量的使用完全相同。

【例 9-4】　从键盘输入 3 个学生的成绩信息（包括学号、姓名、成绩），按照成绩由高到低的顺序输出。

```c
/* exp9-4 */
#include <stdio.h>
#define COUNT 3
int main( )
{
    struct stuscore
    {
        int num;                        /* 学号 */
        char name[20];                  /* 姓名 */
        float score;                    /* 课程成绩 */
    };
    struct stuscore stus[COUNT];        /* 声明一个结构体数组变量 */
    struct stuscore t;                  /* 声明一个结构体变量用于交换数据 */
    int i, j;
    printf("请输入学生信息:");
    for(i = 0; i < COUNT; i++)
    {
        printf("\n学号:");
        scanf("%d", &stus[i].num);
        printf("\n姓名:");
        scanf("%s", stus[i].name);
        printf("\n成绩:");
        scanf("%f", &stus[i].score);
    }
    /* 使用冒泡排序法对输入的 COUNT 个学生信息按成绩由高到低排序 */
    for(i = 0; i < COUNT; i++)
    {
        for(j = 0; j < COUNT - i - 1; j++)
        {
            if(stus[j].score < stus[j+1].score)   /* 比较相邻元素 */
            {
                t = stus[j];
                stus[j] = stus[j + 1];
                stus[j + 1] = t;
```

```
        }
      }
    }
    /* 输出排序后的学生成绩信息 */
    printf("\n 学号\t 姓名\t\t 成绩");
    printf("\n");
    for (i = 0; i < COUNT; i++)
    {
        printf("%-10d", stus[i].num);
        printf("\t%-20s", stus[i].name);
        printf("\t\t%-10.1f", stus[i].score);
        printf("\n");
    }
    return 0;
}
```

程序运行结果：

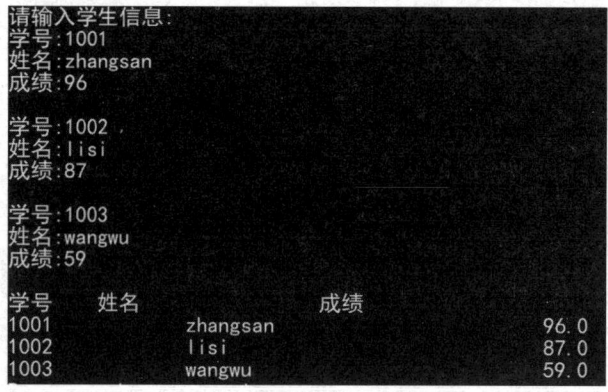

程序分析：程序中定义了一个结构体数组，先对其进行初始化赋值，然后采用冒泡排序算法对其进行成绩排序运算，最后输出结构体数组中每个成员的信息。

9.3　结构体与指针

指针可以指向任意类型的数据，当然也可以指向与结构体类型相关的变量或数组。一个结构体变量的起始地址就是这个结构体变量的指针，若一个指针变量的值是结构体变量的起始地址，该指针变量就指向了这个结构体变量。

9.3.1　指向结构体变量的指针

当指针变量指向一个结构体变量时，称为结构体指针变量。结构体指针变量中的值是所指向的结构体变量的首地址。通过结构体指针即可访问该结构体变量，这与数组指针和函数指针的情况是相同的。

1．结构体指针变量的定义

结构体指针变量定义的一般形式为：

`struct 结构体类型名 *指针变量名`

例如，在前面的例题中定义了 stuscore 这个结构体类型，如要定义一个指向 stuscore 的指针变量 stup，可写为：

```
struct stuscore *stup;
```

当然，也可在定义 stuscore 结构体类型的同时定义指针变量 stup。与前面讨论的各类指针变量相同，结构体指针变量也必须先初始化，然后才能使用。

2．结构体指针变量的初始化

初始化结构体指针变量是把结构体变量的首地址赋给指针变量，结构体指针变量初始化一般形式为：

```
struct 结构体类型标识符 *结构体指针变量名 = &结构体变量名;
```

例如：

```
struct stuscore *stup=&stus;
```

注意：stup=&stuscore 是错误的，不能取类型标识符的地址，而是要取变量的地址。因此这种写法是错误的。

3．结构体指针变量的引用

有了结构体指针变量，就能更方便地引用结构体变量的各个成员。

结构体指针变量引用的一般形式为：

```
(*结构体指针变量).成员名
```

例如：

```
(*stup).num        /* 取结构体中 num 这个成员的值 */
```

注意：(*stup)两侧的括号不可省略，因为成员运算符"."的优先级高于"*"。若去掉括号写为*stup.num，则是指先取 stup.num，然后再将此结构体成员作为指针变量，这显然是不正确的。

为了书写方便和直观，同时也避免不出错，C 语言允许将"(*结构体指针变量).成员名"用"结构体指针变量->成员名"来代替。"结构体指针变量->成员名"表示结构体指针变量指向结构体变量中成员的值。

```
stup->num
```

在编写程序的过程中，只要牢记上述写法，并结合指针的使用方法和相关算法，就可以灵活地使用指向结构体的指针变量。下面用例子来说明指向结构体指针的使用方法。

【例 9-5】 使用指针变量输出结构体变量。

```
/* exp9-5 */
#include <stdio.h>
struct stuscore
{
    int  num;
    char *name;
    float score;
} ss1={1001, "ZhangSan", 78.5}, *stup;
int main( )
{
    stup = &ss1;                 /* 将指向结构体变量的指针初始化 */
    /* 直接输出结构体变量的成员 */
    printf("Num=%d\n", ss1.num);
    printf("Name=%s\n", ss1.name);
    printf("Score=%f\n", ss1.score);
    /* 使用指向结构体变量的指针的第一种写法输出结构体变量的成员 */
    printf("Num=%d\n", (*stup).num);
    printf("Name=%s\n", (*stup).name);
```

```
    printf("Score=%f\n", (*stup).score);
    /* 使用指向结构体变量的指针的第二种写法输出结构体变量的成员 */
    printf("Num=%d\n", stup->num);
    printf("Name=%s\n", stup->name);
    printf("Score=%f\n", stup->score);
    return 0;
}
```

程序运行结果：

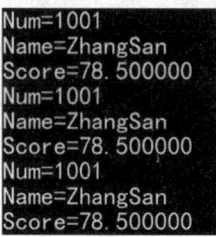

```
Num=1001
Name=ZhangSan
Score=78.500000
Num=1001
Name=ZhangSan
Score=78.500000
Num=1001
Name=ZhangSan
Score=78.500000
```

程序分析：程序在定义结构体类型 stuscore 的同时定义了 stuscore 类型的结构体变量 ss1，并且对变量 ss1 进行了初始化；还定义了一个指向 stuscore 类型结构体的指针变量 stup。在 main( )函数中，stup 初始化赋值为 ss1 的地址，因此 stup 指向 ss1。然后在 printf 语句中，使用了 3 种形式输出 ss1 的各个成员值。

由上例可以看出，在使用指向结构体变量的指针时，先掌握好其书写方式，然后再按照前面章节中提到的指针变量的概念去理解指针变量的使用，就可以很快掌握指向结构体变量的指针变量的使用方法，并且对于指向结构体数组的指针变量也会很快掌握。

9.3.2　指向结构体数组的指针

指针变量可以指向一个结构体数组，这时结构体指针变量的值是整个结构体数组的首地址。结构体指针变量也可指向结构体数组的一个元素，这时结构体指针变量的值是该结构体数组中一个元素的地址。

假设 ps 为指向结构体数组的指针变量，则 ps 指向该结构体数组下标为 0 的元素，ps+1 指向下标为 1 的元素，ps+i 指向下标为 i 的元素。这与普通数组的情况是一致的，即指针加 1 并不是单纯地表示数值加 1，而是指向数组的下一个元素的地址。

【例 9-6】　用指针变量输出结构体数组。

```
/* exp9-6 */
#include <stdio.h>
struct stuscore
{
    int num;
    char *name;
    float score;
} stus[5] = {
            {1001, "ZhangSan", 85},
            {1002, "LiYing", 62.5},
            {1003, "LiuFang", 92.5},
            {1004, "ChenLin", 87},
            {1005, "WanMing", 58}
        };
int main( )
{
```

```
struct stuscore *ps;
printf("Num\tName\tScore\n");
for(ps = stus; ps < stus + 5; ps++)
{
    printf("%d\t%s\t%f\n", ps->num, ps->name, ps->score);
}
return 0;
}
```

程序运行结果：

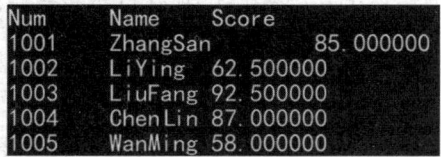

程序分析：程序中定义了 stuscore 结构体类型的数组 stus，并做了初始化赋值。在 main( )函数内定义 ps 为指向 stuscore 类型的指针。然后将 ps 的初值赋为 stus，数组名即为数组的首地址，如图 9-4 所示，最上面的 ps 是数组的第 1 个元素的地址，在第 1 次循环中输出 stus[0]各个成员的值，然后执行 ps++，使 ps 自增 1，将 ps 指向结构体数组的下一个元素即 stus[1]；在第 2 次循环中将输出结构体数组的第 2 个元素的各个成员的值；当循环到第 5 次时，将输出 stus[4]各个成员的值，而此时 ps 的值将变为 stus+5，循环条件不成立，结束循环。

思考：在例 9-6 中，若将 for 循环语句改为如下两种写法，那么哪一种改法是正确的呢？

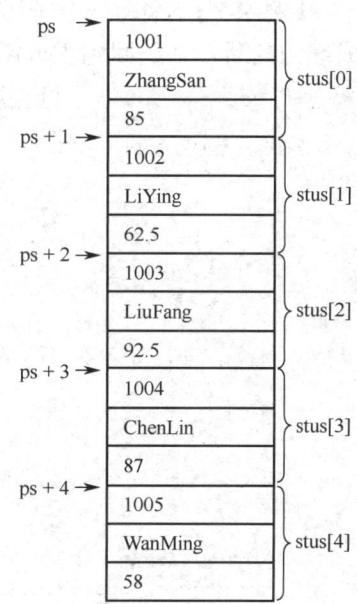

图 9-4　结构体指针 ps

第 1 种写法：

```
for(ps = stus; ps < stus + 5;)
    printf("%d\t%s\t%f\n", (ps++)->num, (ps++)->name, (ps++)->score);
```

第 2 种写法：

```
for(ps = stus; ps < stus + 5;)
    printf("%d\t%s\t%f\n", (++ps)->num, (++ps)->name, (++ps)->score);
```

上面两种写法的主要区别在于(ps++)->num 和(++ps)->num。

若为(ps++)->num，则先取 ps 的值，输出结构体数组 stus[0]的成员 num 的值，然后再将 ps 加 1。

若为(++ps)->num，则先将 ps 加 1，然后再取 ps 的值，输出的是结构体数组 stus[1]的成员 num 的值。因此是错误的。

9.4　结构体与函数

整型、实型、数组、指针等数据类型在 C 语言系统中已经预先定义，可以作为函数的参数，也可以作为函数的返回值。虽然结构体在 C 语言系统中没有预先定义，但当用户按照实际的需要，定义了结构体数据类型之后，系统中就具有了这种结构体的类型。依据该类型定义的结构体变量和结构体数组，同样可以作为函数的参数或函数的返回值。结构体类型数据在函数间传递主要有以下几种方式。

9.4.1　结构体变量的成员作为函数参数

在 C 语言中，结构体变量成员的使用方法和一般变量相同，当把结构体变量的成员传递给另一个函数时，本质上是把该成员的值传递给形参，形参值的改变不会影响实参，也就是前面提到的“值”传递方式。

【例 9-7】　编写一个子函数，该函数以结构体成员作为参数，函数的功能是完成不及格成绩的判断，并返回到主调函数中。

```c
/* exp9-7 */
#include <stdio.h>
struct stuscore
{
    int num;
    char *name;
    float score;
} stus[5] = {
                {1001, "ZhangSan", 85},
                {1002, "LiYing", 62.5},
                {1003, "LiuFang", 92.5},
                {1004, "ChenLin", 87},
                {1005, "WanMing", 58}
            };
int main( )
{
    int i,fail;
    int bjg( float chengji );              /* 声明函数 */
    fail=0;
    for(i=0;i<5;i++)
        fail += bjg(stus[i].score);        /*实参为结构体变量的成员*/
    printf("%d\n",fail);
    return 0;
}

int bjg( float chengji )                   /*形参为一般变量*/
{
    int flag = 0;
    if( chengji < 60 )
        flag = 1;
    return flag ;
}
```

程序运行结果：

程序分析：程序中定义了函数 bjg( )，其形参为一般变量 chengji。在 main( )函数的循环中将数组元素 stus[i]的成员 stus[i].score 作为实参调用函数 bjg( )，在函数 bjg( )中完成不及格成绩的判断，然后返回主调函数并输出。

9.4.2　结构体变量作为函数参数

用结构体变量作为函数参数时，形参和实参必须是具有相同成员的结构体，即必须保持数据类型的一致性,实参结构体变量各成员项值一一对应地赋给形参结构体变量的各成员项,二者分别有各自的存储空间,同样是"值"传递方式。

【例 9-8】 编写一个子函数,该函数以结构体变量为参数,函数的功能是完成不及格成绩的判断,并返回到主调函数中。

```
/* exp9-8 */
#include <stdio.h>
struct stuscore
{
    int  num;
    char *name;
    float score;
} stus[5] = {
            {1001, "ZhangSan", 85},
            {1002, "LiYing", 62.5},
            {1003, "LiuFang", 92.5},
            {1004, "ChenLin", 87},
            {1005, "WanMing", 58}
          };
int main( )
{
    int i,fail;
    int bjg( struct stuscore stu_xingcan );          /* 声明函数 */
    fail=0;
    for(i=0;i<5;i++)
        fail += bjg(stus[i]);                         /*实参为结构体变量*/
    printf("不及格人数为: %d 人\n",fail);
    return 0;
}

int bjg( struct stuscore stu_xingcan )                /*形参为结构体变量*/
{
  int flag = 0;
  if( stu_xingcan.score < 60 )
      flag = 1;
  return  flag ;
}
```

程序运行结果:

不及格人数为:1 人

程序分析:程序中定义了函数 bjg( ),其形参为结构体变量 stu_xingcan。在 main( )函数的循环中将数组 stus 的元素 stus[i]作为实参调用函数 bjg( ),在函数 bjg( )中完成不及格成绩的判断,然后返回主调函数并输出。

本程序中使用结构体变量 stu_xingcan 作为函数的形参,采用"值"传递方式,需要在bjg( )函数运行过程中重新创建结构体变量。

9.4.3　结构体数组作为函数参数

结构体数组也可作为函数的参数,在实际应用中与前面提到的数组作为函数的参数是一样的,只是要特别注意其写法。

【例 9-9】 编写一个子函数,该函数以结构体数组为参数,函数的功能是统计出不及格成绩的学生人数，并返回到主调函数中。

```
/* exp9-9 */
#include <stdio.h>
   struct stuscore
{
   int num;
   char *name;
   float score;
};
int main( )
{
   struct stuscore stus[5] = {
            {1001, "ZhangSan", 85},
            {1002, "LiYing", 62.5},
            {1003, "LiuFang", 92.5},
            {1004, "ChenLin", 87},
            {1005, "WanMing", 58}
          };
   int fail;
   int bjg( struct stuscore stu_xingcan[] );      /* 声明函数 */
   fail = bjg(stus);                              /*实参为结构体变量*/
   printf("不及格人数为：%d 人\n",fail);
   return 0;
}
int bjg( struct stuscore stu_xingcan[] )          /*形参为结构体变量*/
{
  int i,count = 0;
  for(i=0;i<5;i++)
     if( stu_xingcan[i].score < 60 )
         count += 1;
  return  count ;
}
```

程序运行结果：

不及格人数为：1 人

程序分析：程序中定义了函数 bjg( )，其形参为结构体数组 stu_xingcan[ ]。在 main( )函数中将 stus 的首地址作为实参调用函数 bjg( )，在函数 bjg( )中完成不及格人数的统计，然后返回主调函数并输出。

本程序中使用结构体数组 stus 作为函数的实参，采用地址传递方式，不会在 bjg( )函数运行过程中重新创建结构体，因此地址传递方式可减少内存的占用，提高程序运行效率。

9.4.4　指向结构体的指针变量作为函数参数

结构体指针变量作为参数时，本质上是将结构体的地址作为实参传递给形参，此时，实参与形参是相同类型的结构体，系统仅需为形参指针变量分配存储单元存放地址值，这种调用方式既节省存储空间，同时又可以隐含地修改实参内容。

【例 9-10】编写一个子函数，该函数以指向结构体的指针变量为参数，函数的功能是统计出不及格成绩的学生人数，并返回到主调函数中。

```
/* exp9-10 */
#include <stdio.h>
```

```
struct stuscore
{
    int  num;
    char *name;
    float score;
} stus[5] = {
                {1001, "ZhangSan", 85},
                {1002, "LiYing", 62.5},
                {1003, "LiuFang", 92.5},
                {1004, "ChenLin", 87},
                {1005, "WanMing", 58}
            };
int main( )
{
    int fail;
    int bjg( struct stuscore *stu_xingcan );        /* 声明函数 */
    fail = bjg(stus);                               /*实参为结构体变量*/
    printf("不及格人数为：%d 人\n",fail);
    return 0;
}

int bjg( struct stuscore *stu_xingcan )             /*形参为结构体变量*/
{
  int i,count = 0;
  for(i=0;i<5;i++)
     if( stu_xingcan[i].score < 60 )
         count += 1;
  return  count ;
}
```

程序运行结果：

不及格人数为：1 人

程序分析：程序中定义了函数 bjg( )，其形参为结构体指针变量 stu_xingcan。stus 被定义为外部结构体数组，在整个源程序中有效。在 main( )函数中将 stus 的首地址作为实参调用函数 bjg( )，在函数 bjg( )中完成不及格人数的统计，然后返回主调函数并输出。

本程序中使用结构体数组 stus 作为函数的实参，则采用地址传递方式，不会在 bjg( )函数运行过程中重新创建结构体，因此地址传递方式可减少内存的占用，提高程序运行效率。

9.4.5　综合应用

在实际项目中，为便于调试、维护，必须将程序按功能划分为若干模块，即函数，并在各模块之间传递数据，以实现数据的交流和沟通。当程序中含有结构体类型时，就需要在函数之间传递结构体类型的数据，以实现结构体类型数据的交流和沟通。

【例 9-11】编写一个程序实现学生成绩管理。为方便展示运行结果，此例题人数设为 3，每个学生信息包括学号、姓名、课程成绩。要求：

（1）按照学生成绩由高到低的顺序排序。

（2）在排序后的学生成绩表中插入一个学生的信息，插入后仍然保持成绩表的顺序。

（3）输入指定的学生，从学生信息表中删除该学生，删除后仍然保持成绩表的顺序。

算法分析：程序中使用结构体保存每个学生的信息，包括学号、姓名、课程的成绩，使用结构体数组保存所有学生的信息。

需要实现以下函数：

- 录入函数：单个学生信息的录入；
- 显示函数：显示学生信息（需要多次显示学生信息）；
- 排序函数：排序（按照成绩由高到低）；
- 插入函数：插入（插入后保持有序）；
- 删除函数：删除（删除后保持有序）。

在主函数中调用以上函数，分别完成录入、排序、插入和删除功能，并显示排序前后的学生信息，以及插入、删除后的学生信息，程序如下：

```c
/* exp9-11 */
#include <stdio.h>
struct stuscore
{
    int  num;                      /* 学号 */
    char name[20];                 /* 姓名 */
    float score;                   /* 课程成绩 */
};
struct stuscore stus[30];          /* 声明一个结构数组 */
struct stuscore input( );          /* 输入学生成绩信息函数，函数返回值为结构体变量 */
void display(struct stuscore stud[ ], int count);   /* 显示学生信息函数 */
void sort(struct stuscore stud[ ], int count);      /* 学生成绩排序函数 */
void insert(struct stuscore stud[ ], int count);    /* 插入函数 */
void del(struct stuscore stud[ ], int count);       /* 删除函数 */
int main( )
{
    int i, count;
    char ch;
    count = 3;
    printf("请输入学生成绩信息：");
    for (i = 0; i < count; i++)
    {
        stus[i] = input( );                /* 调用录入信息函数 */
    }
    printf("\n 按成绩排序前的学生成绩信息如下：");
    display(stus, count);                  /* 调用显示信息函数 */
    sort(stus, count);                     /* 调用排序函数 */
    printf("\n 按成绩排序后的学生成绩信息如下：");
    display(stus, count);
    printf("\n\n 是否确认插入新学生信息？(y or n)");
    scanf("%c", &ch);
    if(ch == 'Y' || ch == 'y')
    {
        insert(stus, count);               /* 调用插入信息函数 */
        count++;
        printf("\n 插入新学生信息后的学生成绩信息如下：");
        display(stus, count);
    }
    printf("\n\n 是否要删除某个学生？(y or n)");
    scanf("%c", &ch);
    if(ch == 'Y' || ch == 'y')
    {
```

```
            del(stus, count);                      /* 调用删除信息函数 */
            count--;
            printf("\n 删除后学生成绩信息如下: ");
            display(stus, count);
        }
        return 0;
}


struct stuscore input( )                    /* 录入学生成绩信息函数 */
{
    struct stuscore studn;
    printf("\n 学号: ");
    scanf("%d", &studn.num);
    printf("\n 姓名: ");
    scanf("%s", studn.name);
    printf("\n 成绩: ");
    scanf("%f", &studn.score);
    return studn;
}


/* 显示学生成绩信息函数 */
void display(struct stuscore stud[ ], int count)
{
    int i;
    printf("\n 学号\t 姓名\t\t 成绩");
    printf("\n");
    for(i =0; i < count; i++)
    {
        printf("%-03d", stud[i].num);
        printf("\t%-15s", stud[i].name);
        printf("\t%-10.1f", stud[i].score);
        printf("\n");
    }
}


void sort(struct stuscore stud[ ], int count)        /* 排序函数 */
{
    /* 冒泡排序法 */
    int i, j;
    struct stuscore t;
    for(i = 0; i < count; i++)
    {
        for(j = 0; j < count - i - 1; j++)             /* 比较相邻元素 */
        {
            if(stud[j].score < stud[j + 1].score)
            {
                t = stud[j];
                stud[j] = stud[j + 1];
                stud[j + 1] = t;
            }
        }
    }
}


void insert(struct stuscore stud[ ], int count)        /* 插入函数 */
```

```
{
    /* 插入一个学生的信息，要求插入后的学生信息依然有序 */
    int i, j;
    struct stuscore t;
    printf("\n 请输入要插入的学生成绩信息\n");
    t = input( );
    for(i = 0; i < count; i++)
    {
        if(stud[i].score < t.score)
            break;
    }
    for(j = count; j >= i; j--)
    {
        stud[j + 1] = stud[j];
    }
    stud[i] = t;
}

void del(struct stuscore stud[ ], int count)          /* 删除函数 */
{
    int i, j, snum;
    printf("请输入要删除的学生的学号: ");
    scanf("%d", &snum);
    for(i = 0; i < count; i++)
    {
        if(stud[i].num == snum)
            break;
    }
    for(j = i; j < count - 1; j++)
    {
        stud[j] = stud[j + 1];
    }
}
```

程序运行结果：

```
请输入学生成绩信息：
学号：1001
姓名：zhangsan
成绩：96

学号：1002
姓名：lisi
成绩：87

学号：1003
姓名：wangwu
成绩：76

按成绩排序前的学生成绩信息如下：
学号        姓名              成绩
1001      zhangsan          96.0
1002      lisi              87.0
1003      wangwu            76.0

按成绩排序后的学生成绩信息如下：
学号        姓名              成绩
1001      zhangsan          96.0
1002      lisi              87.0
1003      wangwu            76.0


是否确认插入新学生信息?(y or n)

是否要删除某个学生? (y or n)
```

程序分析：在 main( )函数中用 for 语句调用返回结构体变量的 input( )函数，初始化结构体数组元素的值，然后利用结构体数组作为参数的 display( )、sort( )、insert( )、del( )函数实现对结构体数组的操作。

9.5　动态内存分配与链表

C 语言中定义了 4 个内存区：代码区，全局变量与静态变量区，局部变量区（即栈区），动态存储区［即堆区（Heap）或自由存储区（Free Store）］。前面介绍的各种数据类型变量（如数组）一经定义，系统则为此变量分配相应字节的内存单元，用以存放此变量的数值，在变量的生存期内此变量都将占有此内存单元，直至生存期结束后，系统回收相应的内存单元，这种内存分配称为静态存储分配。

在实际应用中，有些数据所占用空间大小是难以提前确定的，比如用结构体数组描述全班的基本信息时，需将结构体数组定义得足够长，否则若使用中出现了超出长度的情况，就无法存储和处理，显然这将浪费存储空间。另外，数组在内存中需要开辟大量地址连续的存储空间，当数组较长或结构数组中的信息较多时，需要的连续存储空间则较长，这势必会增加内存的压力，同时造成内存中一些离散的较小存储空间的浪费。

在实际的编程中，往往会发生这种情况，即所需的内存空间取决于实际输入的数据而导致无法预先确定。对于这种问题，无法用数组解决。为解决上述问题，C 语言提供了一些内存管理函数，这些内存管理函数可以按需动态地分配或回收内存空间，为有效地利用内存资源提供手段。有些操作对象只在程序运行时才能确定，这样编译时就无法为它们预先分配存储空间，只能在程序运行时，系统根据运行时的要求进行内存分配，这种方法称为动态存储分配。

动态存储分配都在堆区中进行。当程序运行到需要一个动态分配的变量或对象时，必须向系统申请取得堆中的一块所需大小的存储空间，用于存储该变量或对象。当不再使用该变量或对象时，要显式释放所占用的存储空间，这样系统就能对该堆空间进行再次分配，做到重复使用有限的资源。

9.5.1　动态内存函数

动态内存的分配和回收允许程序在其执行的过程中，根据实际需要适时地向系统提出申请，使用相应字节的内存空间。当获得了相应字节的内存空间后，即可使用此空间进行数据的存储和处理，使用完毕后，及时地将此空间归还系统，做到"好借好还，再借不难"，这样既可提高整个内存的使用效率，又可满足用户的实际需要。

C 语言提供了一些动态内存的分配和释放函数，它们包含在库函数 stdlib.h 或 malloc.h 中，因此当程序需要使用动态内存的分配和释放函数时，应按如下方式包含头文件：

```
#include "stdlib.h"
```

或者：

```
#include "malloc.h"
```

常用的内存管理函数有以下 3 个。

1. 分配内存空间函数 malloc( )

malloc( )函数调用的一般形式为：

```
void *malloc(unsigned int size)
```

malloc( )函数的作用是向系统申请长度为 size 字节的存储空间。若申请成功，则函数返回此段存储空间的起始地址；若申请不成功（如内存缺乏足够的可以分配的内存空间），则返回空地址 NULL。

说明：

（1）函数的形参是无符号整型。

（2）函数的返回值是指针，而且是指向 void 类型的指针。若需利用此段空间存储其他类型的数据，则必须将其强制转换为其他类型的指针。

例如，(float *)malloc(4)申请 4B 的存储空间，并将其转换为浮点类型的指针。(double *)malloc(8)申请 8B 的存储空间，并将其转换为双精度类型的指针。

2．分配内存空间函数 calloc( )

calloc( )函数调用的一般形式为：

```
void *calloc(unsigned int n , unsigned int size)
```

calloc( )函数的作用是向系统申请 *n* 个长度为 size 字节的存储空间。若申请成功，则函数返回此段存储空间的起始地址；若申请不成功（如内存缺乏足够的可以分配的内存空间），则返回空地址 NULL。

说明：

（1）calloc( )函数的形参有 2 个。

（2）calloc( )函数的返回值也是指向 void 类型的指针。若需要利用此段空间存储其他类型的数据，则必须将其强制转换为其他类型的指针。

3．释放内存空间函数 free( )

free( )函数调用的一般形式为：

```
void free (void *p)
```

free( )函数的作用是将指针变量 p 指向的存储空间归还系统，函数无返回值。

说明：

（1）指针变量 p 指向的存储空间归还系统后，系统即可将此空间分配给其他变量。

（2）指针变量 p 指向的存储空间只能是在程序的执行过程中利用 malloc( )函数或 calloc( )函数获得的返回地址。

【例 9-12】 分配一段内存空间，保存一个学生的信息。

```
/* exp9-12 */
#include <stdio.h>
#include <stdlib.h>          /* 包含malloc的头文件 */
int main( )
{
    struct stuscore
    {
        int num;
        char *name;
        float score;
    } *ps;
    ps = (struct stuscore *)malloc(sizeof(struct stuscore));
    ps -> num = 1001;
```

```
    ps -> name = "ZhangSan";
    ps -> score = 62.5;
    printf("Number=%d\nName=%s\nScore=%f\n", ps->num, ps->name, ps->score);
    free(ps);
    return 0;
}
```

程序运行结果：

```
Number=1001
Name=ZhangSan
Score=62.500000
```

　　程序分析：首先定义了结构体类型 struct stuscore，然后定义了 stuscore 类型指针变量 ps；随后分配一段可以存储 stuscore 类型数据的内存区域，并把首地址赋予 ps，使 ps 指向该内存区域；再以 ps 为指向结构体的指针变量对各成员初始化，并用 printf( )函数输出各成员值；最后用 free( )函数释放 ps 指向的内存空间。

9.5.2　链表与指针

　　在例 9-12 中采用了动态分配的方法为结构体分配一段内存空间用来存放一个学生的数据，该空间也称为结点。有多少个学生就应该申请分配多少段内存空间，也就是说要建立多少个结点。用结构体数组可以实现上述功能，但在学生人数未知的情况下，无法确定数组大小，且当学生人数有变动时不易将该学生占用的空间从数组中释放出来。

　　为解决这个问题，最好的方法就是使用动态存储。有一个学生就分配一个结点，无须预先确定学生的准确人数，在学生人数发生变化时，可以动态创建和释放该学生所占用的存储空间，从而达到节约内存资源的目的。使用动态存储时，每个结点所占用的空间可以是不连续的，无须一次性地分配足够大的连续内存空间，动态存储结点之间的联系可以用指向结构体的指针变量来实现。

　　定义一个结构体类型，在结构体中定义一个指向结构体的指针变量来存放下一个结点的地址，即把第 1 个结点的最后一个成员定义为一个指向结构体的指针变量，该指针变量存放第 2 个结点的地址，然后在第 2 个结点的最后一个成员保存第 3 个结点的地址。以此类推，就可以将所有的结点串接起来，最后一个结点因无后续的结点，使其最后一个成员的指针变量置为"空地址"，即 NULL 即可，如图 9-5 所示。

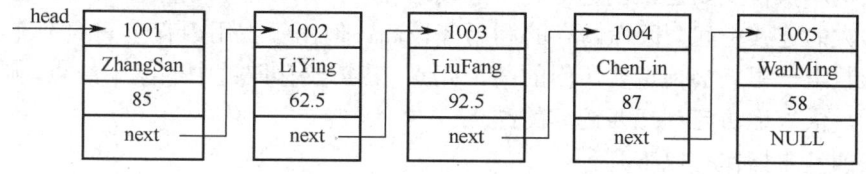

图 9-5　简单链表的示意图

　　采用这样的方式将数据组织在一起，在数据结构中称为"链表"。链表是一种重要的数据结构，在实际应用中经常用到。在图 9-5 中，head 头指针（头结点）只是一个指针变量，用来存放第 1 个结点的地址。链表中的每个结点都分为两个域：一个是数据域；另一个域为指针域。数据域用来存放各种实际的数据，即学号 num、姓名 name、成绩 score 等；指针域用来存放下一个结点的地址，即 next。链表结点的结构如图 9-6 所示。

图 9-6　链表结点的结构

链表由若干结点组成，每一个结点可以分布在内存中的任意位置。在程序的执行过程中，用户可以根据实际的需要，随时通过malloc( )函数向系统申请一定数量的内存空间，将数据存放在相应的内存空间中，接着再申请空间存放其他的数据，这一部分空间称为结点的数据域（Data）。由于内存的使用情况是随机的，因此用户的数据按照这种方式组织后，就分散地存放在内存中，各结点之间的联系是由结点的最后一个成员即结点的指针域（Next）来链接的，这样顺着这个指针即可存取链上的每一个结点，从而实现对链表的访问。

按照上述方式将各个数据分散地存放在内存中，并将各个结点之间用链指针串接起来，而且最后一个结点（尾结点）的指针域存放一个空地址（NULL），表示链表到此结束。

在链表中，第 1 个结点的地址非常重要，因为链表的操作一定要特别注意"头指针"，然后才能顺藤摸瓜对链表依次遍历，从而实现对结点中数据的处理。

9.5.3　链表中结点的定义

根据上述说明，若用链表处理学生信息，数据信息中含有学生的学号、姓名和成绩 3 个数据项，那么结点结构可定义如下：

```
struct stuscore
{
    int num;
    char *name;
    floag score;
    struct stuscore *next;              /* 指针域 */
};
struct stuscore *head;                  /* 头指针 */
```

在上面定义的结构体类型中，结点含有 4 个成员，前 3 个成员是数据域，最后一个成员next 是指针域。next 既是结构体类型中的一个成员，同时又是指向该结构体类型的数据指针。这就可以实现链表间各结点的关联。

9.5.4　链表的基本操作

链表的基本操作主要包括创建链表、查找结点、插入结点、删除结点等。链表由于不需要一个足够大的连续空间，因而内存的利用率较高。但由于占用内存空间的不连续性，在操作时不能像数组一样直接指定要访问的某个元素。若需要存取链中的某个结点，则必须从"头指针"开始，依次地访问到想要访问的结点。

对链表的基本操作有以下几种：

（1）创建链表。

（2）链表的查找与输出。

（3）链表插入结点。

（4）链表删除结点。

【例 9-13】 创建一个单向链表，并对其进行查找、插入、删除操作。

算法分析：为了实现单向链表的基本操作，可以将其基本操作分别用函数来实现。在主函数中可以调用各函数，实现其常用的基本操作。

```
/* exp9-13 */
/* 链表基本操作的主函数 */
#include <stdio.h>
#include <string.h>
#include <stdlib.h>                    /* 包含 malloc 的头文件 */
#define LEN sizeof (struct stuscore)
struct stuscore                        /* 定义链表结构类型 */
{
    int num;
    char  name[20];
    float score;                       /* 定义链表结构数据域 */
    struct stuscore *next;             /* 定义链表结构指针域 */
};

int main( )                            /* 主函数 */
{
    struct stuscore *creat(struct stuscore *head);   /* 创建链表函数 */
    void *search(struct stuscore *head);             /* 查找链表函数 */
    struct stuscore *insert(struct stuscore *head);  /* 插入链表函数 */
    struct stuscore *del(struct stuscore *head);     /* 删除链表函数 */
    void output(struct stuscore *head);              /* 输出链表函数 */
    struct stuscore  *head;                          /* head 为链表的头指针 */
    int select, flag = 1;
    head = NULL;
    while(flag)
    {
        /* 在屏幕上画一个主菜单 */
        printf("/* *********链表的基本操作********* */\n\n");
        printf("  1:  creat\n\n");
        printf("  2:  search\n\n");
        printf("  3:  insert\n\n");
        printf("  4:  delete\n\n");
        printf("  5:  output\n\n");
        printf("  0:  exit\n\n");
        printf("/* ***************************** */\n\n");
        printf("please select:");
        scanf("%d", &select);                        /* 输入选择项 */
        switch(select)
        {
            case 1: head = creat(head); break;
            case 2: search(head); break;
            case 3: head = insert(head); break;
            case 4: head = del(head); break;
            case 5: output(head); break;             /* 调用输出函数 */
            default: flag = 0;                       /* 改变标志变量的值，退出循环 */
        }
    }
    return 0;
}
```

（1）链表的创建。

根据新建结点的位置不同，链表的创建可采用两种方法："头插法"，即每次创建的结点总是在第一个，最后一个创建的结点为头结点；"尾插法"，即每次创建的结点总是在最后一个，第一个创建的结点为头结点。下面以"尾插法"为例，说明其创建过程。

① 定义结点。

② 利用 malloc( )函数创建一个结点，并将新结点的指针成员赋值为空。

③ 判断是否有结点要插入链表，若有，进入循环并判断：若是空表，将新结点链接到表头；否则，将新结点链接到表尾。再利用 malloc( )函数创建一个结点，并将新结点的指针成员赋值为空。

④ 判断是否有后续结点要插入链表，若有，转到步骤③，否则结束。

创建链表的函数代码如下：

```
struct stuscore *creat(struct stuscore *head)   /* 尾插法生成链表子函数 */
{
    struct stuscore *p1, *p2;
    /* 申请新结点 */
    p1 = p2 = (struct stuscore *)malloc(LEN);
    printf("Please input num:\n");
    scanf("%d", &p1->num);
    printf("Please input name:\n");
    gets(p1->name);
    printf("Please input score:\n");
    scanf("%f", &p1->score);                      /* 输入结点的值 */
    p1->next = NULL;                              /* 将新结点的指针域置为空 */
    while(p1->num != 0)                           /* 输入结点的数值不等于 0 */
    {
        if(head == NULL)
            head = p1;                            /* 空表，接入表头 */
        else
            p2->next = p1;                        /* 非空表，接到表尾 */
        p2 = p1;
        p1 = (struct stuscore *)malloc(LEN);      /* 申请下一个结点 */
        printf("Please input num:\n");
        scanf("%d", &p1->num);
        printf("Please input name:\n");
        gets(p1->name);
        printf("Please input score:\n");
        scanf("%f", &p1->score);                  /* 输入结点的值 */
        p1->next = NULL;                          /* 将新结点的指针域置为空 */
    }
    return head;                                  /* 返回链表的头指针 */
}
```

（2）链表中查找数据。

在链表中查找数据，首先从链表的头结点开始（p=head），判断此结点的数据信息，若相等则结束循环；否则结点指针后移（p=p->next），指向下一个结点，直至结点的指针域为空（p==NULL），结束循环，进而结束子函数。其操作步骤如下。

① 输入待查找的数据信息，如学号。

② 从链表的头结点开始（p=head）。

③ 若此结点的数据信息与待查找的数据信息不同，且此结点存在后继结点，则结点指针后移（p=p->next），指向下一个结点，继续查找。

④ 循环结束后，若找到，则输出相关的数据信息；若查找完毕仍没有找到，则输出"Not found"。

查找链表的函数代码如下：

```
void *search(struct stuscore *head)
{
    struct stuscore *p;
    int number;
    printf("Please input search num:\n");
    scanf("%d", &number);                    /* 输入待查找的数据 */
    p = head;
    while (p != NULL && p->num != number)     /* 在链表中查找 */
    {
        p = p->next;                          /* 接着查找下一个结点 */
    }
    if(p->next == NULL)                       /* 在整个链表中没有找到 */
    {
        printf("Not found\n");
    }
    else
    {
        printf("num=%d,name=%s,score=%f\n", p->num, p->name, p->score);
    }
}
```

（3）链表中插入结点。

对于内存连续的一组有序（升序）数据，插入数据需要先找到合适的位置，然后将该位置后面的数据依次向后移动，完成插入操作后，最终仍然保持数据有序。而链表中结点的插入相对数组元素的插入要容易得多，首先找到合适的插入位置，然后处理此位置前后相邻的两个结点指针域即可，不需要对其他元素进行移动操作。操作步骤如下：

① 输入待插入的数据信息，如学号。

② 从链表的头结点开始（p=head）。

③ 若此结点存在后继结点，且此结点的后继结点的数据信息小于待插入的数据信息，则结点指针后移（p=p->next），指向下一个结点，继续查找。

④ 若结点 p 的数据信息小于待插入的数据信息，而结点 p->next 的数据信息大于待插入的数据信息，则应将新结点 q 插在结点 p 和结点 p->next 之间。

⑤ 在本例题中，p1 为 p 前面的结点，生成新结点 q，将结点 p 链接在新结点 q 之后，而结点 p1 的后继结点为新结点 q，其插入过程如图 9-7 所示。

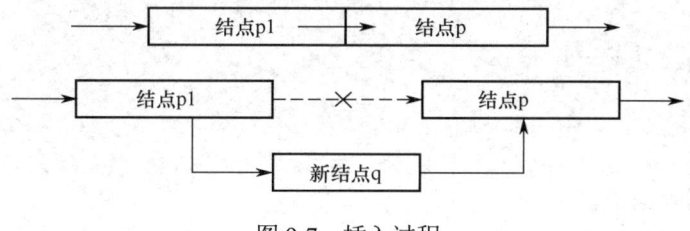

图 9-7　插入过程

插入结点的函数代码如下：

```
struct stuscore *insert(struct stuscore *head)
{
    struct stuscore *p, *p1, *q;
    int x;
    char name1[20];
```

```
    float score1;
    printf("Please input num:\n");
    scanf("%d", &x);
    printf("Please input name:\n");
    gets(name1);
    printf("Please input score:\n");
    scanf("%f", &score1);                        /* 输入新结点数据 */
    q = (struct stuscore *)malloc(LEN);          /* 创建新结点 */
    q->num = x;
    strcpy(q->name, name1);
    q->score = score1;                           /* 对新结点数据域赋值 */
    if (head == NULL)                            /* 若为空链表，则新结点插到表头 */
    {
        head = q;
        q->next = NULL;
    }
    else
    {
        p = head;
        while ( p->next != NULL && p->num < x)   /* 查找插入位置 */
        {
            p1 = p;                              /* p1 是 p 前面的结点 */
            p = p->next;
        }
        if (p->num >= x)                         /* 查找到插入的位置 */
        {
            if(p == head)                        /* 新结点插到链表头 */
            {
                head = q;
                q->next = p;
            }
            else                                 /* 插入链表中 */
            {
                q->next = p;                     /* 将新结点插到结点 p 之前 */
                p1->next = q;
            }
        }
        else                                     /* 插到链表尾 */
        {
            q->next = NULL;
            p->next = q;
        }
    }
    return(head);      /* 返回链表的头指针 */
}
```

（4）链表中删除结点。

删除操作需先查找到删除的结点 px 并保存其前驱 p。然后只需将结点 p 的后继指针改为其后继的后继，删除结点后必须及时地释放被删除结点的空间，其删除过程如图 9-8 所示。

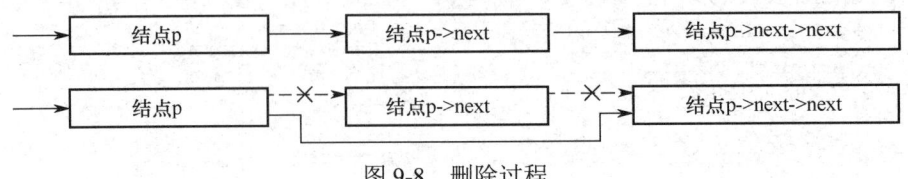

图 9-8　删除过程

删除结点的函数代码如下：

```
struct stuscore *del( struct stuscore *head)
{
    struct stuscore *px, *p;
    int x;
    px = head;
    if (head == NULL)
    {
        printf("\nList is null!\n");
    }
    else
    {
        printf("Please input num:\n");
        scanf("%d", &x);                            /* 输入待删除的学生学号 */
        while(px->num != x && px->next != NULL)  /* 查找删除的学生 */
        {
            p = px;
            px = px-> next;
        }
        if(px->num == x)
        {
            if(px == head)                          /* 删除头结点 */
            {
                head = head-> next;
                free(px);
            }
            else
            {
                p->next = px->next;
                free(px);
            }
        }
        else
            printf("\nNo find student!\n");
    }
    return(head);
}
```

（5）链表的输出。

实现链表输出，首先从链表的头结点开始（p=head）；若此结点存在（p!=NULL），则输出此结点的数据信息，否则结点指针后移（p=p->next），指向下一个结点，直至结点的指针域为空（p==NULL），结束循环，进而结束函数。

输出链表的函数代码如下：

```
void output(struct stuscore *head)
{
    struct stuscore *p;
    printf("Num\t\tName\t\tScore\n");
    p = head;
    while (p != NULL)                              /* 判断是否到链表尾部 */
    {
        printf("%d\t\t%s\t\t%f\n", p->num, p->name, p->score);
        p = p->next;                               /* 指向下一个结点 */
    }
}
```

程序运行结果：

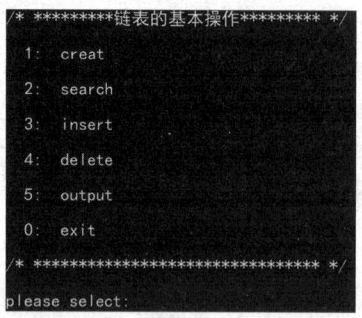

程序分析：程序运行后，先显示一个主菜单，然后依据用户的输入，在主函数中调用相应的函数，用来实现创建链表、链表的查找与输出以及在链表中插入和删除结点。

9.6 共用体类型

在一些特殊应用中，需要在不同时间段把类型不同的变量存放到同一段内存单元中，各变量占用内存单元的字节数不同，几个变量互相覆盖，此时需要使用"共用体"类型。

9.6.1 共用体类型的定义

共用体也是一种构造型数据，是指将不同类型的数据项组织成一个整体，并在内存中占用同一段存储空间。共用体在使用前，必须定义类型。类型定义的一般形式为：

```
union 共用体名
{
    数据类型 1 成员 1;
    数据类型 2 成员 2;
    ...
    数据类型 n 成员 n;
};
```

例如，将 3 个不同类型的变量（分别为整型、字符型、实型）放在同一个地址开始的内存单元中，共用体类型的定义为：

```
union data
{
    int i;
    char ch;
    float f;
};
```

它定义了一个名为 data 的共用体类型，其中含有 3 个成员，分别为整型 i、字符型 ch、浮点型 f，共用体变量所占内存字节数与共用体中占用字节数最多的那个成员的字节数相等，因此共用体类型 data 所占用内存为 4 字节。

从内存单元的角度比较共用体和结构体，可以得出以下结论：

（1）"共用体"各成员占相同的起始地址，所占内存字节数等于最长的成员所占内存字节数。

（2）"结构体"各成员占不同的地址，所占内存字节数等于全部成员所占内存字节数之和。

9.6.2　共用体变量的定义

共用体类型定义后，即可利用已经定义的共用体类型定义共用体变量。与结构体变量的定义相同，共用体变量的定义分为 3 种形式。

（1）在定义共用体类型的同时，定义共用体变量。例如：

```
union data
{
    int i;
    char ch;
    float f;
} a,b,c;
```

（2）在定义共用体类型之后，定义共用体变量。例如：

```
union data
{
    int i;
    char ch;
    float f;
};
union data a,b,c;
```

（3）利用无名共用体类型，直接定义共用体变量。例如：

```
union
{
    int i;
    char ch;
    float f;
} a,b,c;
```

9.6.3　共用体变量的引用和初始化

在实际使用中，共用体只能引用共用体变量的成员，其成员在使用时的写法为：

```
共用体变量名.成员名
```

例如：

```
union data a, *p;
p = &a;
```

则可以使用：

```
a.i = 100;
a.ch ='A';
p->f =3.14;
```

在类型定义和变量引用时，共用体和结构体有着很多相似之处，但也有本质的区别。共用体类型主要有以下特点：

（1）共用体变量不能在定义时初始化。

（2）共用体虽然可以用来存放几种不同类型的成员，但共用体的成员不能同时起作用，在某一时刻只能有一个成员起作用，其他的成员不起作用，起作用的成员是最后一次存放的成员，再存入一个新成员后，原有成员就失去作用。如上例中，经过上述 3 条赋值语句后，共用体变量最终的取值为 3.14。

（3）共用体变量的地址和各成员的地址都是同一地址。

（4）不能把共用体变量作为函数参数，也不能使函数返回共用体类型，但可以使用指向共用体变量的指针作为函数参数和函数返回值。

（5）共用体类型可以出现在结构体类型的定义中，也可以定义共用体数组。反之，结构体也可以出现在共用体类型的定义中，数组也可以作为共用体的成员。

9.6.4　共用体类型应用实例

共用体的多个成员占用同一存储单元，其作用主要是节省内存，在实际应用中主要是作为结构体中的成员，这个成员是以不同形式存在的。例如，根据不同的情况，选择不同类型的数据。

【例 9-14】　在计算机等级考试的报名表中，有姓名、年龄、类别、证件号码等内容，若类别选择军人，则证件号码输入的是军官证号，否则需要输入的是身份证号。

```c
/* exp9-14 */
#include <stdio.h>
#include <stdlib.h>
#define NUM 3
struct exam                                 /* 定义结构体类型 */
{
    char name[20];
    int age;
    char class1;                            /* 是不是军人，Y 表示是军人 */
    union                                   /* 定义共用体类型 */
    {
        char idcard[18];
        char armycard[8];
    }cate;
} exams[NUM];                               /* 定义结构体数组 */

int main( )
{
    int i;
    for(i = 0; i < NUM; i++)
    {
        printf("please enter name:");
        gets(exams[i].name);                /* 输入姓名 */
        printf("please enter age:");
        scanf("%d",&exams[i].age);          /* 输入年龄 */
        getchar( )
        printf("Is an armyman Please enter(Y/N):");
        scanf("%c",&exams[i].class1);
        if(exams[i].class1 == 'Y' || exams[i].class1 == 'y')
        {
            printf("please enter armyman card:");
            getchar( )
            gets(exams[i].cate.armycard);   /* 输入军官证号 */
        }
        else
        {
            printf("please enter idcard:");
            getchar( )
            gets(exams[i].cate.idcard);     /* 输入身份证号 */
```

```
        }
    }
    for(i = 0; i < NUM; i++)                        /* 输出信息 */
    {
        printf("%10s\n",exams[i].name);
        printf("%4d\n",exams[i].age);
        if(exams[i].class1 == 'Y' || exams[i].class1 == 'y')
            printf("%s\n",exams[i].cate.armycard);
        else
            printf("%s\n",exams[i].cate.idcard);
    }
    return 0;
}
```

程序运行结果：

```
please enter name:zhangsan
please enter age:19
Is an armyman Please enter(Y/N):
Y
please enter armyman card:1001
please enter name:lisi
please enter age:20
Is an armyman Please enter(Y/N):
N
please enter idcard:2001
please enter name:wangwu
please enter age:21
Is an armyman Please enter(Y/N):
Y
please enter armyman card:1002
  zhangsan            19    1001
      lisi            20    2001
   wangwu             21    1002
```

　　程序分析：程序中定义了一个结构体数组，每个结构体数组元素都有 4 个成员项：姓名、年龄、类别、证件号码。类别成员若选择军人，则证件号码输入军官证号，否则输入身份证号，因此将 cate 成员定义为共用体类型。

9.7　枚举类型

　　在实际问题中，存在这样一类数据，其取值范围非常有限，只能在几个数据中取值。例如，星期信息只能在星期一到星期日中取一个值，月份信息只能在 1 月到 12 月中取一个值，交通灯的颜色信息只能在红色、黄色、绿色中取一个值。为了更好地描述这些离散数据的特性，并将其约束在特定的范围之内，C 语言提供了适合这类数据的数据类型，称为枚举类型。

9.7.1　枚举类型的定义

　　枚举类型数据的用法与结构体类型数据的用法基本相同，也必须先定义枚举类型，再定义枚举类型的变量。枚举类型定义的一般形式为：

```
enum 枚举类型名{枚举常量列表};
```

　　enum 是枚举定义的关键字，后面紧跟一个枚举类型名，枚举类型名是一个合法的 C 语言标识符，enum 与枚举类型名两者合起来共同组成枚举类型。

　　枚举常量列表可以是 C 语言允许的合法标识符，每个枚举常量都有固定值，系统自动为其赋值为 0,1,2,3…。用户也可以根据实际的需要，改变系统的默认值，其后的值则顺延。

　　例如：

```
enum weekday{mon, tue, wed, thu, fri, sat, sun};    /* 定义枚举类型 weekday */
enum color{red = -3, yel, gre};                     /* 定义枚举类型 color */
```

weekday 为枚举类型名，其枚举值是一周中的 7 天，共有 7 个枚举值，其枚举值都由系统自动赋值，mon 的值为 0，后面依次增 1。

color 为枚举类型名，其枚举值是 3 种颜色，共有 3 个枚举值，其第一个枚举值 red 指定为-3，则其后的值依次增 1，即 yel 为-2，gre 为-1。在程序中要使用枚举类型的变量，而不能使用枚举类型的类型名 weekday 和 color。

9.7.2 枚举变量的定义

如同结构体和共用体一样，枚举变量也可用不同的方式定义，即先定义类型、后定义变量，同时定义类型和变量及直接定义变量。

定义枚举变量的 3 种形式如下。

（1）在定义枚举类型的同时，定义枚举变量。例如：

```
enum color{red, yel, gre} x, y;
```

（2）在定义枚举类型之后，定义枚举变量。例如：

```
enum color{red, yel, gre};
enum color x, y;
```

（3）直接定义枚举变量。例如：

```
enum {red, yel, gre} x, y;
```

9.7.3 枚举变量的引用

定义枚举变量后，就可在程序中引用枚举变量。枚举变量的引用有以下规定：

（1）枚举元素是常量而不是变量，不能在程序中用赋值语句再赋值。例如，"sun=5;"是错误的。

（2）枚举元素不是字符常量，也不是字符串常量，引用时不要加单引号、双引号。

（3）枚举变量不能直接取一个整数值，若需要将枚举常量对应的整数值赋给枚举变量，必须使用强制类型转换，将整数值强制转换为枚举类型，如"x=(enum color)1;"。

（4）枚举变量可以进行比较，按照对应的整数值进行比较即可，如 if (x>red)。

（5）枚举变量可以进行++或--运算，常用作循环控制变量，如"x++;"和"y--;"。

【例 9-15】 定义枚举变量，赋值并输出其值。

```
/* exp9-15 */
/* 枚举变量的定义、赋值、输出 */
#include "stdio.h"
int main( )
{
    enum weekday {sun, mon, tue, wed, thu, fri, sat} a, b, c;
    a = sun;
    b = mon;
    c = tue;
    printf("\na=%d,b=%d,c=%d\n", a, b, c);
    return 0;
}
```

程序运行结果：

```
a=0, b=1, c=2
```

程序分析：程序中 weekday 为枚举类型名，其枚举值是一周中的 7 天，共有 7 个枚举值，其枚举值均由系统自动赋值，sun 的值为 0，后面依次增 1，故 a，b，c 的值分别为 0,1,2。

9.7.4　枚举类型应用实例

枚举类型可以很好地描述一些特定的业务场景，比如一年中的春、夏、秋、冬，每周的周一到周日，交通信号灯，以及用来描述一些状态信息，比如错误码等，使用枚举类型，能让代码可读性更强。

【例 9-16】　由键盘任意输入一个 1～7 之间的数字，输出其对应的是星期几。

```c
/* exp9-16 */
#include <stdio.h>
int main( )
{
    enum weekday {sun, mon, tue, wed, thu, fri, sat} week;
    int x;
    printf("Please input data:");
    scanf("%d", &x);
    week = (enum weekday)x;          /* 将输入的整型强制转换为枚举类型变量 */
    switch(week)
    {
        case mon: printf("\n Today is Monday\n"); break;
        case tue: printf("\n Today is Tuesday\n"); break;
        case wed: printf("\n Today is Wednesday\n"); break;
        case thu: printf("\n Today is Thursday\n"); break;
        case fri: printf("\n Today is Friday\n"); break;
        case sat: printf("\n Today is Saturday\n"); break;
        case sun: printf("\n Today is Sunday\n"); break;
        default: printf("\n input data error\n");
    }
    return 0;
}
```

程序运行结果：

```
Please input data:3

Today is Wednesday
```

程序分析：本例题在枚举类型的定义中列举出所有可能的取值，枚举类型的变量取值不能超过定义的范围。使用枚举类型主要是为了增加程序的可读性。但在实际应用中，并非所有可以列举出来数据的变量都适合使用枚举类型，若一个变量的取值超过了 20 个，就不适合使用枚举类型了。

9.8　自定义类型

C 语言不仅提供了丰富的数据类型，而且还允许用户自己定义新类型，并为新数据类型取名。自定义新类型使用 typedef 完成。

typedef 定义的一般形式为：

```
typedef 原类型名 新类型名;
```

其中原类型名中含有定义部分，新类型名一般用大写表示，以便于区别。例如：

```
typedef  int    INTEGER
```

这里的 INTEGER 就是用户自己定义的新类型，在程序中可以使用 INTEGER 来代替 int 定义整型变量。因此，"INTEGER x;"与"int x;"是等价的。

用 typedef 定义复杂的数据类型，可以将数组、指针、结构体等类型组合在一起，为程序提供方便，增强程序的可读性。例如：

```
typedef char STR[40];
STR str1, str2;
```

STR 是用户自定义的新类型，代表一个含有 40 个字符的字符数组，然后用 STR 定义了两个字符数组 str1 和 str2。又如：

```
typedef struct stuscore
{
    int num;
    char name[20];
    float score;
} STU;
```

STU 是用户自定义的一个类型，代表 stuscore 的结构体类型。在程序中可以使用 STU 来定义结构体变量，例如：

```
STU stu1,stu2;
```

本 章 小 结

通过本章学习，需要掌握结构体、共用体数据类型及其使用方法；了解枚举类型、用户自定义数据类型及其使用方法；理解链表的创建、查找、插入、删除、输出等常见操作。

习 题 9

一、选择题

1. 以下的定义中正确的是_____。

A. struct student
   { char name［20］;
     int age;
     char addr［20］;
   } zhang;

B. student
   { char name［20］;
     int age;
     char addr［20］;
   } zhang;

C. struct student
   { char name［20］;
     int age;
     char addr［20］;
   }
   struct zhang;

D. struct
   { char name［20］;
     int age;
     char addr［20］;
   }
   struct zhang;

2. 有如下定义，sizeof(x)的值为_____。

```
struct  data
{
    int  a;
```

```
    float b;
    char c;
} x;
```

　　A．1　　　　　　　　B．2　　　　　　　C．4　　　　　　　D．9

3．有如下定义，以下叙述不正确的是_____。

```
struct student
{
    char name[20];
    int age;
} zhang;
```

　　A．struct 是结构体类型的关键字　　　　　B．struct student 是用户自定义的结构体类型名

　　C．student 是用户定义的结构体类型名　　　D．age 是结构体中的成员

4．有如下定义，以下合法的引用为_____。

```
struct student
{
    char name[20];
    int age;
    char addr[20];
} zhang, *p;
p = &zhang;
```

　　A．p.age　　　　　　B．p->age　　　　　　C．zhang->age　　　D．*p.age

5．有如下定义，以下不合法的引用为_____。

```
struct student
{
    char name[20];
    int age;
} zhang, *p;
p = &zhang;
```

　　A．student.age　　　B．p->age　　　　　　C．zhang.age　　　D．(*p).age

6．有如下定义，以下合法的引用为_____。

```
struct student
{
    char name[20];
    struct
    {
        int year;
        int month;
        int day;
    } birthday;
} zhang, *p;
p = &zhang;
```

　　A．zhang.birthday.year　　　　　　　　　B．birthday.year

　　C．zhang.year　　　　　　　　　　　　　D．p->year

7．有如下定义，sizeof(x)的值为_____。

```
union data
{
    int a;
    float b;
    char c;
} x;
```

　　A．1　　　　　　　　B．2　　　　　　　C．4　　　　　　　D．7

8．有如下定义，以下正确使用的为_____。

```
enum  day{mon=1, tue, wed, thu, fri, sat, sun};
enum  day  date;
```

　　A．date = "tue";　　　　　　　　　　　B．date = (enum day)8;

　　C．date = 2;　　　　　　　　　　　　　D．date = (enum day)2;

9．有如下定义，则枚举常量 wed 的值是_____。

```
enum  day{mon=1,tue,wed,thu,fri,sat,sun};
```

　　A．0　　　　　　　　B．1　　　　　　　　C．2　　　　　　　　D．3

10．有如下定义，以下正确使用的为_____。

```
typedef  struct
{
    int month;
    int day;
    int year;
} DATE;
```

　　A．DATE birthday;　　　　　　　　　B．typedef struct birthday;

　　C．struct DATE birthday;　　　　　　D．typedef birthday;

二、填空题

1．一个结构体变量，系统为其分配内存单元的数量是_____。

2．数组在内存中占用地址_____的内存单元，链表在内存中可以占用地址_____的内存单元。

3．一个共用体变量，系统为其分配内存单元的数量是_____。

三、程序设计题

1．编写通讯录管理程序，用结构体实现下列功能：

（1）通讯录含有姓名、电话、地址 3 项内容，建立含有上述信息的通讯录。

（2）输入姓名，查找此人的电话号码及地址。

（3）插入某人的信息。

（4）输入姓名，删除某人的号码。

（5）列表显示姓名、电话、地址等内容。

将以上功能用子函数实现，编写主函数，可以根据用户的需要，调用相应的子函数。

2．已知学生成绩包括姓名、数学成绩、英语成绩、语文成绩、平均成绩 5 个成员，要求输入 5 个学生的信息，并按平均成绩排序输出。

3．设有 3 个候选人，每次输入一个得票的候选人名字，要求最后输出各候选人的得票结果。

第10章 位 运 算

本章思维导图

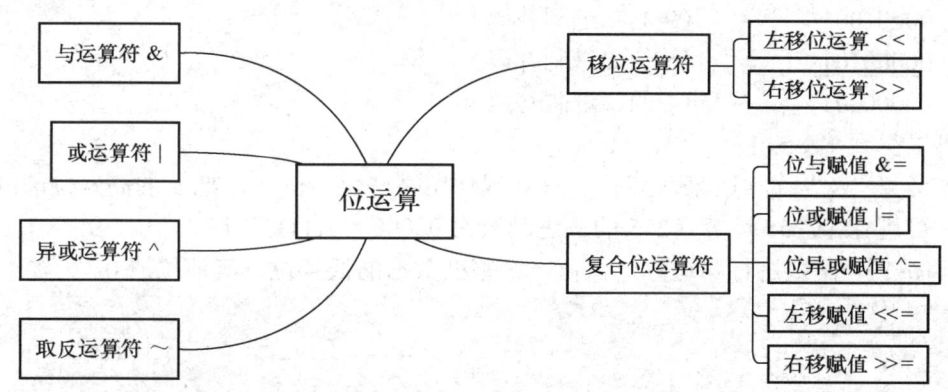

C 语言既具有高级语言的特点，也具有低级语言的特性，支持位运算就体现了这一特点。位运算就是对数据的二进制数位进行的运算。位运算可以直接对二进制数操作，不需要转换成十进制数，因此处理速度非常快。

10.1 位运算符概述

C 语言提供的 6 种位运算符如下：
- &：按位与。
- |：按位或。
- ^：按位异或。
- ～：取反。
- <<：左移。
- >>：右移。

其中，前 4 个运算符称为逻辑位运算符，后面 2 个运算符称为移位运算符；取反运算符是单目运算符，其余均为双目运算符。

位运算符要求运算对象只能是整型或者字符型数据，不能是实型数据。位运算符的运算规则是：先将两个操作数转换成二进制数，再按位运算。位运算可以对二进制数位进行测试、抽取或移位等操作，常用于检测和控制领域。

10.2　位运算符功能

10.2.1　与运算（&）

位与运算符"&"是双目运算符。参与运算的两个操作数，若对应的两个二进位均为 1，则结果位才为 1，否则为 0。按位与运算规则可表示如下：

0&0=0　　0&1=0　　1&0=0　　1&1=1

参与运算的数以补码形式出现。例如，9 & 5 的算式如下：

```
    00001001          （9 的二进制补码）
&   00000101          （5 的二进制补码）
    00000001          （1 的二进制补码）
```

因此，可以得到 9 & 5=1。

位与运算"&"通常用来对某些位清 0 或保留某些位。例如，把 a 的高八位清 0，保留低八位，可进行 a&255 运算（255 的二进制数为 0000000011111111）。

【例 10-1】　两数进行与运算，保留一个整型数据的低 4 位，其他位清 0。

```c
/* exp10-1 */
#include <stdio.h>
int main( )
{
    int x,y;
    x = 12345;
    y = x & 0x0f;
    printf("x=%d,%o,%x\n", x, x, x);
    printf("y=%d,%o,%x\n", y, y, y);
    return 0;
}
```

程序运行结果：

```
x=12345,30071,3039
y=9,11,9
```

程序分析：数据 12345 的二进制数表示为：0011 0000 0011 1001。与数据 0x0f 相与的算式为：

```
    0011 0000 0011 1001
&   0000 0000 0000 1111
    0000 0000 0000 1001
```

得到十进制数为 9。

位与运算符"&"也常用来检测特定位为 0 还是 1。

【例 10-2】　检测变量 flag 的第 4 位是 1 还是 0。

```c
/* exp10-2 */
#include <stdio.h>
#define TEST 8   /* 表示 00…01000 */
int main( )
{
    int flag;
    flag = 13;
```

```
//…
    if((flag & TEST)!= 0)  /* 检测第 4 位 */
        printf("Fourth bit is set\n");
    else
        printf("Fourth bit is zero\n");
    return 0;
}
```

程序运行结果：

```
Fourth bit is set
```

10.2.2 或运算（|）

位或运算符"|"是双目运算符。参与运算的两个操作数，只要对应的两个二进制位有一个为 1，结果位就为 1，否则为 0。按位或运算规则可表示如下：

0|0=0   0|1=1   1|0=1   1|1=1

参与运算的两个数均以补码形式出现。例如，9|5 的算式如下：

    00001001
| 00000101
    00001101   （十进制数为 13）

因此，可以得到 9|5=13。

【例 10-3】 编程计算两数进行或运算的结果。

```
/* exp10-3 */
#include <stdio.h>
int main( )
{
    int x, y;
    x = 32766;
    y = x | 0x0f;
    printf("x = %d,%o,%x\n", x, x, x);
    printf("y = %d,%o,%x\n", y, y, y);
    return 0;
}
```

程序运行结果：

```
x = 32766,77776,7ffe
y = 32767,77777,7fff
```

程序分析：数据 32766 的二进制数表示为：1111 1111 1111 1110。与数据 0x0f 相或的算式为：

    1111 1111 1111 1110
| 0000 0000 0000 1111
    1111 1111 1111 1111

得到十进制数为 32767，十六进制数为 0x7fff。

位或运算"|"的典型应用是给运算对象的某些特定位置 1，即两个操作数中的任意一位为 1 时，运算结果的对应位置 1。

【例 10-4】 置变量 flag 的第 4 位为 1。

```
/* exp10-4 */
#include <stdio.h>
```

```
#define SET 8                          /* 表示00…01000 */
int main( )
{
    int flag;
    flag = 3;
    //…
    flag = flag|SET;                    /* 置第4位为1 */
    if((flag & SET) != 0)               /* 检测第4位是否为1 */
    {
        printf("%x\n",flag);
        printf("Fourth bit is set \n");
    }
    else
        printf("Fourth bit is zero\n");
    return 0;
}
```

程序运行结果：

```
b
Fourth bit is set
```

程序中，通过或运算"|"，flag 的第 4 位置 1，其他位不变。

10.2.3 异或运算（^）

位异或运算符"^"是双目运算符。参与运算的两个二进制数按位相异或，当两对应的二进制位相异时，结果为 1，相同时则为 0。运算规则可表示如下：

0^0=0   0^1=1   1^0=1   1^1=0

参与运算数仍以补码形式出现。例如，9 ^ 5 的算式如下：

```
    00001001
^   00000101
    00001100        （十进制数为 12）
```

【例 10-5】 编程计算两数进行异或运算的结果。

```
/* exp10-5 */
#include <stdio.h>
int main( )
{
    int a = 9;
    a = a ^ 5;
    printf("a=%d\n", a);
    return 0;
}
```

程序运算结果：

```
a=12
```

10.2.4 取反运算（～）

取反运算符"～"为单目运算符，具有右结合性。其功能是对参与运算的操作数的各二

进制位按位取反，即 0 变 1，1 变 0。例如，～9 的运算为～(0000000000001001)，结果为
1111111111110110。

按位取反操作经常用于加密处理，连续两次求反后，数据恢复原始初值。第 1 次求反可
用于加密，第 2 次求反可用于解密。

【例 10-6】 编程对数据进行按位取反。

```
/* exp10-6 */
#include <stdio.h>
int main( )
{
    int x, y;
    x = 12;
    y = -12;
    printf(" x = %d,%o,%x\n", x, x, x);
    printf("~x = %d,%o,%x\n", ~x, ~x, ~x);
    printf(" y = %d,%o,%x\n", y, y, y);
    printf("~y = %d,%o,%x\n", ~y, ~y, ~y);
    return 0;
}
```

程序运行结果：

```
 x = 12,14,c
~x = -13,37777777763,fffffff3
 y = -12,37777777764,fffffff4
~y = 11,13,b
```

10.2.5 移位运算

1. 左移位运算（<<）

左移运算符"<<"是双目运算符。其功能是把"<<"左边的运算数的各二进制位依次左
移若干位，由"<<"右边的数指定移动的位数，高位丢弃，低位补 0。

例如：

```
int a;
a=a<<4;
```

语句 a=a<<4;是把 a 的各二进制位向左移动 4 位。如 a=00000011（十进制数为 3），左移
4 位后为 00110000（十进制数为 48）。

2. 右移位运算（>>）

右移运算符">>"是双目运算符。其功能是把">>"左边的运算数的各二进制位全部右
移若干位，">>"右边的数指定移动的位数。

例如：

```
int a = 15;
a=a >> 2;
```

语句 a=a >> 2;表示把 00001111 的各二进制位依次右移 2 位，右移为 00000011（十进制
数为 3）。

【例 10-7】 编程对数据进行移位运算。

```
/* exp10-7 */
#include <stdio.h>
int main( )
```

```
{
    int a, b, c, d;
    printf("Please input a number: ");
    scanf("%d", &a);
    b = a >> 1;
    c = a >> 2;
    d = a << 2;
    printf("a=%d\nb=%d\nc=%d\nd=%d\n", a, b, c, d);
    return 0;
}
```

程序运行结果：

```
Please input a number: 200
a=200
b=100
c=50
d=800
```

注意，右移 1 位相当于除以 2，右移 2 位相当于除以 4，即右移 n 位相当于除以 2^n。而左移 n 位相当于乘以 2^n。在实际应用中，常用左移位和右移位代替整数的乘法和除法。

10.2.6 复合位运算赋值运算符

C 语言允许位运算符和赋值运算符结合组成位运算赋值运算符，位运算赋值运算符及其含义如表 10-1 所示，其用法与算术赋值运算符相同。

表 10-1 位运算赋值运算符及其含义

运 算 符	含 义	举 例	等 价 于
&=	位与赋值	a &= b	a = a & b
|=	位或赋值	a |= b	a = a | b
^=	位异或赋值	a ^= b	a = a ^ b
>>=	右移赋值	a >>= b	a = a >> b
<<=	左移赋值	a <<= b	a = a << b

本 章 小 结

通过本章学习，需要掌握 4 种逻辑位运算符和 2 种移位运算符的运算过程；理解并掌握位运算符的功能以及实际应用；了解位运算符的优先级。

习 题 10

一、选择题

1. 表达式 0x13 ^ 0x17 的值是_____。

   A．0x04   B．0x13   C．0xE8   D．0x17

2. 设有语句 char x = 3, y = 6, z; z = x ^ y << 2;，则 z 的二进制数是_____。

   A．00010100   B．00011011   C．00011100   D．00011000

3. 在位运算中，操作数左移一位，其结果相当于_____。

   A．操作数乘以 2   B．操作数除以 2   C．操作数除以 4   D．操作数乘以 4

4. 以下程序的输出结果是_____。

```
#include <stdio.h>
int main( )
{
    char x = 040;
    printf("%o\n",x << 1);
    return 0;
}
```

    A. 100   B. 80   C. 64   D. 32

5. 下面程序段的输出为_____。

```
#include <stdio.h>
int main( )
{
    int a = 8,b;
    b = a | 1; b >>= 1;
    printf("%d,%d\n", a, b);
    return 0;
}
```

    A. 4,4   B. 4,0   C. 8,4   D. 8,0

二、填空题

1. 设二进制数 A 是 00101101，若想通过异或运算 A^B 使 A 的高 4 位取反，低 4 位不变，则二进制数 B 应是_____。

2. 若已知 a = 10，b = 20，则表达式!a < b 的值为_____。

3. 有定义 char a,b;，若想通过&运算符保留 a 的第 3 位和第 6 位的值，则二进制数 b 应是_____。

4. 设 int a, b=10;，执行语句 a = b << 2 + 1;后 a 的值是_____。

5. 若有 int a = 1; int b = 2;，则 a | b 的值为_____。

第11章 文　　件

本章思维导图

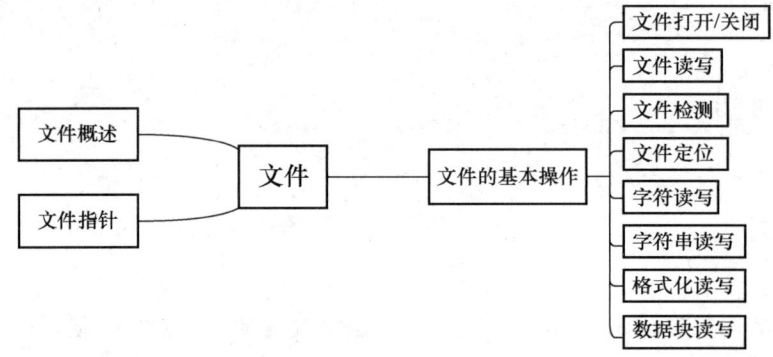

前面几章介绍的很多程序都是在内存中运行的，一旦程序运行结束，那些数据也会随之消失。然而在实际应用中，大量的数据都是需要保存下来的，因此，必须将这些数据保存在外存（硬件盘、U 盘）中，再次使用时需要重新调入内存中，这就需要使用磁盘文件来实现。

11.1　文件概述

文件是指记录在介质（磁盘、磁带、光盘、U 盘等）上的相关数据的集合。每个数据集都有一个名称，称为文件名，它是访问文件的标识。

存储在磁盘文件中的数据可以永久保存，并重复使用。例如，将待处理的 100 个学生的数据存放在磁盘文件中，程序从磁盘文件中读取数据，而不需要用户反复从键盘输入；同样将 100 个学生数据的排序结果也存放在磁盘文件中，用户可以随时查看结果文件，而不需要反复地运行才能查看结果。因此，当有大量数据需要输入时，可借助编辑工具事先创建数据文件，并将之存储在磁盘上；程序运行时，则可利用专门的输入函数从磁盘文件中读取数据进行处理，并将处理结果通过专门的输出函数写到磁盘文件中。

从文件编码的方式来看，文件可分为 ASCII 文件和二进制文件两种。ASCII 文件也称为文本文件，这种文件在磁盘中存放时，每个字符对应 1 字节，用于存放对应的 ASCII 码。ASCII 文件可在屏幕上按字符显示，例如源程序文件就是 ASCII 文件，由于是按字符显示，因此可以识别。二进制文件是按二进制的编码方式来存放文件的，二进制文件虽然也可在屏幕上显示，但其内容显示为乱码。C 语言在处理这些文件时，并不区分类型，都视为字符流，按字节进行处理。

11.2　文件指针的定义

在 C 语言中用一个指针变量指向一个文件，这个指针称为文件指针。通过文件指针就可对所指的文件进行各种操作。

定义文件指针变量的一般形式为：

```
FILE *指针变量标识符;
```

其中，FILE 应为大写形式，它是由系统已经事先定义的一个结构体类型，该结构体中含有文件名、文件状态和文件当前位置等信息。

```
typedef struct
{
    short level;
    unsigned flags;
    char fd;
    unsigned char hold;
    short bsize;
    unsigned char *buffer;
    unsigned char *curp;
    unsigned istemp;
    short token;
} FILE;
```

FILE 数据结构已经定义在 stdio.h 头文件中，在程序中只要引用了 stdio.h，就可以直接使用 FILE 来定义文件指针变量。例如：

```
FILE *fp;
```

表示 fp 是指向 FILE 结构的指针变量，通过 fp 可对文件进行操作。因此 fp 也称为指向一个文件的指针变量。

11.3 文件的基本操作

文件的基本操作主要包括文件打开、读、写、定位、检测及文件的关闭。文件基本操作的第一步就是打开文件，最后一步是关闭文件。打开文件，就是建立文件的各种有关信息，并使文件指针指向该文件，以便进行其他操作。关闭文件则是断开指针与文件之间的联系，也就禁止再对该文件进行操作。

对文件的操作可以分为以下 3 步：

（1）打开文件。

（2）对文件进行读、写等操作。

（3）关闭文件。

在 C 语言中，文件操作都是由库函数来完成的。下面依次介绍文件的操作函数。

11.3.1 文件打开函数

文件的打开需要调用系统的标准函数 fopen( )来实现。打开文件的一般形式为：

```
FILE *fp;
fp = fopen(文件名, 文件使用方式);
```

按指定的方式打开指定的文件，并请求系统为此文件分配相应的文件缓冲区，函数返回包含文件缓冲区信息的 FILE 结构体地址，保存到文件指针变量 fp 中；若发生一些意外的情况（如文件不存在），导致文件无法正常打开，则函数返回 NULL。

定义一个指向 E:\chp11\exp1.c 文件指针的方法如下：

```
FILE *fp;
fp = fopen("E:\\chp11\\exp1.c", "r");
```

上面的语句表示打开 E 盘 chp11 文件夹下的 exp1.c 文件，打开方式"r"表示以只读方式打开，并使 fp 指向该文件。其中两个反斜线"\\"是转义字符，表示路径的分隔符"\"。上面的打开语句中，若 E:\chp11\exp1.c 文件不存在，则会影响到后面程序对文件的读写操作，因此在实际应用中，要加上判断语句，以增强程序可靠性，具体写法如下：

```
FILE *fp;
if ((fp = fopen("E:\\chp11\\exp1.c", "r"))== NULL)        /* 若打开文件失败 */
{
    printf("\nOpen file error!\n");
    return 1; /* 结束程序 */
}
```

注意：(fp = fopen("E:\\chp11\\exp1.c", "r"))外面的圆括号必不可少，若不要这对圆括号，由于==的优先级高于=的优先级，因此打开程序的条件语句将会出现不可预知的结果。fopen( )函数的第 1 个参数表示要打开的文件，第 2 个参数表示文件打开后的使用方式。在一般情况下，文件的使用方式有 12 种，如表 11-1 所示。

表 11-1　文件的使用方式

使 用 方 式	意　　义
r	只读打开一个文本文件，只允许读数据
w	只写打开或建立一个新的文本文件，只允许写数据
a	追加打开一个文本文件，并在文件末尾写数据
rb	只读打开一个二进制文件，只允许读数据
wb	只写打开或建立一个新的二进制文件，只允许写数据
ab	追加打开一个二进制文件，并在文件末尾写数据
r+	读写打开一个文本文件，允许读和写
w+	读写打开或建立一个新的文本文件，允许读和写
a+	读写打开一个文本文件，允许读，或在文件末尾追加数据
rb+	读写打开一个二进制文件，允许读和写
wb+	读写打开或建立一个新的二进制文件，允许读和写
ab+	读写打开一个二进制文件，允许读，或在文件末尾追加数据

对于文件的 12 种使用方式，在实际使用过程中要注意以下几点：

（1）用 r 打开一个文件时，该文件必须已经存在，否则将会出错。

（2）用 w 打开的文件只支持写数据。若打开的文件不存在，则以指定的文件名建立该文件；若打开的文件已经存在，则将该文件删去，重建一个新文件。

（3）若要向一个已存在的文件追加新的信息，则只能用 a 方式打开文件。注意：该文件必须是预先存在的，否则操作将失败。

（4）在打开一个文件时，若出错，fopen 将返回一个空指针值 NULL。在程序中可以用这一信息来判断文件是否被打开，并据此做相应的处理。

（5）把一个文本文件读入内存时，要将 ASCII 码转换成二进制码；而把文件以文本方式写入磁盘中时，要把二进制码转换成 ASCII 码，因此文本文件的读写要花费较多的转换时间。对二进制文件的读写不存在这种转换。

11.3.2　文件关闭函数

文件使用完毕，要用关闭文件函数 fclose( )把文件关闭，以避免文件的数据丢失等错误。调用关闭文件函数的一般形式为：

```
fclose(文件指针);
```

正常完成关闭文件操作时，fclose( )函数的返回值为 0。若返回值为非零，则表示有错误发生。

11.3.3　文件检测函数

文件检测是指对文件操作时文件是否结束、文件读写是否出错等的检测。C 语言中常用的文件检测函数有以下几个。

（1）文件结束检测函数。

feof( )函数调用的一般形式为：

```
feof(文件指针);
```

功能：判断文件是否处于文件结束位置。若文件结束，则返回值为 1，否则为 0。

（2）读写文件出错检测函数。

ferror( )函数调用的一般形式为：

```
ferror(文件指针);
```

功能：检查文件在用各种输入/输出函数进行读写时是否出错。若 ferror 的返回值为 0，则表示操作未出错，否则表示出错。

（3）文件出错标志和文件结束标志置 0 函数。

clearerr( )函数调用的一般形式为：

```
clearerr(文件指针);
```

功能：用于清除出错标志和文件结束标志，并置 0。

11.3.4　文件定位函数

文件打开时，文件指针指向文件首，文件的读写是针对文件指针的当前位置进行的，每完成一次读写操作，文件指针自动下移一个位置，下一次的读写是在下一个位置进行的，这就是文件的顺序读写。文件除可以顺序读写外，还可以随机读写，即可以指定任意一个位置，然后进行读写，不按照文件的顺序进行。为了实现文件的随机读写，必须能够改变文件指针的当前位置。C 语言提供了一些函数，用以改变文件指针的当前位置，进而可以实现文件的随机读写。

移动文件位置指针的函数主要有两个，即 rewind( )函数和 fseek( )函数。

rewind( )函数用来把文件指针移到文件首，其调用的一般形式为：

```
rewind(文件指针);
```

fseek( )函数用来移动文件指针到指定的位置，其调用的一般形式为：

```
fseek(文件指针, 位移量, 起始点);
```

其中，"文件指针"指向被移动的文件。"位移量"表示移动的字节数，要求位移量是 long 型数据，以便在文件长度大于 64KB 时不会出错。当用常量表示位移量时，要求加后缀"L"。

"起始点"表示从何处开始计算位移量，规定的起始点有 3 种：文件首、当前位置和文件尾。其表示方法如表 11-2 所示。

表 11-2　起始点的 3 种表示方法

起 始 点	表示符号	数 字 表 示
文件首	SEEK_SET	0
当前位置	SEEK_CUR	1
文件尾	SEEK_END	2

例如：

```
fseek(fp, 100L, 0);
```

表示把位置指针移到离文件首 100 字节处。

注意：fseek( )函数一般用于二进制文件。在文本文件中由于要进行转换，往往计算的位置会出现错误。

11.3.5　字符读写函数

文件中字符读写函数是以字符（字节）为单位的读写函数。每次可从文件读出或向文件写入一个字符。

1. 从文件中读字符函数 fgetc( )

fgetc( )函数的功能是从指定的文件中读出一个字符，函数调用的一般形式为：

```
字符变量 = fgetc(文件指针);
```

例如：

```
ch = fgetc(fp);
```

功能：从打开的文件 fp 中读取一个字符并赋给 ch 变量。

对于 fgetc( )函数的使用有以下说明：

（1）在 fgetc( )函数调用中，读取的文件必须是以读或读写方式打开的。

（2）读取字符的结果也可以不赋值给字符变量。

（3）在文件内部有一个位置指针，用来指向文件的当前读写字节。在文件打开时，该指针总是指向文件的第一字节。使用 fgetc( )函数后，该位置指针将自动向后移动 1 字节。连续多次使用 fgetc( )函数，可读取多个字符。应注意文件指针和文件内部的位置指针不是一回事。文件指针是指向整个文件的，需在程序中定义说明，其值在重新被赋值前保持不变。文件内部的位置指针用以指向文件内部的当前读写位置，每读写一次，该指针均向后移动，其不需要在程序中定义，而是由系统自动设置。

【例 11-1】　请用只读的方式打开文件 E:\chp11\exp1.dat，并将其内容在屏幕上输出。

```
/* exp11-1 */
#include "stdio.h"
#include "conio.h"
int main( )
{
    FILE *fp;
    char ch;
    if((fp = fopen("E:\\chp11\\exp1.dat", "r"))== NULL)         /* 打开文件 */
    {
        printf("\nCannot open file!");
        getch( );
        return 1;
    }
    printf("文件内容：\n");
    ch = fgetc(fp);                    /* 从文件开始位置读取字符 */
```

```
    while(ch != EOF)                /* 判断文本文件是否结束 */
    {
        putchar(ch);                /* 输出到屏幕上 */
        ch = fgetc(fp);             /* 接着读下一个字符 */
    }
    fclose(fp);
    return 0;
}
```

程序运行结果：

```
文件内容：
This is a C encrypt program.
```

程序分析：程序的功能是从文件中逐个读取字符，在屏幕上显示。程序定义了文件指针 fp，以只读文本文件方式打开文件 E:\chp11\exp1.dat，并使 fp 指向该文件。若打开文件出错，则给出提示并退出程序。程序中第一个 fgetc( )函数先读出第一个字符，然后进入循环，只要读出的字符不是文件结束标志（每个文件末尾都有一个结束标志 EOF），就把该字符显示在屏幕上，再读入下一个字符。每次读取文件，文件内部的位置指针向后移动一个字符，读取文件结束时，该指针指向文件末尾。执行程序，屏幕上将显示 E:\chp11\exp1.dat 文件的内容。

2．向文件写字符函数 fputc( )

fputc( )函数的功能是把一个字符写入指定的文件中，其函数调用的一般形式为：

```
fputc(字符量，文件指针);
```

例如：

```
fputc('a',fp);
```

功能：把字符常量'a'写入 fp 所指向的文件中。

对于 fputc( )函数的使用，有以下说明：

（1）被写入的文件可以用写、读写、追加方式打开，用写或读写方式打开一个已存在的文件时，将清除原有的文件内容，写入字符从文件首开始。如需保留原有文件内容，并将新字符添加至文件末尾，则必须以追加方式打开文件。被写入的文件若不存在，则创建该文件。

（2）每写入一个字符，文件内部位置指针便向后移动 1 字节。

（3）fputc 函数有一个返回值，如写入成功则返回写入的字符，否则返回一个 EOF。可用此来判断写入是否成功。

【例 11-2】 打开 E:\chp11\exp1.dat 文件，将其内容加密（原文件中每个字符加 1）后写入文件 E:\chp11\exp11.dat 中，并且显示在屏幕上。

```
/* exp11-2 */
#include "stdio.h"
#include "conio.h"
int main( )
{
    FILE *fp, *fp1;
    char ch;
    if((fp = fopen("E:\\chp11\\exp1.dat", "r"))== NULL)
    {
        printf("Cannot open exp1.dat file!");
        getch( );
        return 1;
    }
```

```
if((fp1 = fopen("E:\\chp11\\exp11.dat", "w+"))== NULL)
{
    printf("Cannot create exp11.dat file!");
    getch( );
    return 1;
}
printf("Old exp1.dat file content: \n");
ch = fgetc(fp);                     /* 从文件开始位置读取字符 */
while(ch != EOF)                    /* 判断文本文件是否结束 */
{
    putchar(ch);                    /* 输出到屏幕 */
    fputc(ch + 1, fp1);             /* 将字符加 1 存放到 exp11.dat 文件 */
    ch = fgetc(fp);                 /* 接着读取下一个字符 */
}
printf("\n\nNew exp11.dat file content: \n");
rewind(fp1);                        /* fp1 回到 exp11.dat 文件首 */
ch = fgetc(fp1);                    /* 从文件开始位置读取字符 */
while(ch != EOF)                    /* 判断文本文件是否结束 */
{
    putchar(ch);                    /* 输出到屏幕 */
    ch = fgetc(fp1);                /* 接着读取下一个字符 */
}
printf("\n");
fclose(fp);
fclose(fp1);
return 0;
}
```

假设文件 exp1.dat 的内容仍然为"This is a C encrypt program."。

程序运行结果：

```
Old exp1.dat file content:
This is a C encrypt program.

New exp11.dat file content:
Uijt!jt!b!D!fodszqu!qsphsbn/
```

程序分析：程序通过 fgetc( )与 fputc( )函数及简单的加密算法，即将每个字符加 1，实现将文本文件加密。程序中打开第二个文件的方式为 w+，是可读写的。若使用方式是 w，则只能写入文件 fp1，而不能从文件 fp1 读出字符，那么在后面将无法直接显示 fp1 指向文件的内容。首先从文件 fp 读出一个字符，输出到屏幕上，然后将其加 1 写入新文件 fp1 中，每写入 1 字节，文件内部位置指针向后移动 1 字节。写入完毕，该指针已指向文件末尾。若要再从头读取文件，须把指针移向文件首，rewind( )函数用于把 fp1 所指向文件的内部位置指针移到文件首，然后再利用 fgetc( )函数将加密后的新文件内容输出到屏幕上。文本加密后的内容存入 exp11.dat 文件中，这样打开 exp11.dat 文件将无法看懂内容。若需要知道原文内容，则需要做一个解密的程序，然后再打开 exp11.dat 文件才能看懂内容。

【例 11-3】 从键盘输入一些字符，逐个写入磁盘文件 E:\chp11\exp13.dat，如果输入#，则结束，并将文件内容重新输出到屏幕。

```
/* exp11-3 */
#include "stdio.h"
#include "conio.h"
int main( )
{
    FILE *fp;
```

```
        char ch;
        if ((fp = fopen("E:\\chp11\\exp13.dat", "w"))== NULL)   /* 创建新文件 */
        {
            printf("Cannot create file %s\n", filename);
            return 1;
        }
        ch = getchar( );
        while(ch != '#')                            /* 从键盘读入字符，直到输入#为止 */
        {
            fputc(ch, fp);
            putchar(ch);
            ch = getchar( );
        }
        fclose(fp);                                 /* 关闭文件 */
        if((fp = fopen("E:\\chp11\\exp13.dat", "r"))== NULL)
        {
            printf("Cannot open exp13.dat file!");
            getch( );
            return 1;
        }
        else
        {
            printf("文件内容：\n");
            ch = fgetc(fp);                         /* 从文件开始位置读取字符 */
            while(ch != EOF)                        /* 判断文本文件是否结束 */
            {
                putchar(ch);                        /* 输出到屏幕上 */
                ch = fgetc(fp);                     /* 接着读下一个字符 */
            }
            fclose(fp);
        }
        return 0;
}
```

程序运行结果：

```
How are you?
I am fine,thank you.And you?
#
文件内容：
How are you?
I am fine,thank you.And you?
```

程序说明：程序运行结束，也可以按照文件路径 E:\chp11\exp13.dat 找到文件，用记事本打开并查看文件内容。

11.3.6 字符串读写函数

文件中的字符串读写函数是以字符串为单位的读写函数。每次可从文件读出或向文件写入一个指定长度的字符串。

1. 读字符串函数 fgets( )

fgets( )函数的功能是从指定的文件中读取一个字符串到字符数组中，其调用的一般形式为：

```
fgets(字符数组名, n, 文件指针);
```

其中，*n* 是一个正整数，表示从文件中读出的字符串不超过 *n*−1 个字符。在读入的最后一个字符后加上字符串结束标志'\0'。例如：

```
fgets(str, n, fp);
```

表示从 fp 所指向的文件中读出 *n*−1 个字符并送入字符数组 str 中。

【例 11-4】 从 E:\chp11\exp11.dat 文件中读出一个含 10 个字符的字符串。

```
/* exp11-4 */
#include "stdio.h"
#include "conio.h"
int main( )
{
    FILE *fp;
    char strs[11];
    if((fp = fopen("E:\\chp11\\exp11.dat", "r"))== NULL)
    {
        printf("\nCannot open file!");
        getch( );
        return 1;
    }
    fgets(strs, 11, fp);
    printf("\n%s\n", strs);
    fclose(fp);
    return 0;
}
```

程序运行结果：

```
Uijt!jt!b!
```

程序分析：程序要求读出含 10 个字符的字符串，字符串实际长度为 11，因此定义了一个字符数组 strs[11]。首先，在以读文本文件方式打开文件 exp11.dat 后，读出 10 个字符送入 strs 数组，数组末尾自动填充一个元素'\0'，随后在屏幕上显示输出 strs 数组。

注意：

（1）在读出 *n*−1 个字符之前，若遇到了换行符或 EOF，则读出结束。

（2）fgets( )函数的返回值是字符数组的首地址。

2．写字符串函数 fputs( )

fputs( )函数的功能是向指定的文件写入一个字符串，其调用的一般形式为：

```
fputs(字符串，文件指针);
```

其中，字符串可以是字符串常量，也可以是字符数组名或指针变量。例如：

```
fputs("abcd", fp);
```

表示把字符串"abcd"写入 fp 所指向的文件中。又如：

```
char strs[11];
fputs(strs, fp);
```

表示把字符数组 strs 写入 fp 所指向的文件中。

【例 11-5】 在 E:\chp11\exp11.dat 文件中追加一个字符串"computer"。

```
/* exp11-5 */
#include "stdio.h"
#include "conio.h"
int main( )
```

```
{
    FILE *fp;
    char ch, strs[20];
    if((fp = fopen("E:\\chp11\\exp11.dat", "a+"))== NULL)
    {
        printf("Cannot open exp11.dat file!");
        getch( );
        return 1;
    }
    printf("Please input a string:\n");
    scanf("%s", strs);
    fputs(strs, fp);
    rewind(fp);                 /* 将文件指针 fp 移至文件首 */
    ch = fgetc(fp);
    while(ch != EOF)            /* 判断是否到文件尾 */
    {
        putchar(ch);
        ch = fgetc(fp);
    }
    printf("\n");
    fclose(fp);
    return 0;
}
```

程序运行结果:

```
Please input a string:
computer
Uijt!jt!b!D!fodszqu!qsphsbn/computer
```

程序分析:程序要求在 exp11.dat 文件末尾加写字符串,因此,首先以追加读写文本文件的方式打开文件 exp11.dat,然后输入字符串 strs,并用 fputs( )函数把该字符串写入文件 exp11.dat 中。写入字符串后,一定要使用 rewind( )函数把文件位置指针移到文件首,然后逐个显示写入字符串后的文件全部内容。

11.3.7 格式化读写函数

fscanf( )函数和 fprintf( )函数与前面使用的 scanf( )函数和 printf( )函数的功能相似,都是格式化读写函数。两者的区别在于fscanf( )函数和fprintf( )函数的读写对象不是键盘和显示器,而是磁盘文件。

格式化读写函数调用的一般形式为:

```
fscanf(文件指针, 格式字符串, 输入表列);
fprintf(文件指针, 格式字符串, 输出表列);
```

例如:

```
FILE *fp;
int i;
fscanf(fp, "%d", &i);
fprintf(fp, "%d", i);
```

fscanf( )、fprintf( )函数和 scanf( )、printf( )函数在使用时的主要区别在于:fscanf( )、fprintf( )函数增加了文件指针,作为第一个参数,其余两个参数和对应函数的参数的写法是一样的。

【例 11-6】 从键盘输入两个学生的成绩信息,用 fscanf( )和 fprintf( )函数实现将这些数据写入文件 E:\chp11\exp12.dat 中,再从文件读出并显示在屏幕上。

```
/* exp11-6 */
#include "stdio.h"
#include "conio.h"
struct stuscore
{
    int num;
    char name[20];
    float score;
} stus1[2], stus2[2], *p1, *p2;

int main( )
{
    FILE *fp;
    int i;
    p1 = stus1;
    p2 = stus2;
    if((fp = fopen("E:\\chp11\\exp12.dat", "w+"))== NULL)
    {
        printf("Cannot open file exp12.dat!");
        getch( );
        return 1;
    }
    printf("\nPlease input student score data\n");
    for(i = 0; i < 2; i++, p1++)
    {
        scanf("%d%s%f", &p1->num, p1->name, &p1->score);
    }
    p1 = stus1;
    for(i = 0; i < 2; i++, p1++)
    {
        fprintf(fp, "%d\n%s\n%f\n", p1->num, p1->name, p1->score);
    }
    rewind(fp);
    for(i = 0; i < 2; i++, p2++)
    {
        fscanf(fp, "%d\n%s\n%f\n", &p2->num, p2->name, &p2 ->score);
    }
    printf("\n\nnum\tname\tscore\n");
    p2 = stus2;
    for(i = 0; i < 2; i++, p2++)
    {
        printf("%d\t%s\t%f\n", p2->num, p2->name, p2->score);
    }
    fclose(fp);
    return 0;
}
```

程序运行结果：

```
Please input student score data
2501001 李俊 98.5
2501002 张岚 89.5


num     name     score
2501001 李俊     98.500000
2501002 张岚     89.500000
```

程序分析：程序中 fscanf( )和 fprintf( )函数每次只能读写一个结构体数组元素，因此采用了循环语句来读写全部数组元素。还要注意指针变量 p1 和 p2，由于循环改变了 p1 和 p2 的值，在输出前分别重新赋予了数组的首地址。

11.3.8　数据块读写函数

C 语言除提供字符、字符串读写、格式化读写函数外，还提供了用于整块数据的读写函数，可用来读写一组数据，如一个数组元素、一个结构体变量的值等。

（1）读数据块函数调用的一般形式为：

```
fread(buffer, size, count, fp);
```

（2）写数据块函数调用的一般形式为：

```
fwrite(buffer, size, count, fp);
```

其中，buffer 是一个指针，在 fread( )函数中，表示存放输入数据的首地址；在 fwrite( )函数中，表示存放输出数据的首地址。size 表示数据块的字节数。count 表示要读写的数据块块数。fp 表示文件指针。例如：

```
FILE *fp;
float a[10];
fread(a, 4, 2, fp);
```

表示从 fp 所指向的文件，每次读出 4 字节送入实型数组 a 中，共读取两个实数到 a 中。又如：

```
fwrite(a, 4, 2, fp);
```

表示将实数数组 a 中的前两个实数写入 fp 所指向的文件中。

【例 11-7】 从键盘输入两个学生的成绩信息，写入文件 E:\chp11\exp12.dat 中，再从文件中读出这两个学生的数据并显示在屏幕上。

```
/* exp11-7 */
#include "stdio.h"
#include "conio.h"
struct stuscore
{
   char num[20];
   char name[20];
   float score;
} stus1[2], stus2[2], *p1, *p2;

int main( )
{
   FILE *fp;
   int i;
   if((fp = fopen("E:\\chp11\\exp12.dat", "wb+"))== NULL)
   {
      printf("Cannot open file exp12.dat!");
      getch( );
      return 1;
   }
   printf("\nPlease input student score data\n");
   p1 = stus1;
   for(i = 0; i < 2; i++, p1++)
   {
```

```
        scanf("%d%s%f", &p1->num, p1->name, &p1->score);
    }
    p1 = stus1;
    fwrite(p1, sizeof(struct stuscore), 2, fp);
    rewind(fp);
    p2 = stus2;
    fread(p2, sizeof(struct stuscore), 2, fp);
    p2 = stus2;
    printf("\n\nnumber  name  score \n");
    for(i = 0; i < 2; i++, p2++)
    {
        printf("%d  %s  %f\n", p2->num, p2->name, p2->score);
    }
    fclose(fp);
    return 0;
}
```

程序运行结果：

```
Please input student score data
2501001 李俊 98.5
2501002 王云飞 100


number  name  score
2501001  李俊  98.50
2501002  王云飞  100.00
```

程序分析：程序中定义了一个结构体类型 stuscore，说明了两个结构体数组 stus1 和 stus2 以及两个结构体指针变量 p1 和 p2。p1 指向 stus1，p2 指向 stus2。程序先以读写方式打开文件 exp12.dat，在输入两个学生的成绩数据之后，将该数据写入文件 exp12.dat 中，随后把文件内部位置指针移到文件首，并读出文件的数据，最后在屏幕上显示该数据。

本 章 小 结

本章介绍了文件的概念、特点及文件的使用。文件操作需遵循"打开→读写→关闭"的流程，支持顺序和随机读写。本章重点掌握 fopen、fclose、fseek 及各类读写函数。

习 题 11

一、选择题

1. 若调用 fopen( )函数打开文件时出错，则函数的返回值是_____。
   A. 地址　　　　　　　B. 非 0　　　　　　　C. NULL　　　　　　　D. EOF
2. 若调用 fclose( )函数关闭文件时出错，则函数的返回值是_____。
   A. 地址　　　　　　　B. 非 0　　　　　　　C. NULL　　　　　　　D. EOF
3. 当文件已经读到尾部时，调用 feof( )函数，则函数的返回值是_____。
   A. NULL　　　　　　　B. 1　　　　　　　　C. 0　　　　　　　　D. EOF
4. rewind( )函数的作用是_____。
   A. 使文件指针定位在文件首部　　　　　　　B. 使文件指针定位在文件尾部
   C. 使文件指针定位在文件中的指定位置　　　D. 使文件指针自动下移一个数据单元

5. fseek( )函数的作用是_____。
　　A．使文件指针定位在文件首部　　　　B．使文件指针定位在文件尾部
　　C．使文件指针定位在文件中的指定位置　D．使文件指针自动下移一个数据单元

二、填空题

1. 文件的使用步骤是_____、_____、_____。
2. 下面的程序用来统计文件中字符的个数，请填空。

```
#include "stdio.h"
#include "conio.h"
int main( )
{
    FILE *fp;
    long num = 0L;
    if((fp = fopen("fname.dat", "r"))== NULL)
    {
        pirntf("Open error\n");
        return 1;
    }
    while(_____)
    {
        fgetc(fp);
        num++;
    }
    printf("num=%ld\n",num-1);
    _____;
    return 0;
}
```

3. 程序中用户用键盘输入一个文件名，然后输入一串字符（用#结束输入）存放到此文件中，建立文本文件，并将字符的个数写到文件尾部，请填空。

```
#include "stdio.h"
#include "conio.h"
int main( )
{
    FILE  *fp;
    char str[100];
    int i = 0;
    if((fp = fopen("text.txt",_____)== NULL)
    {
        printf("Can't create this file.\n");
        return 1;
    }
    printf("Please input a string:\n");

    while(ch = getchc( ))!= '#')            /* 判断输入是否结束 */
    {
        fput(_____)                      /* 写入文件 */

    }
    fclose(fp);
    return 0;
}
```

4. 下面程序是将 old.txt 文件的内容复制到 new.txt 的新文件中，请填空。

```c
#include "stdio.h"
#include "conio.h"
int main( )
{
    FILE *fp1, *fp2;
    char ch;
    if((fp1 = fopen("old.txt", "r"))== NULL)
    {
        pirntf("Open error\n");
        return 1;
    }
    if((fp2 = fopen("new.txt", "w"))== NULL)
    {
        pirntf("Create error\n");
        return 1;
    }
    while(_____!= EOF)
    {
        fputc(ch, fp2);
    }
    fclose(fp1);
    _____;
    return 0;
}
```

三、程序设计题

1. 统计一个文本文件中英文字母的个数。

2. 已知一个文件中存放了 10 个整型数据，将其排序后存入另一个文件。

3. 已知一个文件中存放了 10 个整型数据，将其以二进制数的形式存入另一个文件。

附录 A　常用字符与 ASCII 码对照表

十进制	十六进制	字符	十进制	十六进制	字符	十进制	十六进制	字符	十进制	十六进制	字符
0	0	NUL	32	20	space	64	40	@	96	60	`
1	1	SOH	33	21	!	65	41	A	97	61	a
2	2	STX	34	22	"	66	42	B	98	62	b
3	3	ETX	35	23	#	67	43	C	99	63	c
4	4	EOT	36	24	$	68	44	D	100	64	d
5	5	ENQ	37	25	%	69	45	E	101	65	e
6	6	ACK	38	26	&	70	46	F	102	66	f
7	7	BEL	39	27	'	71	47	G	103	67	g
8	8	BS	40	28	(	72	48	H	104	68	h
9	9	TAB	41	29	)	73	49	I	105	69	i
10	0a	LF	42	2a	*	74	4a	J	106	6a	j
11	0b	VT	43	2b	+	75	4b	K	107	6b	k
12	0c	FF	44	2c	,	76	4c	L	108	6c	l
13	0d	CR	45	2d	−	77	4d	M	109	6d	m
14	0e	SO	46	2e	.	78	4e	N	110	6e	n
15	0f	SI	47	2f	/	79	4f	O	111	6f	o
16	10	DLE	48	30	0	80	50	P	112	70	p
17	11	DC1	49	31	1	81	51	Q	113	71	q
18	12	DC2	50	32	2	82	52	R	114	72	r
19	13	DC3	51	33	3	83	53	S	115	73	s
20	14	DC4	52	34	4	84	54	T	116	74	t
21	15	NAK	53	35	5	85	55	U	117	75	u
22	16	SYN	54	36	6	86	56	V	118	76	v
23	17	ETB	55	37	7	87	57	W	119	77	w
24	18	CAN	56	38	8	88	58	X	120	78	x
25	19	EM	57	39	9	89	59	Y	121	79	y
26	1a	SUB	58	3a	:	90	5a	Z	122	7a	z
27	1b	ESC	59	3b	;	91	5b	[	123	7b	{
28	1c	FS	60	3c	<	92	5c	\	124	7c		
29	1d	GS	61	3d	=	93	5d	]	125	7d	}
30	1e	RS	62	3e	>	94	5e	^	126	7e	~
31	1f	US	63	3f	?	95	5f	_	127	7f	DEL

说明：

① 0～32 之间及 127（共 34 个）的 ASCII 码是计算机使用的控制字符或通信专用字符，有些不能直接显示。

② 大小写字母的 ASCII 码差为 32，数字字符'0'～'9'的 ASCII 码为 48～57。

附录B C语言运算符的优先级与结合性

优 先 级	运 算 符	含 义	使 用 形 式	结 合 方 向	运算对象个数
1	[]	数组下标	数组名[常量表达式]	自左到右	
	()	圆括号	(表达式)/函数名(形参表)		
	.	成员选择（对象）	对象.成员名		
	->	成员选择（指针）	对象指针->成员名		
2	−	负号运算符	−表达式	自右到左	单目运算符
	(类型标识符)	强制类型转换	(数据类型)表达式		
	++	自增运算符	++变量名/变量名++		
	− −	自减运算符	− −变量名/变量名− −		
	*	取值运算符	*指针变量		
	&	取地址运算符	&变量名		
	!	逻辑非运算符	!表达式		
	~	按位取反运算符	~表达式		
	sizeof	长度运算符	sizeof(表达式)		
3	/	除	表达式/表达式	自左到右	双目运算符
	*	乘	表达式*表达式		
	%	余数（取模）	整型表达式%整型表达式		
4	+	加	表达式+表达式	自左到右	双目运算符
	−	减	表达式−表达式		
5	<<	左移	变量<<表达式	自左到右	双目运算符
	>>	右移	变量>>表达式		
6	>	大于	表达式>表达式	自左到右	双目运算符
	>=	大于等于	表达式>=表达式		
	<	小于	表达式<表达式		
	<=	小于等于	表达式<=表达式		
7	==	等于	表达式==表达式	自左到右	双目运算符
	!=	不等于	表达式!=表达式		
8	&	按位与	表达式&表达式	自左到右	双目运算符
9	^	按位异或	表达式^表达式	自左到右	双目运算符
10	|	按位或	表达式|表达式	自左到右	双目运算符
11	&&	逻辑与	表达式&&表达式	自左到右	双目运算符
12	||	逻辑或	表达式||表达式	自左到右	双目运算符
13	?:	条件运算符	表达式1? 表达式2: 表达式3	自右到左	三目运算符

（续表）

优 先 级	运 算 符	含 义	使 用 形 式	结 合 方 向	运算对象个数
14	=	赋值运算符	变量=表达式	自右到左	双目运算符
	/=	除后赋值	变量/=表达式		
	*=	乘后赋值	变量*=表达式		
	%=	取模后赋值	变量%=表达式		
	+=	加后赋值	变量+=表达式		
	−=	减后赋值	变量−=表达式		
	<<=	左移后赋值	变量<<=表达式		
	>>=	右移后赋值	变量>>=表达式		
	&=	按位与后赋值	变量&=表达式		
	^=	按位异或后赋值	变量^=表达式		
	|=	按位或后赋值	变量|=表达式		
15	,	逗号运算符（顺序求值运算符）	表达式,表达式,…	自左到右	从左向右顺序运算

说明：

① 优先级序号越小，优先级越高。

② 结合方向表示相同级别的运算符的运算次序。

③ 同一优先级的运算符，运算次序由结合方向决定。

④ 不同运算符要求有不同的运算对象个数。

⑤ 为了读者容易记忆，从表上大致归纳出各类运算符的优先级顺序，其优先级别由左到右是递减的：初等运算符→单目运算符→算术运算符→关系运算符→逻辑运算符→条件运算符→赋值运算符→逗号运算符。

参考文献

[1] 谭浩强. C 程序设计[M]. 4 版. 北京：清华大学出版社，2010.

[2] CHENG H H. C 语言程序设计教程[M]. 北京：高等教育出版社，2011.

[3] 张基温. C 语言程序设计案例教程[M]. 北京：清华大学出版社，2004.

[4] 廖湖声. C 语言程序设计案例教程[M]. 北京：人民邮电出版社，2010.

[5] 杨路明. C 语言程序设计教程[M]. 2 版. 北京：北京邮电大学出版社，2006.

[6] 李俊. C 语言程序设计[M]. 北京：电子工业出版社，2012.

[7] 苏小红. C 语言程序设计[M]. 北京：高等教育出版社，2011.

[8] 刘明军. C 语言程序设计[M]. 北京：电子工业出版社，2011.

[9] 王婧. C 程序设计[M]. 北京：电子工业出版社，2009.

[10] 牟海军. C 语言进阶重点、难点和疑点解析[M]. 北京：机械工业出版社，2012.

[11] BALAGURUSAMY E. 标准 C 程序设计[M]. 3 版. 北京：清华大学出版社，2006.